Nantes
1905

Closmadeuc, G. de

Archives de Bretagne

Journal inédit d'un député de l'ordre de la noblesse aux états de Bretagne pendant la Régence

Tome 13

ARCHIVES
DE BRETAGNE

RECUEIL D'ACTES, DE CHRONIQUES

ET DE DOCUMENTS HISTORIQUES RARES OU INÉDITS

PUBLIÉ

PAR

LA SOCIÉTÉ DES BIBLIOPHILES BRETONS

ET DE L'HISTOIRE DE BRETAGNE

TOME XIII

JOURNAL INÉDIT

D'UN

DÉPUTÉ DE L'ORDRE DE LA NOBLESSE

AUX ÉTATS DE BRETAGNE PENDANT LA RÉGENCE

(1717-1724)

SOCIÉTÉ DES BIBLIOPHILES BRETONS

ET DE L'HISTOIRE DE BRETAGNE

MCMV

ARCHIVES

DE BRETAGNE

Le tome XIII des ARCHIVES DE BRETAGNE (*Journal inédit d'un Député de l'Ordre de la Noblesse aux États de Bretagne pendant la Régence, 1717-1724*), a été tiré à 200 exemplaires in-4°, pour les membres de la *Société des Bibliophiles Bretons*.

ARCHIVES
DE BRETAGNE

RECUEIL D'ACTES, DE CHRONIQUES

ET DE DOCUMENTS HISTORIQUES RARES OU INÉDITS

PUBLIÉ

PAR

LA SOCIÉTÉ DES BIBLIOPHILES BRETONS

ET DE L'HISTOIRE DE BRETAGNE

TOME XIII

JOURNAL INÉDIT

D'UN

DÉPUTÉ DE L'ORDRE DE LA NOBLESSE

AUX ÉTATS DE BRETAGNE PENDANT LA RÉGENCE

(1717-1724)

SOCIÉTÉ DES BIBLIOPHILES BRETONS

ET DE L'HISTOIRE DE BRETAGNE

MCMV

JOURNAL

INÉDIT

D'UN DÉPUTÉ

DE L'ORDRE DE LA NOBLESSE

AUX ÉTATS DE BRETAGNE

PENDANT LA RÉGENCE

(1717 - 1724)

PUBLIÉ

PAR LE Dr G. DE CLOSMADEUC

SOCIÉTÉ DES BIBLIOPHILES BRETONS

ET DE L'HISTOIRE DE BRETAGNE

MCMV

JOURNAL

INÉDIT

d'un Député de l'Ordre de la Noblesse aux États de Bretagne

PENDANT LA RÉGENCE

(1717-1724)

PRÉAMBULE

L'HISTOIRE des États de Bretagne, sous la Régence, est imparfaitement connue. Elle n'a été, on peut le dire, qu'effleurée par la plupart des écrivains qui s'en sont occupés. La session de Dinan, 1717-1718, qui fut le prologue de cette malheureuse conspiration de Pont-Callec, a servi à peu près seule de thème aux historiens qui ont mis à contribution le *Journal manuscrit* de M. de Robien, conservé à la bibliothèque de Rennes.

Trois autres assemblées d'États eurent cependant lieu de 1718 à 1724 : — à Ancenis en 1720, à Nantes en 1722, à Saint-Brieuc en 1724. M. de Carné ne leur consacre que quelques lignes dans son ouvrage sur les

États de Bretagne, faute de documents suffisants mis à sa disposition. Il a précisément passé sous silence les tenues d'États de Nantes et de Saint-Brieuc, tout en indiquant à peine celles d'Ancenys, 1720.

Il y avait donc là une lacune. Le hasard m'ayant fait tomber sous la main des *mémoires*, manuscrits, complètement inédits sur les États de Dinan, d'Ancenis, de Nantes et de Saint-Brieuc, je n'ai pas été peu surpris, à mesure que je les déchiffrais, d'y rencontrer une mine riche en détails d'une grande importance et je ne suis sorti de cette lecture qu'avec la résolution d'en faire profiter un jour l'histoire de mon pays.

Comment et par quelle voie ces documents originaux sont-ils venus en ma possession ? — Rien ne m'oblige à en faire mystère. Il y a quarante ans de cela, dans une toute petite ville du Morbihan, à la mort d'une vieille dame, meubles, livres et papiers ont été vendus à l'enchère et dispersés comme cela arrive toujours. Les marchands du lieu se sont rués à peu près seuls sur les paperasses, dont le monceau était, paraît-il, considérable. Un des acheteurs, débitant de tabac, avait eu dans sa part un gros registre in-f°, relié, de plusieurs centaines de pages, d'un texte manuscrit difficile à lire ; on n'en fit aucun cas. La couverture fut arrachée et livrée aux enfants. — Le registre était destiné à faire des cornets sur le comptoir, et déjà les premiers et les derniers feuillets avaient été distribués, avec du tabac, au public.

Un de mes regrettés confrères, qui était en même temps un de mes meilleurs amis, vint à passer dans la boutique, et, avisant le volume, s'en rendit acquéreur pour quelques sous. Il m'en fit don ; tel quel, et malgré ses mutilations, il comprenait encore un nombre très respectable de pages ; et ces pages, écrites par des contemporains, n'étaient rien moins que le récit des débats parlementaires aux quatre assemblées d'États que nous avons nommées plus haut.

1° Un mémoire sur les États de Dinan (1717-1718) dont les pages du commencement manquent[1]. Il comprend environ 57 feuillets in-f°,

(1) La perte des premières pages relatives aux États de Dinan n'est malheureusement pas la seule qu'on ait à regretter dans ce manuscrit, qui débutait par le récit de la tenue des États de Saint-Brieuc en 1715.

soit 114 pages, d'une écriture assez soignée, avec marge rayée, et des en-têtes majuscules à chaque alinéa. — Çà et là des notes marginales, d'une autre écriture, c'est-à-dire de la même main qui a écrit les mémoires suivants :

2° *L'histoire des malheureux évenements arrivés entre les tenues des Estats de de Dinan & d'Ancenys.* (C'est le récit circonstancié de la conspiration de Pont-Callec). — 15 feuillets in-f°, 30 pages, d'une écriture courante, sans marge, la ligne manuscrite partant du bord même de la feuille. (*Publié dans le Bulletin de la Société polymathique du Morbihan, an. 1871.*)

3° *Estats d'Ancenys* (1720). — 58 pages, consacrées exclusivement au récit des débats parlementaires, y comprise une digression sur l'affaire du Micissipy et la banqueroute de Law (inédit).

4° Récit de l'*incendie de Rennes.* — 4 pages (inédit).

5° *Estats de Nantes* (1722). — 41 pages (inédit).

6° *Estats de Saint-Brieuc* (1724). — 15 pages seulement (le préambule) (inédit), tous les feuillets suivants manquent, le débitant de tabac en ayant arraché la plus grande partie. (*Publié dans le Bulletin de la Société polymathique du Morbihan, an. 1866.*)

La deuxième partie de notre registre ne comprend pas moins de 112 pages, elle est consacrée en entier à des pièces diverses de prose ou de poésie : discours, chansons, satires, pamphlets, épigrammes, bouts-rimés, etc. (inédit).

L'écriture est de la même main que celle qui a tracé les récits précédents. — C'est un recueil de pièces variées, sans lien entre elles, dont la plupart circulaient dans la société de l'époque et qui touchent à des personnages en vue. Notre auteur les copiait à mesure de leur apparition, sur son journal, et plus d'une fois il lui arrive, lorsqu'il les revoit plus tard, d'écrire en marge : « qu'il regrette de les avoir copiées ». C'est que la plaisanterie dépasse les bornes ou que la badinerie est trop crue.

Des vers contre le maréchal de Montesquiou; une chanson sur M. de Brilhac; sur Robert de la Bellangeray; sur Mme de la Motte; sur le mariage d'une jolie personne; sur M. de Piré; — Entretien du Père Letellier avec le Père La Ferté et le Père de La Rué; — sur le prince de Condé;

sur M. de Mesme; — sur Mme de la Guibourgère; sur Law; épitaphe du cardinal Dubois; — vers contre le Sr de Rochefort; chanson sur M. et Mme Dodun, contrôleur général; — Les Philippiques de La Grange-Chancel, etc.

Réponse à Milord Filtz Moris — (pour infirmer les droits du roy d'Espagne, et affirmer ceux du Duc d'Orléans). Réponse du cardinal de Polignac et de la duchesse du Maine.

Puis, les remontrances faites à M. le duc d'Orléans, le 19 juin 1718, par M. le P. Pt de Paris; — réponse du duc d'Orléans.

Remontrances de la Chambre des comptes; — de la Cour des aydes.

Mémoire de MMs du Parlement, contre les Ducs. Vers faits sur M. de la Bellangeray, « le plus vil & le plus cruel de tous les traitants, qui par ſes vols & ſes rapines était parvenu de laquais à une fortune exorbitante, faiſait bâtir, à Rennes, une maiſon magnifique que l'on nomma l'hôtel des Francs-fiefs parce que c'était principalement dans la perception de cette levée qu'il avait le plus amaſſé, par les frais immenſes qu'il cauſa à ceux qui y étaient ſujets » (p. 30).

Remontrances du Parlt de Paris au sujet de l'édit portant réduction des rentes au denier 50 (17 avril 1720).

Copie d'une lettre de Monsr l'évêque de Castre à M. de la Vrillière, secrétaire d'État.

Compliment de Mr l'évêque de Soissons au roy, allant se faire sacrer.

Lettre du Roy au sujet de la nomination du duc d'Orléans à la charge de premier ministre.

Copie d'une lettre du roy catholique, écrite de sa main, et que le prince de Cellamare, son ambassadeur, avait ordre de présenter au roy très chrétien.

Copie d'une lettre circulaire du roy d'Espagne, que le prince de Cellamare avait ordre d'envoyer à tous les parlements de France.

Manifeste du roy catholique au nom des 3 états de la France.

Compliment au roy, de la part du clergé, par Monsr de Bussy, évêque de Luçon.

Voyage que nous avons fait... Mme de J... & moy, de Paris à Bourbon, à Lyon & notre retour par Dijon, avec la deſcription des lieux où nous avons paſſé. — (24 pages, publié dans le *Bulletin de la Société Polymathique du Morbihan*, an. 1889.)

Cet itinéraire est une des pièces les plus curieuses du manuscrit. Notre gentilhomme breton se rend, pour raison de santé, aux eaux de Bourbon l'Archambault. Le voyage est fait comme on le faisait alors, par petites journées, s'arrêtant de relai en relai, et séjournant dans chaque ville assez de temps pour les visiter et les décrire. Sa berline est traînée par trois chevaux. Il est accompagné de sa femme, d'un cocher et d'un laquais, l'un sur le siège, l'autre en arrière.

Indépendamment des détails fournis sur chaque localité, l'auteur du journal termine par l'énumération de ses dépenses avec les chiffres à l'appui.

Enfin, le registre se termine par un *Roman spirituel*, dont il ne reste que les 15 premières pages. Les principaux personnages du roman sont des dévotes d'une petite ville, associées pour parvenir au suprême degré de la perfection : sœur Prudente; sœur Angélique; sœur Commode; sœur Pacifique; sœur Bilieuse, et un certain directeur, Longin de l'Enthousiasme. Satire joyeuse contre la mode de l'époque qui poussait les femmes d'un certain monde à ne pas se contenter d'un confesseur et à y ajouter un directeur. Les événements se déroulent dans une paroisse non loin de Rennes. — Monseigneur de Vannes Fagon, qui aimait médiocrement son collègue Turpin et les Jésuites, a dû bien rire, s'il a connu cette amusante nouvelle, écrite de son temps, je ne sais par qui. — Ce roman est copié, sur le registre, par une autre main que les copies précédentes.

Comment ces manuscrits précieux se sont-ils trouvés enfouis dans ce tas de papiers, chez une vieille dame de la Bourgeoisie, qui n'y avait, sans doute, jamais jeté les yeux? Je l'ignore. Tout ce que j'ai pu apprendre, c'est que son père avait géré les biens d'Émigrés et exercé des fonctions judiciaires, avant et pendant la Révolution.

Un autre problème s'est ensuite posé naturellement : quels sont les auteurs de ces mémoires manuscrits, dont la plus grande partie est consacrée au compte rendu des séances des États de Bretagne sous la Régence?

Ici il est nécessaire de faire des distinctions.

Le récit de la tenue des *États de Dinan*, d'une belle écriture, avec marges rayées, sans rature, n'est peut-être qu'une copie d'un mémoire dont l'original est perdu. Au fond, c'est une apologie de la résistance faite par les États, et principalement de cette partie de la Noblesse qui donna le mouvement. Est-ce une copie de *l'Apologie pour le Parlement et pour la Noblesse de Bretagne*, qui fut brûlée par arrêt de la Chambre royale, et dont aucun exemplaire n'existe plus, au dire de M. de Carné ? Nous voudrions pouvoir dire : oui. Mais nous n'y sommes pas autorisé. Ce qui nous paraît certain, c'est que l'œuvre nous semble avoir le caractère d'un journal quotidien, composé par un membre de l'opposition appartenant au corps de la noblesse, racontant, jour par jour, les événements de la session de Dinan, et les appréciant à un point de vue qui est celui du milieu où il est placé, c'est-à-dire dans une pensée d'hostilité manifeste, et avec une âpreté de sentiments, qu'on ne cherche pas à cacher, contre les entreprises du pouvoir et les brutalités du maréchal de Montesquiou, et aussi contre les faiblesses et les trahisons de quelques membres des États et du Parlement.

Nous ignorons complètement le nom de l'auteur de cette histoire inédite des États de Dinan, à laquelle ni M. de la Borderie, ni M. de Carné ne font allusion, dans leurs ouvrages.

Les 150 pages qui suivent sont d'une autre main et écrites dans un autre esprit. Elles sont consacrées, nous l'avons dit déjà, exclusivement au récit de la Conspiration de Pont-Callec et des Sessions des États d'Ancenis, de Nantes et de Saint-Brieuc (1720-1722-1724).

Ici, l'œuvre n'a plus le caractère agressif du journal précédent. C'est un député éminent du corps de la noblesse, qui est, non seulement contemporain, mais acteur dans les événements qu'il raconte. Assidu aux séances des États, il prend note de tous les incidents et les consigne, avec ses réflexions, dans un journal qui doit rester secret et qu'il rédige pour l'éducation politique de son fils.

Il parle à la première personne. Il a été du nombre des douze exilés des États de Dinan, en 1717. Il a fait partie de quelques réunions qui ont précédé la conspiration dite de Pont-Callec et il a désapprouvé les agissements de M. de Bonamour et des conjurés. Aux États d'Ancenis, on a été sur le point de le nommer trésorier, ou, du moins, le corps de la noblesse lui proposa cette place, pour faire échec aux candidats des commissaires. Il est parent de M. de Blossac, neveu de l'évêque de Léon, et beau-frère du conseiller Fouquet de la Bouchefollière. Tel jour, à telle séance, il a pris la parole; à telle autre il a été nommé d'une Commission. Grâce à toutes ces indications, éparses dans le journal, il était loisible de former un faisceau à l'aide duquel il devenait possible de s'approcher de très près du personnage qui tient la plume. Enfin, le titre du voyage aux Eaux de Bourbon nous donne le nom en toutes lettres : *Voyage que nous avons fait Mme de Jacquelot & moy.....*

Les notes que nous avons prises aux Archives nationales à Paris (cartons de Bretagne, H. 242) et les renseignements que nous a fournis un des descendants (M. Jacquelot de Boisrouvray, de Quimper), n'ont fait que confirmer ce qui précède.

C'est donc bien M. Jacquelot de Boisrouvray (François-René), né en 1680, mort en 1735, qui est l'auteur du récit manuscrit de la conspiration de Pont-Callec, des tenues des États d'Ancenis 1720, de Nantes 1722, de *Saint-Brieuc 1724*.

Ce Jacquelot était député de la Noblesse aux États de Bretagne, pendant la Régence. Plus tard, nous le voyons greffier en chef des États (1728); son domicile était à Rennes, faubourg Saint-Hélier, ou au manoir du Boisrouvray, paroisse du Theil, à 6 heures de Rennes.

Il mourut à Vannes, paroisse du Mené, le 4 novembre 1735, sans qu'on sache pour quelle cause il se trouvait dans cette ville.

Il fut inhumé le surlendemain, dans l'église du couvent des Cordeliers. L'acte de décès porte : *Messire François René Jacquelot, Chevalier, Seigneur du Boisrouvray & autres Lieux, greffier en chef des États de Bretagne, âgé d'environ cinquante-cinq ans.* (Reg. obituaire, paroisse du Mené, 1731-1740, arch. de la municipalité de Vannes.)

Curieuse coïncidence! Son père, Florian-Louis Jacquelot, comte de la Motte, Conseiller au Parlement, était mort également à Vannes, le 25 avril 1689.

L'œuvre propre de M. de Jacquelot est, nous l'avons dit, précédée d'une relation de la tenue des États de Dinan, 1717-1718, d'un auteur inconnu.

M. de Jacquelot y a ajouté de sa main des notes marginales, dont plusieurs sont des critiques judicieuses, qui ont leur intérêt. — Aussi, en commençant son récit de la conspiration de Pont-Callec, a-t-il soin de prémunir son fils contre les excès de plume du narrateur.

« Si, dit-il, vous négligés de diſtinguer l'aigreur & la paſſion, dont ce mémoire eſt remply du véritable & du ſolide, — brulés ce livre, qui ne pourroit que vous gaſter l'eſprit, ſi vous le liſiez plutôt par envie de critiquer que de vous inſtruire. »

***

Avant d'entrer dans le récit des événements qui se sont déroulés, à cette tenue d'États d'Ancenis, jetons un coup d'œil sur la salle, le jour de l'ouverture. Le spectacle a lieu dans le réfectoire du couvent des Cordeliers, qu'on a disposé et orné pour la circonstance.

Au haut de la salle, dont les murs sont tendus de tapisserie, dans le milieu, au fond, un dais magnifique, mi-partie blanc et violet, semé de fleurs de lys et d'hermines, sous lequel est assis le maréchal d'Estrées, en grande tenue, constellé de décorations, commandant en chef de la province de Bretagne. — A ses côtés, MM. les Commissaires du roy, M. le premier Président du Parlement de Brilhac et l'intendant de Brou. — En avant sont les sièges de Mgr de Tressan, évêque de Nantes, Président de l'ordre de l'Église, et de M. le marquis d'Ancenys, Président de l'ordre de la Noblesse.

Au dessous d'eux, le banc des Évêques, *en rochet, camail et bonnet carré.*

A droite de la salle, quatre bancs disposés en amphithéâtre, les deux supérieurs destinés aux *Abbés* de la Province ; le troisième aux *députés* des églises cathédrales, tous en *soutane, manteau long et bonnet*, le quatrième banc inférieur, aux *agrégés, en soutane et manteau long*.

Sur le même côté de la salle, à partir de l'ordre de l'Église, dont ils sont séparés par une barrière, les bancs d'amphithéâtre de l'ordre du *Tiers*. Le banc le plus élevé est occupé par les premiers députés de Rennes et de Nantes et ceux des villes qui ont le droit d'en envoyer deux. — Au dessous, sont les députés des autres communes; le banc d'en bas est rempli par les agrégés.

En avant des quatre bancs du Tiers, et assis, sur un *tabouret rembourré*, couvert *d'un tapis*, avec *accoudoir*, le Président de cet ordre, messire Charrette de la Gascherie, sénéchal de Nantes.

Tous les membres du Tiers sont en *habit noir, avec manteau et cravatte*, sauf les agrégés qui n'ont pas le *manteau*.

La partie gauche de la salle est réservée à l'ordre de la Noblesse, qui s'y presse en foule sur les gradins de l'amphithéâtre. A eux seuls, ils sont dix fois plus nombreux que ceux des deux ordres réunis. Ils sont au moins 600 et pourraient être davantage, tandis que l'Église ne compte que 24 députés, et le Tiers, 37.

Le grand prévôt a son siège à part. Les officiers et les archers de la maréchaussée stationnent ou circulent au fond de la salle.

Une tribune a été ménagée pour les dames de haut rang.

Certes le spectacle de cette première séance d'ouverture des États ne manquait pas d'une certaine grandeur. Nos pères s'y entendaient beaucoup mieux que nous au cérémonial, et, au contraire de nous, ils en prenaient tous les détails fort au sérieux.

Pour les éminents prélats qui, presque tous étrangers à la Bretagne et dispensés de la résidence, étaient familiers avec les pompes de la Cour; — pour les hauts barons et les gentilshommes, officiers dans l'armée, que la fortune ou l'emploi plaçaient fréquemment dans l'entourage du souverain, ils arrivaient à ces États avec l'aisance que donne l'habitude. Ils avaient assisté à bien d'autres fêtes, et de plus belles, à Versailles ou au Palais-Royal.

Mais pour la grande majorité des autres députés, pour cette foule de gentilshommes, accourus de tous les coins de la Bretagne, qui abandonnaient, par extraordinaire, leur tourelle et leur clocher; — pour tous ces députés du Tiers, gens de condition modeste, la plupart fonctionnaires dans les petites villes, sénéchaux, procureurs fiscaux, alloués, procureurs et avocats de juridictions, comment n'auraient-ils pas été impressionnés par cette solennité imposante et par cette mise en scène qui parlait aux yeux? quelle émotion durent-ils ressentir, à la vue de l'état-major officiel, galonné d'or et l'épée au côté, qui allait porter la parole au nom du roy : à la vue de ces dignitaires de l'Église, évêques ou abbés commandataires, pourvus de riches bénéfices, illustres par la naissance et le crédit ?

Et si les yeux se tournaient vers la tribune de côté, ils croisaient ceux de Mme la Maréchale d'Estrées et de ses dames d'honneur, superbement parées et étincelantes de pierreries.

Avec quelle attention anxieuse allaient-ils prêter l'oreille aux longues harangues de MM. les Commissaires, dont ils avaient peine à suivre le sens dans les détours d'un langage orné, qui cachait, presque toujours, des insinuations perfides. Ils allaient donc encore, comme aux tenues précédentes, connaître les intentions du souverain, intentions qui devenaient des ordres. Ils allaient avoir à se défendre des embûches de toute sorte qu'on tendait sous leurs pas; et à disputer, cette fois encore, les derniers lambeaux des franchises provinciales et des libertés bretonnes, suivant l'expression consacrée.

Les députés du Tiers, presque tous maires des villes, pourvus d'offices, étaient indemnisés de leurs dépenses de voyage par les Communautés urbaines, qui les avaient élus. Les États eux-mêmes allouaient habituellement à chacun d'eux une somme de près de 200 livres. Du reste, hommes de travail et d'économie à la manière bourgoise, de tenue sévère, ils n'avaient guère à s'imposer d'autre privation que celle qui résultait de l'absence loin du foyer domestique et du cabinet d'étude.

Mais la Noblesse, dont la présence aux États était facultative, n'avait à compter que sur ses propres ressources. Cependant, comme l'assistance aux États était un titre patriotique, et qu'on se faisait un point d'honneur de signer soi-même sur une des pages du registre, les vieux comme les jeunes, les moins aisés comme les plus riches, étaient jaloux d'être exacts au rendez-vous. Aussi rien de bigarré comme cette multitude de députés de la Noblesse, de tout âge, de tout rang et de costume divers, qui s'éparpillent sur les bancs de l'amphithéâtre, depuis le seigneur opulent, qui suit les modes de la Cour, jusqu'aux pauvres gentilhommes campagnards (et ils sont en grande majorité) dont l'habit usé et la rapière en verrouil témoignent d'une position voisine de l'indigence, et qui, pour la première fois peut-être font leur entrée dans un milieu si différent du leur.

Tout ce monde s'est acheminé, à petites journées, en plein hiver, par des chemins affreux, monté sur des bidets bretons. Les députés du Tiers ont laissé sur leur bureau dormir les liasses de procédure. Les gentilshommes ont dit adieu à leurs habitudes d'indépendance agreste, à l'ombre du manoir héréditaire. En échange, ils vont trouver, dans cette ville des États, des spectacles inaccoutumés, des repas somptueux aux tables des commissaires du roy, des bals et des concerts chez Mme la Maréchale, à l'instar de ceux de la cour; des divertissements de toute sorte, même les moins permis, qui formeront un singulier contraste avec la monotonie de leur vie journalière. Qu'on ajoute à cela l'agitation de la vie politique dans des assemblées tumultueuses, où les incidents succèdent aux incidents, et d'où on ne sort parfois qu'avec des sentiments d'irritation et des emportements fiévreux.

Et comme tout ne marchera pas au gré de chacun, les longues semaines seront traversées pas plus d'un jour de lassitude et d'ennui. Dépenses, fatigues, tristesses de l'absence, qu'importe! Le député aura fait acte de présence aux États. S'il s'en retourne avec des déceptions dans l'âme et des regrets, à la vue des abus qu'il n'a pu conjurer, ou des actes d'arbitraire qu'il a fallu subir, il aura du moins entendu quelques voix indépendantes parler hautement de sa chère Bretagne, invoquer ses franchises méconnues, et rappeler aux commissaires du roy que la Patrie des anciens Ducs s'est donnée à la France à certaines conditions, qu'il n'est pas permis de violer, sans forfaire à l'honneur.

Et il partira, après la clôture des États, avec sa bourse de jetons en poche, emportant dans son cœur l'espoir qu'un jour viendra, dans deux ans peut-être, les événements et les hommes aidant, où la Royauté se conformera au pacte d'union juré par François Ier. Illusion vaine!

la monarchie absolue suivra sa pente avec une inflexible logique, abaissant tout ou brisant, sur son passage, les franchises et les libertés provinciales, annulant l'action des Assemblées et des Parlements par tous les moyens, jusqu'à ce qu'elle-même soit engloutie dans la tempête de 89.

G. DE CLOSMADEUC.

HISTOIRE

DES

MALHEUREUX ÉVÉNEMENTS

ARRIVÉS ENTRE

LES ÉTATS DE DINAN ET D'ANCENIS

APRÈS avoir examiné, mon fils, avec l'attention qui pourrait vous eſtre utile, l'hiſtoire ou le mémoire des deux dernières tenues des Eſtats de 1715 & 1717, j'ai jugé qu'il y avait des faits eſſentiels dont vous n'auriez jamais de connaiſſance, ſi toute défigurée qu'elle eſt, elle ne parvenait juſqu'à vous.

Si vous vous appliquez, comme je le déſire, à la connaiſſance de l'hiſtoire, ce qui eſt du devoir de votre eſtat, vous ſaurez diſtinguer l'aigreur & la paſſion dont ce mémoire eſt rempli du véritable & du ſolide.

(1) Le *mémoire* auquel il est fait allusion ici remplit les 115 premières pages de notre manuscrit, et traite de la tenue des États de Dinan (1717). Il n'est ni de l'écriture ni du style de l'auteur du journal que nous publions aujourd'hui. Mais les marges sont couvertes de ses notes autographes et de ses critiques.

Si vous négligez de le faire, brûlez ce livre, qui ne pourrait que vous gâter l'efprit, fi vous le lifiez plutôt par envie de critiquer que de vous inftruire.

Je vais tacher de vous donner une narration fidèle de tous les évènemens facheux qui fuivirent les deux tenues des Eftats.

Pour y parvenir, il eft néceffaire de remonter jufqu'aux Eftats de 1717, afin d'être inftruit de ce qui engagea fucceffivement dans la malheureufe affaire qui a tant caufé de trouble à cette province.

Lorfqu'au mois de décembre 1717 le Maréchal de Montefquiou eut féparé les Eftats, vous avez veu dans la précédente hiftoire que la Nobleffe fe retira chez elle, fans caufer aucun trouble dans la province. Il y eut feulement quatre gentilfhommes qui eurent des lettres de cachet pour fe rendre à la fuite de la cour, ce qu'il ne faut pas oublier.

Il eft certain que le Maréchal, l'Intendant & Montaran avaient formé un plan pour changer le gouvernement de la province, mais que le parlement, qui pénétra leur deffein, refufa d'enregiftrer un édit qu'ils avaient obtenu; qu'il députa & fit des remontrances qui eurent l'effet qu'on en pouvait attendre, qui eftoit de raffembler les Eftats, & qu'il eût infailliblement perdu les autheurs d'un projet auffy odieux, fi le miniftre n'avait point changé.

Mais M. d'Argenfon ayant efté fait garde des fceaux, ce perfonnage naturellement dur infinua à S. A R. qu'il ne feroit jamais refpecter l'authorité du roy que par la rigueur, & que toute la haine que l'on portait au Maréchal ne venait que de ce qu'il eftoit trop rigide obfervateur des droits du prince.

C'en fut affez pour changer toute la face des affaires, & celuy qui n'attendoit que la trifte nouvelle de fon rappel fe vit plus authorifé que jamais, & loin de devenir plus modéré, il fe donna à la cour pour tout ce qu'en avoit dit fon protecteur.

Il manda à S A. R. que tous les Bretons étaient des mutins, que fans luy la province feroit revoltée, & qu'il étoit impoffible de les maintenir fans la multitude de troupes qu'il y avait fait venir. — Il fit donner des ordres au Préfident de Rochefort & à Lambilly pour des fujets puérils qui n'avaient rapport qu'à lui. Il les fit exiler de nouveau parce qu'ils manquèrent de l'aller voir, après avoir obtenu de S. A. R. la permiſſion de revenir dans leur province; enfin il ſe livra tout entier à Montaran & à quatre ou cinq femmes perverſes dont les paſſions furent le mobile de toutes ſes démarches.

Une ſi mauvaiſe conduite aigriſſoit les eſprits; mais ce fut bien autre choſe, lorſqu'à ſon retour de Paris où il eſtoit allé pour recevoir les inſtructions pour les prochains Eſtats, l'on apprit qu'il avait inſinué au Régent que l'aſſemblée ne ſeroit point tranquille ſi l'on n'en excluait douze des plus honnêtes gens ſans y comprendre le comte de Noyan, Bonamour & Gloeſquer qui comme j'ai dit cy-deſſus, avaient eu des lettres de cachet pour ſe rendre à la ſuite de la cour, & qui eurent ordre de demeurer à Paris pendant la tenue. Ainſi des Eſtats où l'on voulait tout pacifier commencèrent par le renverſement de toutes les loix, & par une nouveauté juſque-là inouie. — Nous allons voir ce qui en arriva.

Les ſieurs de Noyan, Bonamour & Gloeſquer avaient été reçus à Paris plutôt en députés qu'en exilés. — C'eſtait à qui leur donnerait des marques de diſtinction ; les princes mêmes ne ſ'en exemptèrent pas. Le premier, accoutumé à vivre à la cour, n'en fut pas extrêmement ému; mais les deux autres en furent ſi flattés qu'ils ſe crurent dès-lors les reſtaurateurs de la liberté publique, ſurtout lorſqu'ils ſe virent recherchés par les émiſſaires de Madame la ducheſſe du Maine, qui, de concert avec l'ambaſſadeur d'Eſpagne, le cardinal de Polignac & quelques autres mécontents formoit un party dangereux contre le Régent, — où il aurait pu ſuccomber, ſi ſon étoile avait été auſſy malheureuſe que les projets de la princeſſe vaſtes & téméraires.

Ce fut cependant dans ces furtifs rendez-vous que commença à naître ce qu'on a veu qualifier d'un party très dangereux en Bretagne, & être la victime des vrais coupables.

Le ſ[r] *de Lambilly* y entra & ſe livra volontiers à perdre trente mille livres de rente pour quelques fades louanges qu'on lui donna ſur la promeſſe d'une récompenſe proportionnée à ſes ſervices.

Bonamour qui avait ſervy quelques années dans (Navarre?) & qui n'en avait apporté que la férocité que l'on inſpire dans ce corps aux ſoldats;

qui d'ailleurs ne hazardoit qu'une fortune obérée, crut se voir du premier coup d'œil général d'une grande armée en Bretagne ;

Et le s[r] *du Gloesquer*, qui pensait que nul mortel ne pouvait résister à la force de ses raisonnemens, quelques vagues qu'ils fussent, le premier négociateur de son temps.

Je crois que les comtes de Rieux & de Noyan, qui avaient été des plus acharnés contre la sotte vanité des Ducs, & qui s'étaient chargés, chacun dans leur province de faire signer à toute la Noblesse une association contre eux, dans laquelle il ne laissoit pas d'entrer quantité de choses qui taxaient le gouvernement du duc d'Orléans, & dont ils avaient eu déjà de terribles réprimandes, eurent part aux conférences tenues à l'Arsenal, chez Mme la duchesse du Maine, & se servirent de ces Messieurs sans trop se commettre, pour parvenir au but qu'ils s'étaient proposé : qui était de faire signer aux Estats cette association à tous les gentilshommes bretons.

Le comte de Rieux l'avait si fort à cœur, parce que très mal à propos il comptait qu'on forcerait le Régent à donner des Estats généraux dont il serait membre par la nomination de la province, qu'il demanda la permission de venir dans ses terres en Bretagne ; & à 3 ou 4 lieues de Rennes il feignit de s'être démis une épaule, & demeura sur ce pied-là près de deux mois à négocier dans cette ville, sans y trouver beaucoup de partisans.

Les gentilshommes à qui il se confia, dont j'eus l'honneur d'être du nombre, s'embarrassaient très peu de l'arrogance des ducs. Ils n'avaient en vue que de concilier les intérêts des peuples avec celuy du roy, & ils ne le voulaient faire que par la force du bon droit & de la raison, sans avoir recours à des moyens qui pourraient être mal interprétés. — Ainsi, M. de Rieux n'emporta de toute sa feinte dislocation que la douleur de s'être laissé deviner par l'abbé de Caumartin, évêque de Vannes, qui lui fit donner une défense d'aller aux Estats.

Peut-être que M. d'Argenson, qui savait presque tout ce qui se passait à Paris & qui avait découvert ce que Mme la duchesse du Maine tramait contre le Régent, eut aussy connaissance des démarches qu'elle avait faites pour engager les trois Bretons dans son party. — Ce qui est très sûr c'eſt qu'il ne voulut jamais les voir, & qu'il les évita dans le commencement de ſon miniſtère. Ils furent enſuite rappelés à Paris avec défenſe d'y voir perſonne, & apparemment dans le deſſein de les mieux découvrir. Mais eux qui, à quelque prix que ce fut, voulaient revenir en Bretagne, ſ'obſervèrent de façon qu'on n'eut rien à leur reprocher.

Les Eſtats (de Dinan), renoués par l'entremiſe du Parlement, recommencèrent le 15 août 1718. La nobleſſe ſ'oppoſa fortement à ce qu'on y eût accordé le don gratuit avant que les exilés & les exclus y fuſſent rappelés. Mais M. le duc de la Tremouille ayant trouvé le ſecret, aux dépens de ſon honneur, de les faire penſer autrement, & le Maréchal l'ayant pris avec ceux qui avaient découvert la fraude ſur un ton qui ne ſouffrait point de réplique, les Eſtats avançaient au gré de Mrs les commiſſaires & de la cour, ce qui lui donna lieu de permettre à tous les exclus, même à ceux qui étaient à Paris d'aller vaquer à leurs affaires, & de donner la liberté à Gloeſquer qui avait été mis à la Baſtille, ſur le faux rapport qu'on avait fait à S. A. R., qu'il avait eu intelligence avec l'Ambaſſadeur d'Angleterre.

Les *comtes de Noyan & de Bonamour* ſortirent de Paris une heure après qu'on leur en eut donné la permiſſion, & ſe rendirent à Rennes, le dernier ſûrement bien intentionné de fomenter le party de Madame la ducheſſe du Maine.

Sitôt qu'ils y furent arrivés, ils ne ſongèrent qu'à brouiller les Eſtats. Il faut cependant convenir que les commiſſaires y donnèrent lieu par leur avarice & leurs déteſtables manœuvres;

Par leur avarice; car lorſqu'il y eut aſſez de fonds, comme la ſuite le prouva, pour ſatiſfaire à leurs dépenſes ſans renouveller le droit d'entrée, ils ſ'obſtinèrent, contre l'avis des trois ordres, à le continuer, parce que, dans ces ſortes d'affaires, il y a toujours pour eux un très gros pot de vin;

Par leurs mauvaiſes manœuvres; car lorſque les Eſtats eurent ſagement délibéré qu'ils ne ſupprimaient le droit d'entrée qu'en cas qu'il y eût eu aſſez de fonds pour ſubvenir à leurs autres dépenſes, les commiſſaires demandèrent & obtinrent un arrêt du conſeil qui caſſait cette délibération, en ſuppoſant qu'elle avait été priſe autrement, & qu'ils firent, ſans néceſſité, enregiſtrer par force, les Eſtats aſſemblés, de la manière du monde la plus mortifiante & la plus violente, pour un corps pour lequel on devait garder quelque mefure. Tout cela fe fit même contre l'avis de quelques-uns des plus fages commiffaires qui en prévoyaient les fuites.

Elles furent telles que MM. de la nobleffe aidés des confeils qu'ils recevaient de Rennes, firent des proteftations [1] auxquelles les deux autres ordres adhérèrent, fur le refus que MM. les commiffaires firent de permettre aux Eftats d'envoyer à la cour leur procureur général fcindic demander le rapport de cet arreft.

Ces proteftations furent apportées par M. le Procureur général fcindic de Coëtlogon au parlement qui les enregiftra.

Le Maréchal, irrité de cette démarche, exila ledit fr de Coëtlogon & les frs de Quéravéon, de France & de Chérigny, de l'Ordre de la Nobleffe.

Cette fentence, loin d'avoir l'effet qu'il en attendait, irrita de plus en plus les efprits. — Les Eftats demandèrent la permiffion de députer à la cour. Ils furent refufés; ce qui donna lieu à de nouvelles proteftations qui furent encore enregiftrées au Parlement, lequel fit des remontrances fur la dureté & la violence qu'on exerçait envers leurs compatriotes.

L'on fit davantage. Car dans la crainte qu'on eût adjugé les fermes & pris par là les Eftats avant qu'on eût la réponfe aux remontrances du Parlement, 72 gentilfhommes firent fignifier au greffier leur oppofition à ce qu'on eût continué de travailler à aucune affaire, jufqu'à ce qu'il eût plu au roy de répondre aux remontrances du Parlement.

Bonamour voulait pouffer les chofes plus loin, car, dans le petit conciliabule qui fe tenait à Rennes & auquel le party zélé de la nobleffe envoyait tous les jours des députés, il foutint que le Parlement devait nommer deux commiffaires pour aller à Dinan informer de la conduite du Maréchal & des violences qu'il exerçait.

De ce petit confeil étaient du Parlement : MM. d'Andigné, Lechat, Montebert, le préfident du Pleffix, le préfident de Runefaou, Quérampuil, d'Arnoton, Tierry & du Timeur. J'y avais été admis & combattis fortement l'avis de Bonamour qui y était écouté comme un oracle. Je lui demandai pourquoi il voulait expofer des honnêtes gens à la fureur d'un

(1) Voir le tableau des signataires des protestations à la fin du récit.

homme qui avait la force à la main; que pour l'exécution d'un pareil deſſein, il fallait du moins avoir autant de troupes en diſpoſition que le Maréchal : « Ne vous inquiétez point, me dit-il, il y a un party en France prêt à éclore, plus fort que vous ne penſez, & l'on ne peut dans la ſituation préſente aller trop en avant. » — Je luy répondis que, quelque party qu'il y eût, je ne pouvais croire qu'il eût rapport à nos intérêts & que nous y duſſions entrer, ce qui fut fort heureux; Bonamour depuis ce temps-là, ayant toujours été très réſervé avec moi.

Mais il trouva bientôt le moyen de jeter les premiers fondements de ſon projet par l'étonnante réſolution que prit le Maréchal de Monteſquiou de chaſſer des Eſtats 72 gentilſhommes & de les terminer avec le petit nombre qu'il avait gagnés. Il ne leur donna que 2 heures pour ſortir de Dinan. On dit que des Gratières lui donna ce conſeil. — Ils ſe rendirent tous à Rennes où, revenus de la peur qu'on leur avait fait des priſons & des cachots, ils eurent autant de honte d'avoir obéi, lorſqu'ils pouvaient ſ'en diſpenſer, que de douleur du traitement indigne qu'ils avaient reçu.

Dans de telles diſpoſitions, Bonamour les ayant aſſemblés ſous le prétexte de voir quelle meſure il y avait à prendre, n'eut aucune peine à les engager de ſigner l'aſſociation dont voici la copie :

Acte d'union pour la Défense des Libertés de la Bretagne.

« Nous ſouſignés, de l'ordre de la nobleſſe de Bretagne, inſtruits des droits que nous donne notre naiſſance & des obligations auxquelles elle nous engage, pénétrés qu'il eſt de notre devoir indiſpenſable de concourir à maintenir les lois fondamentales de la nation, à défendre les peuples de l'oppreſſion & à conſerver les droits & privilèges de notre patrie, nous reconnaiſſons que le plus eſſentiel de ſes droits & privilèges eſt l'aſſemblée des États de la nation, qui ſeule peut ſervir de borne à l'autorité deſpotique des ſouverains; que l'eſſence de cette aſſemblée eſt d'être libre, de façon que tous ceux qui ont droit d'y aſſiſter y puiſſent avec liberté donner leur avis ſur ce qui y eſt propoſé pour le ſervice du prince & le bien du peuple; qu'elle eſt compoſée des trois ordres de l'Église, de la nobleſſe & du tiers; que nous ſavons que le droit de cette aſſemblée eſt d'entrer dans tout ce qui regarde le gouvernement de la province; que ſon conſentement eſt néceſſaire pour l'établiſſement des lois; qu'on ne peut faire ſans ſa participation aucune impoſition, & que les princes ne doivent rien lever ſur les peuples qu'en conſéquence de l'octroi que les États leur peuvent faire.

« En 1491, les États conſentirent au mariage de la ducheſſe Anne avec Charles VIII, parce que le prince jura & promit de maintenir la province dans tous ſes droits & privilèges. Louis XII renouvela ſes promeſſes, & ce fut à cette condition que les États ſe prêtèrent à ſon mariage avec la ducheſſe Anne, aprés la mort de ſon premier mari. Ce fut enfin aux mêmes conditions que les États tenus à Vannes en 1532 conſentirent à l'union de la Bretagne au royaume de France. Tous ces droits ont été conſervés par tous les contrats paſſés juſqu'à préſent. Malgré des titres ſi authentiques, nous avons vu avec douleur la ſéparation des États tenus à Dinan en 1717, l'exil de quatre de nos membres les plus zélés, & la province comme inondée d'un nombre conſidérable de troupes.

« Nous avons été inſtruits que non-ſeulement ceux de nos membres qui avaient été exilés étaient retenus dans leur exil, mais encore qu'un nombre fort grand de gentilſhommes avaient eu défenſe expreſſe d'aller aux États. Nous avons connu, dès le premier jour de l'aſſemblée (celle de juillet 1718), qu'il n'y avait aucune liberté dans les ſuffrages, & que pluſieurs des membres de l'ordre du tiers, qui avaient aſſiſté à l'ouverture au mois de décembre 1717, avaient été exclus & le ſurplus intimidé par toutes ſortes de menaces. Enfin nous avons vu que, par un attentat juſqu'à préſent ſans exemple, les commiſſaires du roi ſont venus en pleins États faire enregiſtrer, en leur préſence & par violence, des arrêts du conſeil qui caſſaient des délibérations des États; que, contre l'inſtitution des charges de procureurs-généraux-ſyndics des états, les mêmes commiſſaires ont empêché le ſieur de Coëtlogon, qui eſt revêtu d'une de ces charges, de partir pour aller porter au pied du trône les juſtes plaintes des ordres de la province de Bretagne, ce qui nous a mis dans la néceſſité de faire nos proteſtations & d'en demander l'enregiſtrement au greffe du Parlement de Bretagne; que ledit ſieur de Coëtlogon a été arrêté & conduit en exil pour avoir obéi aux ordres des états, ſuivant le devoir de ſa charge; que le ſieur de Chérigny a reçu un pareil traitement pour avoir ſoutenu avec honneur les intérêts du roi & de la province.

« De pareils traitements étant oppoſés au bien public & injurieux à la nobleſſe de Bretagne, nous avons déclaré par cet écrit, juré & promis unanimement ſur notre foi & notre honneur, de nous unir tous enſemble pour ſoutenir par toute ſorte de voies juſtes & légitimes, ſous le reſpect dû au roi & à ſon alteſſe monſeigneur le duc d'Orléans, régent du royaume, tous les droits & privilèges de la province de Bretagne & les prérogatives de la nobleſſe. De plus, promettons que, ſi quelqu'un des ſouſſignés eſt troublé ou attaqué en quelque ſorte que ce ſoit dans la ſuite, en ſa perſonne, ſa liberté ou ſes biens, nous prendrons ſon intérêt comme commun à tous en général & en particulier, ſans pouvoir nous en ſéparer par aucune conſidération, & ſera infâme celui qui en uſera autrement. Et promettons, ſous peine d'encourir une honte publique & perte de réputation, de faire toutes les choſes néceſſaires pour le tirer de l'état où il ſerait réduit pour l'intérêt de la cauſe commune, juſqu'à périr plutôt que de le ſouffrir opprimé & de contribuer à l'indemniſer de toutes les pertes & frais qu'il pourrait faire pour le bien commun.

« Tous les gentilſhommes de la province ſeront engagés, pour l'intérêt de leur honneur, de ſigner cette préſente union, & les deux ordres de l'Égliſe et du tiers-état invités de ſ'y joindre, & on y admettra les gentilſhommes extra-provinciaires qui, pour l'intérêt de l'État, voudront bien y entrer.

« Nous nous promettons de plus, ſous les mêmes peines, de nous garder un ſecret inviolable. Enfin, nous déclarons ſans foi & ſans honneur & comme dégradés de nobleſſe les gentilſhommes de la province, ſoit préſents ou abſents, qui ne voudront pas ſigner le préſent traité d'union, ou qui, l'ayant ſigné, contreviendront à aucun des ſuſdits articles, en ſorte qu'ils ſeront bannis de tout commerce avec les ſouſſignés.

« Et, pour que perſonne ne puiſſe trouver à redire, a été ſigné ſans diſtinction ni différence de rang. »

Il ne communiqua alors ſon grand deſſein qu'à quelques-uns des plus animés, craignant que, dans le nombre, il ne ſe trouvât quelque traître, & perſuadé qu'il était que le ſeing était aſſez fort pour les faire agir à l'occaſion.

Chacun des ſouſſignants prit une copie de l'aſſociation, qu'ils ſ'engagèrent de faire ſigner à tous les gentilſhommes de leur canton.

Voilà l'époque de tous les malheurs arrivés à cette province.

Nous étions le comte de Noyan & moi à Piré, lorſque nous apprîmes l'expulſion des 72 gentilſhommes & qu'ils étaient tous débarqués à Rennes. Nous partîmes ſur-le-champ pour leur aller offrir nos ſervices, & nous ne fûmes pas ſitôt arrivés que l'on nous inſtruiſit de la réſolution que Bonamour leur avait fait prendre de ſigner l'aſſociation le lendemain dans la maiſon du Vert-bois. — Noyan lui était fort attaché. Il l'avait logé chez lui à Paris lorſqu'ils avaient été appelés à la ſuite de la cour, & quoiqu'il eût déjà ſigné une pareille aſſociation à Paris, il eût mis ſon nom avec les autres dans celle-ci, ſi le ſoir je ne lui avais repréſenté entre nous que je ne voyais point quel bien pouvait produire cette aſſociation à la province; que nous n'étions point en état de forcer le régent à tenir des États généraux non plus que de ſoutenir ceux ſur qui ſa colère tomberait, en cas que cette aſſociation vînt à ſa connaiſſance, ce qui ne pouvait manquer d'arriver, eu égard à la quantité de perſonnes qu'on voulait engager à la ſigner, que ce n'était qu'aux Eſtats où aſſemblés légitimement nous aurions le droit & le pouvoir de ſoutenir nos privilèges, qu'hors de là toute aſſemblée pouvait être jugée criminelle; que c'était dans le cœur que ſe devaient conſerver les ſentiments d'honneur & de probité, ſans faire des démarches qui en otaſſent le moyen. La ſuite a prouvé que je parlais juſte en cette occaſion. Auſſi, Noyan en fut-il ſi convaincu que nous partîmes avec un autre de mes amis que j'empêchai auſſi de ſigner pour venir à ma campagne. Tournemine le fit d'une aſſez plaiſante manière, car quoiqu'il eût été du nombre des exclus, comme il n'avait point paru à Rennes pendant tout le mouvement des États, & qu'il n'en était qu'à trois lieues, c'en fut aſſez pour le ſoupçonner d'avoir abandonné la bonne cauſe, tant il faut peu de choſe pour diſcréditer. Il arriva au Vert-bois lorſque ces Meſſieurs y étaient aſſemblés, & ſ'étant aperçu qu'ils gardaient tous un profond ſilence, depuis qu'il y était entré, il leur en demanda la raiſon, diſant qu'il n'était venu à Rennes que pour les venger ſi cela était poſſible, & ſe livrer entièrement à tout ce qu'ils voudraient. Ils luy dirent que ſi cela était ainſi, il ſignerait le premier l'aſſociation qu'ils lui préſentaient. Il n'y eut pas moyen de ſ'en dédire. Tous les autres mirent leur nom au-deſous du ſien. L'on ſ'embraſſa, l'on ſe promit une fidélité inviolable & chacun ſ'en retourna chez ſoi, très aſſuré qu'il n'y avait plus aucunes puiſſances qui les puſſent inſulter.

Je ne ſuis point ſurpris que Bonamour, Lambilly & Gloeiquer, dont les eſprits étaient échauffés par les belles promeſſes de Mme la ducheſſe du Maine, ſe fuſſent livrés à former un party en Bretagne pour le roy d'Eſpagne, à qui le Régent voulait déclarer la guerre, ſurtout lorſque cette princeſſe ne les flattait pas moins que d'avoir pour elle une des meilleures parties des troupes, des ſeigneurs les plus accrédités dans le royaume & avec leſquels l'ambaſſadeur d'Eſpagne avait pris des meſures aſſez juſtes pour parvenir à leurs fins, qui était d'oſter la régence au duc d'Orléans, de l'enchaîner, de le conduire en Eſpagne, & de gouverner l'État par un Conſeil qui recevrait ſes ordres de Philippe V.

Mais ſitôt qu'ils eurent appris que toute l'intrigue du duc de Cellamare avait été découverte par un courrier que le duc d'Orléans avait fait arrêter chargé de tout le ſecret de l'entrepriſe, dont il rendait compte au cardinal Alberoni, premier miniſtre d'Eſpagne; lorſqu'ils ſurent que M. & Mme la ducheſſe du Maine avaient été arrêtés & conduits dans des châteaux, dégradés de tous leurs honneurs dans un lit de juſtice que le roi avait tenu au Louvre; quand les faux bruits qui ſ'étaient répandus que les troupes ne voulaient point ſervir contre le roy d'Eſpagne ſe furent diſſipés, & que chaque ordinaire apprenait une nouvelle conquête faite ſur la frontière par notre armée, je ne puis pas comprendre ce qui put les autoriſer à pourſuivre leur deſſein; d'autant plus qu'ils ne devaient pas ignorer que la plus ſaine partie de la nobleſſe ne ſouffrirait pas que la province fût le théâtre de la guerre, pour ſe prêter au mécontentement de Mme la ducheſſe du Maine & de quelques particuliers, que les villes & les peuples entraient encore moins dans cette querelle, qu'aucuns d'eux n'avaient remué, & que, tandis que le roi vivrait, il n'y aurait aucune apparence de réunir un party pour le roi d'Efpagne.

Cependant rien ne put les arrêter. Gloefquer, l'aîné, & fon frére l'abbé coururent toute la province fans avoir ofé f'ouvrir fur le véritable but de leur voyage qu'au malheureux Couëdic. Ils firent feulement figner à plufieurs, fous différents prétextes, l'affociation.

Bonamour & Lambilly, chacun dans leur canton, firent plus de progrès, parce qu'ils étaient plus confidérés. Ils infinuérent à plufieurs gentilfhommes qu'il n'y avait d'autre moyen de fauver le Roy & l'État qu'en f'uniffant au roy d'Efpagne, qui en voulait devenir le véritable pére, même aux dépens de fon repos & de la tranquillité de fes fujets, prétexte fpécieux qui, bien imprimé dans le cœur d'un Breton ..... qui facrifierait tout pour fon fouverain, ne faurait que faire plaindre infiniment ceux qui f'y font laiffés furprendre.

Des motifs moins honorables groffirent le party de Bonamour. Les fermiers du tabac, peu contents des profits exorbitants qu'ils faifaient fur leur ferme, ne voulurent plus f'affujétir à la régle ordinaire qui ne permettait de punir comme fraudeurs que ceux qui étaient pris fur le fait. Ils dénoncérent, par le moyen de Dupleix, le plus vain de tous les maltôtiers, tous les pauvres gentilfhommes qui, depuis dix ans, avaient été obligés d'avoir recours à ce honteux trafic pour fubvenir à leurs néceffités & obtinrent des lettres de cachet fans nombre pour les renfermer dans des châteaux. Ce fut affez d'être foupçonné par Dupleix, qui par là fe rendait fort important, pour fubir le même fort que ceux qui pouvaient être véritablement coupables.

Les plus fameux de ces fraudeurs étaient fans contredit les fieurs marquis de Pontcallec & de Salarum. Ils en faifaient tous deux depuis longtemps prefqu'un commerce public. Le premier était d'une grande maifon à la vérité fort obérée; mais, comme il jouiffait en bail d'une des plus belles terres du territoire de Hennebont, qu'il était feigneur de plufieurs paroiffes où l'on peut dire que le payfan eft efclave, logé dans un château entouré d'une magnifique forêt, dont il n'était pas facile d'approcher quand on n'était pas de fes amis, affez prés de la mer pour ne pas craindre le tranfport du tabac fous les efcortes qu'il lui plaifait, que d'ailleurs il était grand diſſipateur, il ſe livra tout entier à ce commerce indigne de lui.

Salarum était beau-frère du procureur général & ſcitué ſi heureuſement pour la fraude qu'il eût fallu la haïr pour ſe diſpenſer de la faire. Auſſi en diſtribuait-il tant qu'on voulait, & rien n'était plus commun que de voir ſortir de ſon bois cent chevaux chargés, à la barbe des plus réſolus commis, qui n'oſaient attaquer le grand nombre de payſans qui les conduiſaient.

Il eſt aiſé de juger que ces deux Meſſieurs ne furent pas oubliés par le ſieur Dupleix. Il obtint pour l'un & pour l'autre deux lettres de cachet. Celle de Pontcallec lui fut envoyée, & il n'en fit aucun état, le maréchal ayant refuſé ſes gardes pour telles expéditions.

Celle de Salarum fut ſupprimée par le crédit du procureur général, mais aux conditions qu'il renoncerait abſolument à ſon commerce, ce qui leur parut ſi dur & les irrita ſi fort contre le nouveau gouvernement, qui les privait de gros revenus auxquels ils étaient accoutumés, qu'ils ſe jetèrent à corps perdu dans le party d'Eſpagne.

Mais ce qui rendit le party plus conſidérable, ſi jamais il a dû être regardé de la ſorte, ce fut l'exacte recherche que l'on fit de tous ceux qui avaient été impoſés au quadruple de leur dixième, quoique l'on eût ceſſé de percevoir cette levée depuis deux ans; il y avait eu ſurtout dans l'évêché de Nantes un traitant inexorable qui n'avait épargné perſonne. Il ſ'était entre autres acharné contre toute la nobleſſe. Cette recherche, à laquelle on ne ſ'attendait plus & que l'on croyait éteinte, parce que le traitant était mort, & que le ſieur Férand, qui l'avait autoriſé, n'était plus intendant, fit un ſi terrible bouleverſement dans les eſprits, parce que l'on demandait de très groſſes ſommes qu'on n'était point en état de payer, & que les exécutions ſuivaient de très près les premières demandes, que Bonamour, qui était voiſin de Guérande, où la nobleſſe était moins ménagée, n'eut pas de peine à leur inſpirer de prendre la ferme réſolution de chaſſer de leur pays la cohorte d'huiſſiers qui les inquiétait.

Cette première démarche étant faite, Bonamour leur fit comprendre qu'on ne manquerait point de leur envoyer des garniſons pour les punir de leur réſiſtance, ſ'ils ne ſe mettaient en état de ne les point craindre;

qu'il n'y avait qu'un moyen pour y parvenir qui était de former un party dans la province pour le roy d'Efpagne; qu'il n'y avait rien à hafarder puifque c'était le même que celui du roy; que plufieurs des plus grands feigneurs du royaume y étaient déjà entrés; que la moitié des troupes étaient gagnées, & qu'ils n'attendaient que l'entrée de Philippe V en France pour fe ranger fous fes étendarts; que les peuples, qui avaient été plus accablés depuis la paix que pendant une guerre de douze années, ne demandaient qu'à fecouer un joug qui leur était devenu infupportable; qu'enfin toute la nobleffe de Bretagne, outrée des atteintes que l'on avait données à fes privilèges aux derniers États & des violences qui f'y étaient exercées par le maréchal de Montefquiou, que le parlement, indigné d'avoir été traité encore plus durement & d'avoir vu exiler une des meilleures portions de leurs membres, n'attendaient tous finon que quelques perfonnes, reliées pour la confervation de notre jeune monarque & pour la liberté de la patrie, euffent fondu la glace pour lever entièrement le mafque.

Quoique la fuite nous ait bien fait connaître que tout ce difcours n'était qu'une chimère qui réfidait dans la feule tête de Bonamour, cependant il eut tout l'effet qu'il en pouvait défirer fur les gentilfhommes affemblés à Guérande, dont je ne dirai point tous les noms, parce que on les pourra voir dans l'arrêt qui fut prononcé contre eux par la Chambre de juftice, que j'inférerai tout au long dans la fuite de ces mémoires.

Il eft feulement à remarquer qu'il n'y eut prefque compris dans cette affaire que les gentilfhommes voifins de Bonamour, de Lambilly, de Pontcallec & de Salarun, qui demeuraient dans les évêchés de Vannes, Nantes & Saint-Malo. Il n'y eut de foupçonné ni d'accufé dans les autres diocéfes que quelques gentilfhommes qui furent gagnés par les deux Gloefquer.

Ainfi tout ce fameux party, qui devait être l'avant-coureur d'une des plus grandes révolutions qu'on eût vue en France, confiftait tout au plus en 30 ou 40 gentilfhommes, la plupart tout jeunes gens & peu capables de conduire un deffein à fon terme; car je ne comprends point dans l'affaire d'Efpagne ceux qui avaient figné l'affociation, puifqu'il n'y a aucun rapport.

Sans troupes, ſans armes & ſans argent, on fit cependant grand bruit de ce qu'ils avaient acheté à Guérande dix ou douze livres de poudre & quelques balles. Si le maréchal de Monteſquiou n'avait pas eu envie d'allumer le feu dans la province par l'eſpérance de ſ'y rendre tout puiſſant, de ſe faire valoir à la Cour & de venger ſes haines particulières, il eût diſſipé avec deux compagnies de dragons cette petite poignée d'eſprits remuants & par là eut rendu le calme à la province; car il fut informé, auſſi bien que M. de Coëquen, des deux premières aſſemblées qui ſe firent, l'une à Queſtembert & l'autre dans la forêt de Lanvaux. Ce fut là qu'il fut réſolu de députer le ſieur Hervieux de Melac pour aller demander un ſecours d'hommes & d'argent au cardinal Alberoni. C'était peut-être le ſeul de toute la troupe capable de bien conduire une intrigue. Il avait longtemps ſervi en France; mais comme il n'était pas riche, & qu'il fut réformé à ſa prière, il ſe réſolut d'aller en Hongrie chercher fortune, & ſ'y fit fort eſtimer. Ayant appris que la guerre recommençait en France, il y revint eſpérant d'être replacé; mais comme il n'était pas connu à la Cour où le mérite ne datait pas de grande choſe, il fut refuſé, ce qui l'irrita ſi fort qu'il ſ'engagea dans l'affaire d'Eſpagne, où il ſe rendit après avoir couru pluſieurs haſards.

Le cardinal Alberoni, qui n'avait rien de plus à cœur que de faire une diverſion en Bretagne qui eût pu amortir les conquêtes que l'armée de France faiſait ſur la frontière, le reçut à bras ouverts, ſurtout lorſqu'il l'aſſura qu'il pouvait diſpoſer de 800 gentilſhommes dans la province, lui faiſant accroire que ceux qui avaient ſigné l'aſſociation, qui étaient en grand nombre, étaient dans les mêmes diſpoſitions de traiter avec lui pourvu qu'on les voulût aſſiſter d'argent & de quelques troupes réglées.

Le Cardinal promit de faire tenir inceſſamment deux millions en Bretagne & d'y envoyer huit mille hommes & un général, au moyen de quoi Melac lui dit qu'il pouvait compter ſur une armée de cinquante mille hommes; en quoi on peut dire qu'ils ſe trompèrent tous deux; car le Cardinal n'était pas plus en état d'envoyer huit mille hommes en Bretagne, n'ayant pas la moitié de ce qui lui en était néceſſaire pour garder ſes frontières, que Melac d'avoir non-ſeulement quarante mille hommes, mais même cinq cents hommes à ſa diſpoſition dans la province.

Melac demanda encore au Cardinal des lettres de S. M. Catholique écrites aux gentilſhommes bretons, afin de les encourager, ce qui lui fut accordé. Il partit enſuite très content de ſa négociation pour revenir en Bretagne. Le Cardinal, pour l'éprouver, le fit arrêter à dix ou douze lieues de l'armée. Ceux qui avaient été chargés de cet ordre firent ſemblant de vouloir fouiller dans ſa valiſe, diſant qu'il était un eſpion. Mais il ſ'y oppoſa fortement, parce qu'il y avait des ſecrets de l'État qui ne pouvaient être ſus que du Roi ou de ſon miniſtre. On le ramena à Madrid où le Cardinal, ayant fouillé dans ſa valiſe & n'y ayant trouvé que ce qui devait y être & dont il avait connaiſſance, il le renvoya très content de lui, le regardant comme un homme ſûr & capable de bien mener une affaire.

Ce fut une grande joie pour tout le party que le retour du ſieur de Melac. Le roy d'Eſpagne écrivait de très belles lettres aux principaux chefs & leur promettait un prompt ſecours d'hommes & d'argent. Mais voyant qu'il ne venait point, il fallut encore ſe raſſembler à Jugon & obliger Melac de retourner en Eſpagne pour le preſſer.

Ce voyage & un troiſième qu'il fit coup ſur coup, parce que l'on avait appris que la Cour était inſtruite de toutes leurs menées, & qu'elles étaient devenues publiques dans la province, n'eut guère de plus heureuſes ſuites. Le cardinal Alberoni envoya bien quelque argent en Bretagne, mais en ſi petite quantité qu'il ne ſervit qu'à rendre plus coupables ceux qui ſe livrèrent à ſi peu de frais,

La chronique médiſante aſſure que Bonamour & Lambilly reçurent des ſommes conſidérables, & qu'Alberoni tint ſa parole à cet égard, mais qu'ils n'en diſtribuèrent que très peu à leurs confrères (& preſque en forme d'aumône), parce que, ſachant qu'ils étaient découverts, ils jugèrent à propos de ſe conſerver une poire pour la ſoif, au cas qu'ils fuſſent obligés de quitter la province, comme il arriva bientôt après. Je ne puis dire ce qui en eſt.

Ce qu'il y a de très certain, c'eſt que le Maréchal regarda tous ces événements, dont il avait eu très bonne connaiſſance, comme le point fixe de ſon autorité abſolue dans la province. Il penſa qu'ayant toujours dépeint les Bretons comme des rebelles dans un temps où la tranquillité régnait dans toute la province, que pour peu qu'il groſſit les objets dans une occaſion où on avait véritablement cabalé, qu'il allait paſſer pour un homme qui liſait dans l'avenir tout ce qu'il y avait de plus obſcur, & l'attirer toute la confiance de S. A. R. qui, pour lui en donner des marques, le laiſſerait maître de décider ſouverainement du ſort de tous les Bretons, & ce n'eût aſſurément pas été ceux qui avaient ſigné le traité d'Eſpagne qui euſſent été les premiers punis. Il avait bien d'autres paſſions à ſatiſfaire.

Ce furent elles qui lui firent aſſurer au Régent que preſque toute la nobleſſe de Bretagne était compriſe dans cette malheureuſe affaire, ce qui lui inſpira une haine contre elle en général, dont il a eu bien de la peine à revenir.

A la vérité, tout concourut à favoriſer le pernicieux deſſein du Maréchal; car l'on envoya d'Eſpagne à S. A. R. un modèle du traité conclu dans le dernier voyage du ſieur de Melac, que près de 800 gentilſhommes devaient avoir ſigné, confondant toujours l'aſſociation avec le traité fait avec le cardinal Alberoni, ce qui était, comme je l'ai déjà dit, abſolument étranger.

Le Régent ayant appris, d'ailleurs, que tout ce qui ſ'était pratiqué en Bretagne n'était qu'une ſuite de ce que Mme la ducheſſe du Maine avait tramé contre luy, il réſolut, par le conſeil du garde des ſceaux, de donner au public un exemple de ſévérité par la punition des Bretons, n'oſant ſacrifier les vrais coupables.

Pour y parvenir, contre l'attente du Maréchal qui en penſa mourir de douleur, il créa une Chambre royale avec un pouvoir ſans limite, laquelle eut ordre d'aller tenir ſes ſéances à Nantes & faire le procès aux criminels; & le Maréchal n'eut d'autre crédit que de forcer à exécuter les ordres.

ÉDIT DE CRÉATION DE LA CHAMBRE ROYALE DE NANTES.

Lettres-Patentes du Roy en forme de Commiſſion, etc., etc., etc.

Enregistré le 30 octobre 1719.

Louis, par la grâce de Dieu, roy de France & de Navarre, à notre amé & féal le ſieur de Chateauneuf, Conſeiller en notre Conſeil d'État, amés

& féaux les ſieurs Mabout, de Barillon, Brunet d'Évry, Feydeau de Bron, Hébert du Buc, de Bauſſan, Augrand, Poucher, Bertin, Pariſot, Pajot, Midorge, Le Gendre de Saint-Aubin & Aubery de Vaſtan, Conſeillers en nos Conſeils, maiſtres des requêtes ordinaires de noſtre à nos hotels, ſalut.

Eſtant informé de pluſieurs caballes qui ſe ſont faites depuis quelque temps dans notre Province de Bretagne & lieux circonvoiſins contre notre ſervice, & le repos de notredite province, meſme d'attroupements de pluſieurs Gentilſhommes, aſſociations entre eux, amas d'armes, poudre de munitions, & de chevaux, enrôlements de ſoldats, pratiques ſegrettes dedans & dehors notre Royaume, projet de traité avec une puiſſance étrangère, oppoſition à main armée à la levée de nos deniers, aſſemblées illicites, réſiſtance à l'exécution de nos ordres, & refus d'y obéir, tous préparatifs tendant à révolte, qu'il eſt également important pour le bien de nos ſubjets & la conſervation de notre authorité de prévenir, en puniſſant les autheurs de tels attentats, pour aſſurer par des exemples de notre juſtice l'obéiſſance qui nous eſt deue, la tranquillité de cette province, la perception paiſible de nos droits & la ſureté de ceux qui ſont propoſés à les percevoir, nous avons cru devoir établir une chambre dans notre ville de Nantes, & ne croyant pouvoir faire un plus digne choix que de vos perſonnes dont nous connaiſſons la ſuffiſance & l'intégrité par les preuves que vous nous en avez données, & dans les emplois que nous vous avons confiés pour notre ſervice.

A ces cauſes, de l'avis de notre très cher & très amé oncle le duc de Chartres, premier prince de notre ſang, de notre très cher & très amé couſin le duc de Bourbon, de notre très cher & très amé couſin le prince de Conti, prince de notre ſang, de notre très cher & très amé oncle le comte de Toulouſe, prince légitimé, & autres pairs de France, grands & notables perſonnages de notre Royaume, nous vous avons commis, ordonnés, députés, établis, commettons, députons, ordonnons, & établiſſons par les préſentes, ſignées de notre main, pour tenir ladite chambre, dans notre ville de Nantes, informer des complots, pratiques & attentats, cy-deſſus circonſtanciés, & dépendances contre tous les coupables & leurs complices, de quelque qualité & conditions qu'ils ſoient, & en quelque lieu & province qu'ils se trouvent, ou qu'ils fassent leur résidence, mesme de tous autres crimes qu'ils pourroient avoir commis, délicter (?) contre eux, leur faire & parfaire leur procès, à la requête de notre procureur général en ladite chambre, ledit sieur Natan, l'un de vous, que nous avons commis & commettons à cet effet, soit que les informations en aient été faites d'authorité de quelque juge que ce soit non suivie de jugement définitif, ou dont la plainte pourroit en être faite, envoyant en tant que besoing est ou seroit toutes les procédures que vous estimerez avoir quelque rapport ou connexité avec la présente commission, à la remise desquelles procédures tous greffiers & autres dépositaires seront contraints mesme par corps, moyennant quoi, ils demeureront bien & valablement déchargés, pour juger lesdits procès souverainement & en dernier ressort, avec nombre de 7 au moins, vous en attribuant à cet effet toute leur juridication & connaissance, & ycelle interdisant à toutes nos autres cours le juge monobstant tous déclinatoire auquel vous n'aurez aucun égard, non plus qu'à tous privilèges généraux & particuliers de quelque nature qu'ils soient, auxquels nous avons dérogé & dérogeons par les présentes, voulons que les instructions qui seront à faire ou à continuer soient faites ou continuées par l'un de vous en la place ou légitime empêchement de l'autre, & que les récusations, si aucunes sont proposées, soient par vous jugées, vous donnant en outre la faculté, pour ne point interrompre vos séances ordinaires, de commettre & de subdéléguer tels juges officiers ou gradués que vous trouverez à propos, pour des instructions nécessaires hors ladite ville de Nantes, comme aussy à notre procureur général de commettre pour les substituts les officiers ou gradués qu'il estimera à propos & généralement faire pour l'exécution des présentes tout ce que vous jugerez nécessaire, vous en donnant tout pouvoir, authorité & mandement spécial, & pour servir de greffier en la présente commission, nous avons nommé notre cher & bien amé le sieur Caillet, ordonnons que tout ce que sera par vous jugé & ordonné soit exécuté, monobstant toutes récusations, prise à partie, opposition, ou appellations quelconques.

Mandons & enjoignons à tous prévôts de ses cousins les Maréchaux de France & à tous autres nos officiers & subjets qu'il appartiendra, de vous obéir, reconnaître, & prester main forte, si besoing est en tout ce qui sera par nous ordonné, Car tel est notre plaisir.

Donné à Paris le 3 octobre, l'an de grâce 1719, & de notre régne le 5e, signé Louis, & plus bas par le roy, le duc d'Orléans, régent, présent, signé Philippaux, scellé du grand sceau de cire jaune.

La chambre a ordonné, & ordonne que lesdites lettres en forme de commission seront enregistrées au greffe de ladite chambre, lues, publiées, & attachées partout où besoing sera pour estre exécutées selon leurs forme & teneur, & copie d'ycelle en forme, seront envoyés aux baillages & sénéchaussées de la province de Bretagne & autres qu'il appartiendra, pour y être pareillement lues, publiées, & enregistrées, mesme à toutes les justices subalternes, & seigneuriales, à la diligence du substitut du procureur général du roy, à ce qu'il n'en soit prétendu cause d'ignorance, lesquels seront tenus d'en certifier la chambre dans quinzaine; enjoint à tout greffier & autres dépositaires d'envoyer sitôt qu'ils en seront requis au greffe de ladite chambre, toutes les informations, autres pièces & procédures, que pourront avoir été faites de l'authorité de quelques juges que ce soit, non suivies de jugement définitif, mêmes toutes les plaintes qui auront été rendues contre ceux qui auraient été indiqués par ledit Procureur général, à quoy faire seront contraints par corps, quoy faisant, ils en demeureront bien valablement déchargés. — Donné par la chambre le 30 octobre.

Signé : CAILLET.

Le Maréchal, outré de la création de cette Chambre royale, ne fut pas fâché de voir le Parlement faire à ce sujet des remontrances au Roy. Ils assuraient Sa Majesté qu'il n'était pas besoin d'un tribunal étranger qui portait atteinte à leurs droits pour punir les coupables de Bretagne; que si aucuns avaient manqué à la fidélité qui lui était due, qu'ils les traiteraient avec plus de rigueur qu'aucun juge qu'il eût pu choisir, & qu'ils suppliaient Sa Majesté de vouloir bien révoquer l'édit de création de la Chambre royale. — L'on ne fit aucune attention à leurs remontrances.

Le Maréchal, de retour en Bretagne, voyant qu'il n'était plus maître de punir & de pardonner, ne tint pas fort cachées les pourſuites qu'on allait faire contre pluſieurs gentilſhommes de la province, & ce ne fut pas ſa faute ſ'ils n'en furent avertis. On dit même que Tailladet ſon ſecrétaire, donnait avis à Lambilly de tous les ſecrets du cabinet. Ainſi tous ceux qui ont péri dans cette malheureuſe affaire ne le doivent reprocher qu'à eux-mêmes, puiſqu'ils étaient inſtruits de tout ce qui ſ'allait faire contre eux, plus de deux mois avant qu'on eût agi.

Cependant ils demeurèrent dans une tranquillité qui penſa les faire tous arrêter par les difficultés qu'ils trouvèrent dans la ſuite à ſe ſauver, ſoit qu'il euſſent toujours la chimérique eſpérance que l'Espagne leur enverrait du ſecours, quoique le ſieur de Melac les eût aſſuré qu'à peine le roy d'Eſpagne avait-il aſſez de troupes pour garnir ſes places frontières, ſoit qu'ils ſ'imaginaſſent qu'avec quelques officiers & ſoldats du régiment de la Ferté, qu'on dit qu'ils avaient gagnés, pouvoir réſiſter à toutes les forces qui étaient en Bretagne, ſoit enfin qu'ils ſe figuraſſent toujours qu'il arriverait une révolution générale.

Il fallait que Bonamour en fût bien prévenu pour avoir fait faire à ſa maiſon de Lourmois des fortifications, idée ſi extraordinaire qu'elle ne peut tomber ſous le ſens. Car cette maiſon de Lourmois, qu'on a qualifiée, dans toute la procédure de la Chambre royale, de château, n'eſt qu'une petite gentilhommière ouverte de tous côtés au milieu des terres, & qui, malgré ſes créneaux, ne ſerait point à l'abri d'un party de dix hommes[1]. Il était bien aiſé de détruire cette place d'armes, ſeule reſſource des conjurés. Mais la Cour, voulant ſ'y prendre d'autre manière, envoya au Maréchal pluſieurs lettres de cachet avant que la Chambre royale pût ſe rendre à Nantes, par leſquelles il était ordonné à chaque gentilhomme à qui elle était adreſſée de ſe rendre à Rennes auprès du Maréchal ſous peine de déſobéiſſance, & les archers qui les leur portaient avaient ordre, ſ'ils les trouvaient dans leur maiſon, de les y conduire.

Bonamour, Pontcallec, Lambilly, les deux Pouldu de Rohan, les deux Gloeſquer, Talhouët-Boiſorhand, G. Hervieux de Melac, La Bérais, &

(1) Lourmois, commune de Nivillac, a appartenu à la famille Talhouët de Bonamour jusqu'à la Révolution.

plusieurs autres ne se trouvèrent point chez eux quand on leur apporta leur lettre, & n'obéirent point aux ordres du Roy, mais songèrent dès-lors très sagement à sortir du royaume, les uns d'une façon, les autres de l'autre, ce qui commençait à devenir difficile.

Il n'y eut que Bourgneuf, Penelé, La Marche, Dandigné, Sourdeac & du Sablé qui, quoique s'étant trouvés à plusieurs assemblées, ne se crurent pas assez coupables pour être obligés de renoncer à leur famille & à leur patrie. Ils se rendirent à Rennes auprès du Maréchal; aussi bien que Bourdonnaye de Liré & Boissolan, ces deux derniers bien surpris d'être compris dans une affaire dont ils n'avaient point entendu parler, ne s'étant jamais mêlé d'affaire publique, & faisant du plaisir de la chasse leur unique occupation. Ils eurent l'obligation de ce voyage qui fut cependant très long parce qu'on ne voulut jamais entendre à les rappeler que la Chambre n'eût fait toutes ses informations à un nommé d'Erbignac, homme de néant qui, de valet de chambre ayant trouvé le moyen de se rendre nécessaire auprès de Mme de Molac, l'avait engagé à demander au maréchal de Châteurenaud, qui ne pouvait rien lui refuser, la nomination à la charge de commissaire des guerres, ce qu'il avait obtenu. Comme il était encore plus méprisable par son caractère que par son extraction, il avait été, à la paix, un des premiers révoqués de cet emploi; tellement que, ne sachant comment se raccrocher à la Cour, il s'y alla offrir pour servir d'espion en Bretagne, pourvu qu'on l'autorisât à voyager dans la province sans être soupçonné. On accepta son offre, et il se rendit à Guérande, où, pour s'acquitter dignement de son ministère, il employa dans sa liste tous les gentilshommes voisins de cette ville, & ceux qui y possédaient des terres, quoiqu'ils n'y demeurassent point; & pour faire croire qu'il avait fait une exacte recherche, il mit des croix aux noms de ceux qu'il manda être les plus engagés dans l'affaire; & comme il n'était ni au fait des noms propres, ni au fait de la langue française, il mit la croix à Boissolan, au lieu de Boisorhand, & à Bourdonnaye, au lieu de La Berays: de sorte que, quoique lui-même écrivit qu'il s'était trompé; comme on se sert des traîtres, mais qu'on y a aucune confiance, on crut que cette âme basse, à l'exemple de plusieurs autres dont quelques gentilshommes n'ont pas été exempts, trompait pour quelque argent également la Cour & la province; tellement qu'ils demeurérent trois mois à Rennes à la ſuite du Maréchal, ſans pouvoir perſuader du quiproquo. — Ils ne furent cependant point décrétés par la Chambre royale comme tous les autres qui avaient eu des lettres de cachet.

M. de Châteauneuf & les autres commiſſaires ſus-dénommés étant arrivés à Nantes, commencérent leurs ſéances le 30 octobre 1719. Ils décrétérent tous ceux à qui Sa Majeſté avait ordonné de ſe rendre à Rennes. Or, les deux Meſſieurs dont je viens de parler enjoignirent au grand Prévôt de les aller arrêter & de les conduire dans le château de Nantes. Ils n'eurent pas de peine à ſe ſaiſir des ſieurs Bourgneuf, Dandigné, Sourdeac & du Sablé. Ils étaient tranquilles dans leur auberge de la Tour-d'Argent, lorſqu'elle fut envahie par un détachement de dragons & d'archers, & que le ſieur de Méleſſe alla leur annoncer qu'il les arrêtait de la part du Roi. Il les fit monter deux heures aprés en litière, & les mena au château de Nantes.

La maréchauſſée toute ſeule n'était pas ſuffiſante pour arrêter le grand nombre de gentilſhommes qui étaient décrétés, quoiqu'il n'y eût que des ſoupçons contre eux, ni de les empêcher de ſ'échapper. Ce qui fit que M. le Maréchal, par ordre de la Chambre royale, fut obligé de faire pluſieurs détachements de toutes les troupes qui étaient dans la province, pour prendre les uns, & pour battre l'eſtrade ſur tous les grands chemins afin de ſ'oppoſer à la fuite des autres. Mais comme les troupes étaient fort mécontentes d'être employées à ces ſortes d'expéditions, il n'y eut pas un officier, excepté ..... lieutenant-colonel des cuiraſſiers, qui ne fît donner avis, à celui qu'il avait ordre de prendre, de ſa marche, ou qui ne feignît de ne les pas voir, lorſqu'ils les rencontraient dans leur route, & on leur en a d'autant plus d'obligation que ſans eux, il n'en fut guéres échappé.

Il parut quelques vaiſſeaux à la vue de Belle-Ile; le Gouverneur en donna avis au Maréchal qui en prit l'épouvante & qui, aprés avoir mandé toutes les troupes diſperſées dans la province, partit toute la nuit de ſa maiſon de Plaiſance avec celles qu'il avait à Rennes pour ſe rendre à Vannes.

L'on ne manqua pas d'exagérer beaucoup à la Cour le nombre de ces vaiſſeaux : c'était, diſait-on, une flotte compoſée de dix navires dans leſquels il y avait huit mille hommes de débarquement qui devaient faire leur descente près de Port-Louis, & s'en emparer, mais que n'ayant vu personne sur la côte pour les soutenir, ni aucuns des signaux dont ils étaient convenus avec la noblesse bretonne, n'avaient osé se hazarder; quoique au vrai il n'y eût qu'une seule corvette espagnole & quelques barques anglaises chargées de vin de Bordeaux, laquelle corvette ne demeura dans cette baie qu'autant de temps qu'il en fallait pour retirer tous ceux qui voudraient se réfugier en Espagne.

Bonamour, Lambilly, Pontcallec, les deux Pouldu & Berays, qui en avaient eu avis, en firent avertir tous leurs associés. Mais ayant appris que le maréchal était arrivé à Vannes avec toutes ses troupes, ils crurent que c'était pour les arrêter, & dans la nuit même ils se rendirent chez Lantillac (sans attendre leurs compagnons), qui leur prêta une barque pour se rendre aux vaisseaux espagnols. Il n'y eut que le malheureux Pontcallec qui n'osa & qui ne voulut jamais s'embarquer; & ses compagnons eurent assez de faiblesse pour ne l'y pas forcer, ce qui eut épargné le sang de trois honnêtes gens dont il causa la perte.

Gloesquer passa en Hollande auprès d'un oncle qu'il avait.

Talhouët, Boishorand, & plusieurs autres s'abandonnèrent à un lieutenant de cavalerie nommé ......, qui les fit passer toute la France comme étant ses cavaliers ayant une route de la cour.

Quervasy l'aîné se fit enterrer comme s'il eut été mort, & ne quitta point la province.

Je vis à Paris Lahoussaye père & Querantreh Gouvello, le jour que j'avais appris qu'ils avaient été condamnés à avoir la tête tranchée.

Tout le party se dispersa ainsi qu'il le jugea plus à propos pour sa sûreté & pour son repos. Il n'y en eut que quelques-uns qui ne quittèrent point la province.

Je ne sais pourquoi Montlouis, Talhouët-Lemoyne & Couédic, tous gens qui avaient servi & qui eussent eu plus de facilité que les autres à se sauver ne songèrent point à suivre l'exemple que leurs confrères leur monstroient. Cela fait connaître qu'il y a des destinées qu'il faut remplir. La leur fut bien malheureuse puisqu'ils furent arrêtés & conduits au château de Nantes, où ils perdirent la tête. — On dit que Montlouis n'était entré dans le party qu'à la sollicitation de sa femme, & qu'après en avoir essuyé toutes sortes de reproches tant sur sa bravoure que sur son insensibilité pour le bien public, ce qui l'avait si fort irrité qu'il lui avait dit : « Eh bien, Madame, il faut se perdre, puisque vous le voulez. » — Que depuis ce temps il avait été un des plus animés, ayant lui seul engagé Liré et discipliné des soldats.

Le maréchal, qui n'était qu'à cinq lieues de l'île de Rhuys où demeurait Lantillac, apprit bientôt que plusieurs gentilshommes avaient passé pour se rendre chez lui. Il envoya des troupes pour les arrêter ; mais ils ne trouvèrent plus que le maître de la maison, les autres s'étant embarqués. Ils l'amenèrent au maréchal ; il fut si saisi de crainte à sa vue qu'il se jeta à ses pieds pour lui demander la vie, en lui promettant de lui dire tout ce qu'il savait.

Le maréchal la lui promit & demanda sa grâce à la Cour qu'il obtint aux conditions de ne prendre plus de tels engagements.

Lantillac lui dit qu'il avait prêté une barque à ces Messieurs pour aller trouver un vaisseau espagnol, qui se tenait en panne depuis trois ou quatre jours vis-à-vis de sa maison ; que Pontcallec n'avait jamais osé s'embarquer & qu'un matelot lui avait remis 24 mille livres en or, avec ordre de les donner à Lambilly, ce qu'il avait exécuté. Après cet aveu, on le conduisit au château de Nantes.

Salarun, qui se croyait plus en sûreté parce qu'après avoir touché l'argent d'Espagne il allait découvrir au maréchal tout ce qui se passait dans le parti, ne craignit point de se rendre à Vannes auprès de lui. Il l'avait même prié à dîner, lorsque se promenant sur la Lice avec plusieurs messieurs, il fut arrêté par ordre de la Chambre de justice.

Son procédé était d'autant plus odieux que c'était lui qui avait engagé plus de personnes dans cette fatale affaire, & qu'en même temps qu'il les animait davantage, il donnait avis au maréchal de tout ce qui se passait. Cette trahison lui a cependant sauvé la vie ; car ayant trouvé moyen avec les pistoles qu'il avait tirées d'Espagne de se rendre favorable le secrétaire de M. Mabout, doyen de la Chambre royale, il interpréta si fort à son avantage la loi Julia, qui ne veut pas qu'on punisse celui qui a découvert une conspiration, que malgré la répugnance des autres juges qui ne pouvaient se résoudre à sauver celui-ci, tandis qu'ils en condamnaient de moins coupables, il se tira de ce mauvais pas, quoique cinq des juges demeurassent ferme dans leur avis qui était de lui faire trancher la tête.

Madame son épouse, sœur du procureur général Bédoyère, dont on ne savait trop louer la conduite & la vertu, n'épargna ni sa santé ni sa bourse pour sauver la vie de son mari. Elle vint à Paris pour la solliciter. Elle trouva dans Mme la duchesse de Sully une protectrice non-seulement de son mari mais de tous les Bretons affligés. Car, quoique le Régent se fut expliqué qu'il ne voulait pas que personne lui eut demandé aucune grâce pour eux, & qu'aucuns de la cour, même ses parents, n'eussent osé aller contre ses ordres, Mme la duchesse de Sully n'en fut point intimidée. Elle alla trouver S. A. R. & lui dit qu'étant Bretonne, il ne devait pas trouver mauvais qu'elle s'intéressât aux malheurs de sa province; qu'elle venait implorer sa clémence pour tous ceux qui étaient dans le château de Nantes, & principalement pour Salarun qui était son parent; qu'elle le suppliait de ne point répandre un sang qui ne coulerait plus dans les veines de tous ceux à qui il ferait grâce que pour lui donner des preuves de leur dévouement & de leur reconnaissance; que lorsqu'on était le maître de punir il y avait bien plus de grandeur d'âme à pardonner. Enfin son discours fut si fort & si touchant que le régent en fut ému, & l'assura qu'il aurait égard à sa demande, & ne parut point fâché de ce qu'elle eut contrevenu à ses ordres.

Cette démarche fit tant d'honneur à Mme la duchesse de Sully, que je crois devoir la rapporter. — Revenons à notre sujet.

Salarun & Lantillac, arrivés au château de Nantes, furent interrogés & avouèrent tout ce que l'on voulut. Ils nommèrent tous leurs complices, qui pour la plupart étaient bien connus, puisqu'ils n'avaient pas obéi aux ordres du Roi, & qu'ils s'étaient cachés, ou retirés dans les pays étrangers.

La Chambre de justice, sur les instructions de la Cour, était prévenue qu'il y en avait une infinité d'autres, & que les deux tiers de la noblesse de la province y était compris; mais elle n'en trouvait aucune preuve.

Ceux qui avaient les originaux de l'association les ayant brûlés ou emportés avec eux, aussi bien que le traité avec l'Espagne dont très peu de gentilshommes, comme j'ai déjà dit, avaient eu connaissance. Ainsi, ce n'a été que la faibleffe & l'aveu de ceux qui ont été arrêtés fur des foupçons qui ont caufé leur perte.

Car, quoique la Chambre royale eût ordonné qu'il ferait fulminé des monitoires par trois dimanches confécutifs dans toutes les paroiffes de la province, elle n'en fut pas plus inftruite, & il ne leur fut fait aucune dépofition.

Ce fut fans doute dans l'interrogatoire de quelqu'un de ceux qui étaient arrêtés qu'elle apprit que le fieur de Derval, voifin & ami de Bonamour, était le dépofitaire de beaucoup de papiers qui découvriraient tout le fecret de l'entreprife. Elle envoya fur le champ inveftir fa maifon. Il était dans fon lit avec un de fes amis et n'eut le temps que de fe jeter en chemife dans un petit caveau qu'il avait pratiqué fous fa chambre.

Les foldats ne f'aperçurent point d'abord de la trappe qui conduifait dans ce caveau, & après avoir fait toute forte de perquifition dans la maifon, ils étaient prés de fe retirer, fi la mére de ce gentilhomme, par mille injures qu'elle leur dit, ne les avait irrités et obligés de retourner dans la chambre, où, ayant d'abord trouvé le lit tout chaud, ils jugèrent, la maifon étant toute inveftie, qu'il n'avait pu fortir, & qu'il fallait que le gentilhomme fût caché dans quelque coin; & à force d'examiner ils aperçurent la trappe du caveau. Ils l'ouvrirent, & y trouvèrent leur proie avec une caffette que le fieur de Derval déclara être à Bonamour. Ils le conduifirent comme les autres au château de Nantes, & remirent la caffette au greffe de la Chambre royale.

Tous les commiffaires eurent une grande impatience à l'ouvrir, & ils avaient raifon; car ils y trouvèrent de quoi calmer leur ennui qui n'était pas médiocre; cette caffette n'étant pleine que de vaudevilles et de vers faits contre le Maréchal & fa féquelle, fans aucune autre piéce qui pût fervir à la conviction d'aucun de ceux qui étaient au château.

Le maître de barque qui avait conduit Lambilly aux vaiffeaux efpagnols fut arrêté à fon retour, & trouvé faifi de vingt ou trente lettres fans infcription qu'il dit avoir ordre de remettre à Mme de Lambilly; ce qui fit qu'on la conduifit auffi au château de Nantes pour déclarer ceux à qui elle les devait remettre. Mais cette pauvre femme, qui f'était toujours oppofée au deffein de fon mari, & qu'on affure même l'avoir maltraitée, avant de ſ'enfuir, ſ'interrogea ſi bien & affirma avec tant de fermeté qu'elle n'avait aucune connaiſſance à qui elle dût donner ces lettres, que les juges en furent convaincus.

La Chambre royale, qui était compoſée d'un préſident d'un rare mérite & de juges très intègres, n'avançait point faute de preuve, quelque ordre réitéré qu'elle reçut du garde des ſceaux de pouſſer cette affaire à toute outrance. Il négligeait toutes les autres pour ne ſ'occuper que de celle-là, & peut-être n'y eût-il point eu de ſang répandu, ſi le malheureux Pontcallec, après avoir erré de forêts en forêts ſans jamais oſer prendre aucune ferme réſolution, ne ſ'était laiſſé arrêter.

Lorſqu'il eut quitté les Meſſieurs qui ſ'étaient embarqués dans la preſqu'île de Rhuys, il retourna déguiſé dans ſon château, où il ne fut pas longtemps, ayant été averti que le comte de Montesquiou, neveu du Maréchal, marchait avec des troupes pour l'y venir prendre. Il y arriva quelque temps après qu'il en était ſorti, et n'y trouva que Mlle du Pontcallec & Mlle de Chemminguy, ſon amie, dont le frère, ſénéchal de ...., ſ'était entièrement livré à Pontcallec. Ces demoiſelles les reçurent en perfection & lui firent très grande chère. Pour les en remercier, il donna à Mlle de Pontcallec un ordre de ſe rendre dans le couvent de Saint-Georges, à Rennes, & l'autre fut conduite avec ſon frère au château de Nantes. Il laiſſa 50 hommes dans le château en garniſon & revint trouver ſon oncle.

Il ne faut pas oublier une belle action du commandant de cette petite troupe, qui, ſ'apercevant qu'un homme qui lui ſemblait être déguiſé rôdait ſouvent autour du château pour faire en ſorte d'y entrer, ſ'approcha de lui, & lui dit : « Je vois bien, mon ami, que vous cherchez à entrer dans le château ; ſi M. de Pontcallec y a oublié quelque choſe, vous n'avez qu'à vous confier à moi. Ne craignez point de me l'avouer ; je vous l'irai chercher. » Cet homme, qui était effectivement un domeſtique déguiſé, voyant qu'il lui était impoſſible d'entrer dans le château, prit le party de dire à cet officier le ſecret qui l'amenait, au haſard de ce qui pouvait arriver ; qui était que ſon maître avait quitté la maiſon avec tant de précipitation qu'il avait oublié une bourſe dans un tel endroit d'une muraille où il y avait 150 louis, ſeule reſſource qu'il eût dans la triſte ſituation où il ſe trouvait. Cet officier mena cet homme avec lui dans le château afin de trouver plus tôt l'endroit qu'il lui indiquait, & lui remit la bourſe qu'il porta à Pontcallec; action qui mérite une éternelle louange.

Il s'était réfugié dans les forêts de Langonnet & dans les environs, d'où il écrivit encore pluſieurs lettres à S. A. R. & au maréchal, pour leur demander la vie, qu'il ne perdit que par ſa poltronnerie naturelle.

M. le duc d'Orléans diſait : je reçois ſouvent des lettres de Pontcallec; mais il ne me mande point en quel lieu je dois lui faire réponſe. La miſère, la faim & l'abattement l'ayant ſouvent chaſſé de ſes forêts, il rôda dans les évêchés de Quimper & de Vannes, tantôt déguiſé d'une façon, tantôt de l'autre. Les partis, qui preſque toujours étaient inſtruits de ſa marche & qui le ſuivaient à la piſte, l'auraient pris mille fois s'ils avaient voulu; mais il leur faiſait ſi grande compaſſion qu'ils lui donnaient ſouvent le moyen de s'échapper.

L'on mandait tous les ordinaires à M. le duc d'Orléans, qu'on était près de prendre le grand chef des révoltés; & comme il l'avait très à cœur, il fit écrire par le garde des ſceaux qu'il était bien étonné que l'effet ne ſuivît point la connaiſſance que l'on avait de ce pauvre miſérable; & comme il était réſolu de le donner lui ſeul pour exemple, quand même il ne ſe fût point trouvé d'autre coupable, parce qu'il n'ignorait pas qu'il était mépriſé de tout le monde, & qu'il avait fait pluſieurs autres actions qui méritaient d'être punies; il ordonna de commander quelque officier entreprenant qui pût auſſitôt s'en ſaiſir, ſe défiant bien que les autres le ménageaient, & qu'on pouvait promettre qu'il en ſerait récompenſé.

Le ſieur Demianc fils, quoique lieutenant du roi du château de Nantes, où il devait avoir aſſez d'occupation, quoique honoré d'un brevet de colonel, crut qu'il ne pouvait mieux faire ſa cour qu'en ſervant de recors pour prendre un homme qui avait été ſon ami, qui l'avait mille fois aſſiſté dans ſes beſoins. Il en demanda la commiſſion, & par là ſe déſhonora à la cour & dans la province, où j'ai vu moi-même pluſieurs gens de diſtinction, qui l'avaient fort eſtimé, lui tourner le dos, lorſqu'il les voulait accoſter, & dire qu'ils craignaient qu'il ne les eût pris à la gorge. Mais la récompenſe que promettait S. A. R. l'emporta sur les devoirs de ſon état, & ſur ce qu'il ſe devait à lui-même.

Il ſe rendit avec un gros détachement au Guémené, où les officiers, qui ne purent s'imaginer qu'il se fût chargé de la commission de prendre Pontcallec, lui contèrent, en manière de conversation, qu'ils en avaient tous les jours des nouvelles; mais que le grand prévôt l'arrêterait, s'il le jugeait à propos; que pour eux ils ne le feraient point.

Il profita de cet avis & fit battre l'estrade dans tout le pays avec une exactitude qui ayant encore aggravé la fatigue & les inquiétudes du pauvre Pontcallec, il se détermina à se sauver par une assez mauvaise ruse ou à se laisser prendre dans le dernier gîte où il était qui était chez le recteur de Lignol. La ruse fut d'envoyer un de ses domestiques & ses chevaux chez M. le comte de Lannion avec ordre de lui dire de sa part qu'il avait été assez heureux pour sortir hors de France après avoir couru mille dangers; qu'il croyait que cette nouvelle lui serait agréable; qu'il le priait de faire avoir soin de ses chevaux & de s'en servir.

Le comte de Lannion, qui crut tout ce que le domestique lui disait, ne voulut point, puisque le maître était sauvé, se commettre en recevant son palfrenier & ses chevaux; il les envoya au maréchal. C'en fut assez pour tourner la tête à ce valet qui crut qu'on allait dans le moment le faire pendre, ce qui le fit paraître si interdit devant le maréchal qu'il s'aperçut d'abord que Pontcallec n'était point sauvé. Sitôt qu'il l'eût menacé, il avoua tout. Le maréchal donna sur-le-champ avis au sieur de Mianne; car il avait aussi des ordres rigoureux de la cour pour cette capture; mais il n'en était point nécessaire, car Pontcallec, qui désespérait de pouvoir éviter d'être pris, ayant su que de Mianne, son intime ami, était au Guemené, il s'était déterminé à se rendre à lui, espérant par son moyen obtenir sa grâce. Il lui envoya une personne pour lui faire part de sa résolution, & de la confiance qu'il avait en lui. De Mianne lui promit au-delà de ce qu'il pouvait espérer, ce qui fit qu'il se rendit à lui.

De Mianne, avant de le remettre aux mains du grand prévôt pour le conduire au château de Nantes, eut une longue conversation avec lui. Il lui prouva que le seul moyen d'avoir sa grâce était, sitôt qu'il serait arrivé, d'avouer tout & de ne ménager ni cacher aucun de ceux qu'il croyait avoir eu connaissance du traité avec l'Espagne, même de déclarer tous les gentilshommes qui avaient signé l'association, parce que, plus il y aurait de gens embarrassés dans cette affaire, plus il y aurait de facilité à obtenir une amniſtie. Il ne lui diſait pas qu'il voulait ſe ſervir de ſon eſprit faible & timide pour ſe procurer un plus grand nombre de penſionnaires dans ſon château, en perdant celui qui avait été de ſes meilleurs amis.

Le profit immenſe que de Mianne faiſait ſur tous les priſonniers qui étaient déjà au château lui en faiſait ſouhaiter un plus grand nombre, & il lui tardait que toutes les petites chambres qu'il avait fait conſtruire pour en recevoir davantage ne fuſſent déjà remplies. Non-ſeulement il monopolait plus de la moitié ſur ce que le roi donnait pour la nourriture journalière de chaque particulier, en les nourriſſant miſérablement, mais même il ſ'adjugeait les deux tiers en ſus du prix de tous les extraordinaires que les pauvres priſonniers étaient obligés de faire venir pour ſubſiſter.

Pontcallec, ſitôt qu'il fut arrivé à Nantes, ne ſuivit que trop le pernicieux conſeil de ſon ami. Il ne ſe contenta pas de déclarer tous ceux avec qui il ſ'était pluſieurs fois aſſemblé, & qui avaient reçu de l'argent d'Eſpagne. Il dénonça tous ceux qu'il avait engagés dans le malheureux parti après avoir tout avoué pour lui-même, & confondit parmi eux une infinité de perſonnes qui n'avaient jamais ouï parler de cette intrigue; heureux ceux dont les noms ne lui vinrent pas à la mémoire.

Du nombre des premiers furent Montlouis & ſa femme, Talhouët, Lemoyne, du Couëdic, Salarun, Couetergan, tous arrêtés & auxquels il ſoutint tous ſes dires dans la confrontation. Ils eurent aſſez de faibleſſe pour l'avouer & pour ſe charger les uns les autres en ſe reprochant tantôt que c'était celui-ci qui en avait parlé le premier, tantôt que c'était celui-là qui l'avait forcé à prendre l'argent d'Eſpagne; que quelquefois, ayant eu deſſein de ne plus aller aux aſſemblées, qu'un autre était venu le prendre & l'y mener malgré eux. C'eſt ainſi qu'ils ſe feraient tous mis la tête ſur l'échafaud, ſi l'on n'avait fait grâce à quelques-uns.

Pontcallec ajoutait d'un ton plaiſant que le ſieur de Querſulien était l'écrivain du party; qu'il avait compoſé le dialogue des morts, aſſez bonne pièce; que le comte de Noyan entretenait la correſpondance des mécontents de Paris avec ceux de Bretagne.

Que Boexier-Becdelièvre avait été chargé d'aller faire révolter les gentilſhommes du Poitou; qu'il avait fait deux voyages.

Il avait auſſi fort chargé le marquis de La Roche. Mais celui-ci, lui étant confronté, voulut lui sauter à la gorge & lui dit : « Est-ce que je vous ai jamais ni vu ni connu ? Pourquoi, misérable que vous êtes, m'accusez-vous donc, lorsque vous n'avez aucune preuve à montrer contre moi ? » Pontcallec fut obligé d'en convenir.

Le comte de Noyan fut arrêté sans sa maison à Paris. Nous avions été la veille ensemble voir le marquis de La Vrillière, son parent, qui, à la façon dont il nous reçut, me fit envisager qu'il y avait quelque chose contre lui, car pour moi je n'avais aucun sujet de crainte. Comme la conversation tomba sur les privilèges de la province, il se tourna brusquement vers Noyan : « Il est permis, Monsieur, de soutenir les privilèges, mais de se liguer avec les ennemis de l'État, c'est ce qui ne se peut pardonner ; il faut faire une grande différence de l'un à l'autre. »

On le transféra à la Bastille, & de là, quelques jours après, on le conduisit dans un bon carrosse au château de Nantes, dont il sortit quelque temps après, ayant trop d'esprit & de connaissance du monde pour donner dans aucun des panneaux qui lui furent tendus. Il nia toujours fortement ce dont on l'accusait, & dans ses interrogations, & dans ses confrontations, & en imposa surtout si fort à Pontcallec en lui disant : « Pourquoi comprenez-vous, Monsieur, dans vos dépositions un homme qui n'a jamais eu de commerce avec vous, & que vous ni personne ne saurait convaincre ni par aucune lettre qu'il ait écrite, ni pour avoir signé aucun traité, ni s'être jamais trouvé dans vos assemblées ? Ce procédé, indigne d'un honnête homme, vous est plus préjudiciable qu'à ceux que votre seule imagination voudrait rendre suspects. »

Cependant, sur ces seules charges, la Chambre royale décréta plusieurs gentilshommes d'ajournement personnel. On leur donnait un certain temps pour se venir faire interroger à Nantes ; après lequel temps, s'ils ne s'y rendaient pas, le décret d'ajournement personnel se tournait en prise de corps.

Tournemine apprit à Paris qu'il était de ce nombre. Il vint en poste à Nantes, où, s'étant aussi très bien & très promptement interrogé, il ne fut que trois jours dans le château. Il revint à Paris. Son voyage ne fut que de quinze jours. On verra le nom des autres décrétés dans l'amnistie.

M. du Lattay, conseiller au parlement, fut arrêté dans sa maison, & quelques jours après, on envoya faire inventaire de tous ses papiers.

Madame de Bonamour le fut à Rennes, et Mademoiſelle de Sourdéac à Guérande. La Chambre prétendait tirer de cette dernière de grandes inſtructions, parce que Poulduc-Rohan, qui en était amoureux, ne lui avait rien caché. Mais cette demoiſelle trompa ſon eſpérance, & charma M. d'Evry, ſon commiſſaire, par la manière fine & délicate dont elle ſ'interrogea. Elle ne nia point qu'elle avait été fort aimée de Poulduc, & qu'il ne lui était pas indifférent. « Quand on en eſt là, dit-elle, vous le devez ſavoir, Monſieur, l'on ne ſ'entretient point d'affaires publiques; d'autres ſentiments nous occupent trop. »

Lorſque le château de Nantes fut tout remply, & que l'on eut pluſieurs fois interrogé & confronté tous ceux qui y étaient enfermés, M. d'Evry fit le rapport du procès; il ſ'en trouva ſept principalement coupables qui ſ'étaient chargés les uns les autres & qui avaient tout avoué dans leurs confrontations, c'eſt-à-dire d'avoir cabalé dans la province, ſigné un traité avec l'ennemi & reçu de l'argent d'Eſpagne. Mais, comme je l'ai déjà dit, Mabout ayant ſauvé Salarun en vertu de la loi Julia, le premier préſident de la chambre des comptes, Bouexier-Becdeliévre, ſon parent, & Corargan, ne ſe trouvant pas apparemment ſi chargés que les autres, il n'y eut que Pontcallec, Montlouis, Talhouet-Lemoyne & du Couëdic de condamnés d'avoir la tête tranchée.

Il faut convenir que, même avant de prononcer les jugements, MM. de la Chambre, qui déſiraient avec ardeur qu'il n'y eût point de ſang répandu envoyèrent les charges & le projet de l'arrêt à la Cour, eſpérant que M. le Régent ſe porterait à faire grâce à ceux qu'ils avaient été obligés, avec une vraie douleur, de juger ſelon la rigueur des lois; mais S. A. R. n'ayant appelé à ſon conſeil, pour décider de cette affaire, que MM. d'Argenſon, l'abbé Dubois & Law, il y fut décidé que les pauvres Bretons ſerviraient d'exemple & ſeraient les victimes des autres mouvements excités dans le royaume par des perſonnes ſur leſquelles on n'oſait ſe venger; de ſorte qu'ayant reçu l'ordre de faire exécuter leur arrêt, il le fut le 26 mars, jour auquel le comte Horn, de la maiſon de Montmorency, alliée à preſque toutes les puiſſances de l'Europe, & même parent de S, A. R., fut roué vif en Grève pour avoir aſſaſſiné & volé pluſieurs billets de banque à un courtier de la rue Quincampoix.

EXTRAIT DE L'ARRÊT DE LA CHAMBRE ROYALE.

« Veu par la Chambre ſur les concluſions du procureur général du roy; ouy le rapport du ſieur Gille Brunet d'Evry, conſeiller du roy en ſes conſeils, maiſtre des requeſtes ordinaire de son hoſtel, commiſſaire à ce député,

Tout veu & conſidéré.

La Chambre a déclaré les ſieurs de Guer de Pontcallec, de Montlouis, Le Moinne, appelé ordinairement le chevalier de Talhouet, & Ducouëdic, priſonniers ès priſons du chaſteau de cette ville de Nantes, atteints & convaincus des crimes de léze-majeſté & de félonie, pour réparation deſquels la Chambre les a condaſnés d'avoir la teſte tranchée ſur un échaffaud qui ſera à cet effet dreſſé dans la place publique de cette ville de Nantes, & en adjugeant le profit de la contumace, déclaré par arrêt du 9 & 22 mars préſent mois acquiſe & bien inſtruite contre les ſieurs Talhouet de Bonamour, de Lambilly, Hervieux de Melac, La Berais, Talhouet de Boiſhorand, Bourgneuf, de Trevelec fils, Coquart de Roſconan, les comte & chevalier du Pouldu-Rohan, Groeſquer l'aîné, Groeſquer l'abbé, La Houſſaye père, La Bouëxière de Kerpedron, le chevalier du Coſcro, Le Govello de Querantrec, & Villeglé, les a déclarés & déclarent pareillement atteins & convaincus du crime de léſe-majeſté & de félonie, pour réparation deſquels la Chambre les a condaſnés à avoir la teſte tranchée, ce qui ſera exécuté à leur égard par effigie en un tableau attaché à une potence qui, pour cet effet, ſera plantée en ladite place publique;

Déclare la charge de conſeiller dont était pourvu ledit Lambilly vacante & impettable au profit du Roy;

Ordonne que tous les fiefs deſdits condaſnés, tant préſents que contumaces, qui ſe trouveront être tenus immédiatement du Roy, demeureront réunis au domaine de la Couronne; — déclare leurs autres biens meubles & immeubles, en quelques lieux qu'ils ſoient ſitués, acquis & confiſqués au profit dudit ſeigneur roy; ſur iceux préalablement pris la ſomme de

30 mille livres, applicable aux hôpitaux de cette ville de Nantes, Rennes & Vannes par égale portion.

Ordonne auſſi que les murailles nouvellement conſtruites & les fortifications faites au chaſteau de Lormoye ſeront démolies & abattues; — ordonne en outre que toutes les marques de ſeigneurie & d'honneur qui ſont dans les maiſons ou chaſteaux des condaſnés, tant préſents que contumaces, ſeront démolies, abattues & effacées; tous les foſſés deſdits maiſons & chaſteaux comblés; tous les bois de haute futaye, comme avenue & autres ſervant à décoration ſeront coupés à la hauteur de 9 pieds de haut; & pour les cas réſultant du procès condaſné le ſieur Crocyer, curé de Lignol, à eſtre mandé à la Chambre pour y eſtre admoneſté avec défenſe de récidiver ſous telles peines qu'il appartiendra, le condaſne en outre à 3 livres d'amende applicable aux pauvres de la ville de Guémené.

Ordonne qu'il ſera plus amplement informé contre le ſieur de Coué de Salarun, pendant un an, contre Doulce, chevalier de Couetargan, pendant ſix mois; & cependant tiendront priſon.

Ordonne auſſi que les procès commencés contre les ſieurs Roger, de Querledé, Derval père & fils, Lantillac, chevalier de Kerpoiſſon, Sourceac, Bourgneuf, de Trévelec père, Saint-Pern du Latlay, conſeiller, du Bouëxic-Becdeliévre, Querſulien, Limonier, dame de Montlouis, comte de Noyan, Querberen, Querouët, les deux Leſſay frères, Querdaniel de Querinas, de Goaffroment, du Bouetier, Le Mintier, Nagle, Chemainguy, marquis de La Roche, Trans du Boiſbaudry, du Brandonnier, recteur de Berné, dom Courſin, prieur de Langonnet, La Botinière, prévôt de l'égliſe de Guérande, demoiſelle du Hirel, Lalapière, aubergiſte de Pont-Château, Jacquette Legros, dite de la Provoſtais, demoiſelle Breuil, veuve Corvec, demoiſelle de Kerpondarme, Cheſnin, Creſpin, Querprovoſt, Girault, dame de Lambilly, dame de Bonamour, dame de Bourgneuf, dame de Melac, demoiſelle Brudant, demoiſelle Chemindy, un comte du Poulduc, de Tournemine, Salarun de Coué, troiſième cadet, chevalier de paſſage, Tailladet, premier ſecrétaire du maréchal de Monteſquiou, Quergouat de Quergues, demoiſelle de Sourceac, les deux Rolineaux fréres, Dandigné, du Sablé, Polduc, Madec, Planchette, de Trezec, Le Feve, de Gouſtan, La

Maufredais, Belloudeuvre, Le Boucrerer, Le Gentil, dit le manchot, Le Rillan des Ratinnes, Deftoret, Maderan, L'Apartient, Vitane, dit Montplaifir, Mouffay de La Motte, Le Merle, Le Beuf, Berger, dit La Roche, Le Ray, Le Daïgne, Le Fur, Le Corvec, Pulvis trois frères, Moyen, chevalier du Lefcouet, Rofcouet de Querfozon, comte de Lefcouet, Boifjelin, comte de Corlay, Saint-Gilles ; — fera continué à la requefte du procureur général du roy jufqu'à jugement définitif inclufivement.

Ordonne que les décrets décernés contre les f^rs^ ch^er^ de Quervafy, les deux Fontainefper frères, Marinière ou Bernière, ch^er^ des Mareft, Pontfilly, les deux Chardonnet, de Becheret frères, Quervafy l'aîné, La Landelle, Pennvern, ch^er^ du Nedo, Vologne, Le Moutier, Couador, de Saint-Germain de la Rivière, Pennelec, ch^er^ de l'Ifle, Le Rouge, Lefconët des environs de Guérande, le vicomte de La Bédoyère, le ch^er^ de la Bédoyère, Dumas, Defpraux, Renaudière fils, Brangolo, Quérognan, de Frérel, Boiffon, l'abbé Bourguillot, la demoifelle d'Enfernan, Le Brouel, Meffin, La Bouffe, Montoutremont, Gergot, Lapierre, Julien Moyon & Crapaud feront exécutés. »

Il y a parmi tous ces noms une infinité de bourgeois, de gens de manœuvres & d'aubergiftes qu'on avait fait affifter pour par eux faire en forte d'avoir des preuves plus certaines. On a affecté de les confondre et mêler avec les Meffieurs les gentilfhommes, afin peut-être d'en impofer davantage par le grand nombre des conjurés. — J'ai affez bonne opinion de la Chambre pour croire qu'elle les eût diftingués, f'ils n'avaient pas fuivi l'ordre du miniftère noir.

Ils arrivèrent, les ordres terribles, & fitôt que la Chambre les eut reçus, elle f'affembla à fept heures du matin, & tint fa féance jufqu'à deux heures après midi, pour dreffer le funèbre arrêt qui fut lu fur les quatre heures du foir aux quatre infortunés qui devaient périr. On ne leur donna que jufqu'à huit pour fe préparer à la mort ; & à chacun un carme pour mettre ordre à leurs affaires fpirituelles.

Montlouis, Talhouët-Lemoyne & du Couëdic entendirent la lecture de leurs arrêts avec toute la grandeur d'âme imaginable, & fe déterminèrent à mourir avec une grande fermeté.

Il échappa feulement au premier de dire qu'il ne f'attendait pas à une pareille récompenfe, aprés avoir fidèlement fervi fon roi pendant 28 ans; puifque Dieu lui était témoin qu'il ne f'était engagé dans cette malheureufe affaire que parce qu'il croyait que fon falut & celui de l'État dépendaient des bonnes intentions que le roi d'Efpagne lui marquait; qu'au refte il était prêt à lui facrifier une vie qu'il avait mille fois prodiguée pour fon aïeul & pour lui.

Il n'en fut pas de même de Pontcallec. Il mourut comme il avait vécu. Jufqu'au jour de fon arrêt, de Mianc l'avait toujours flatté qu'il lui obtiendrait fa grâce; que même il ne ferait point condamné par la Chambre; & il en était fi bien perfuadé qu'il avait mandé la veille au grand prévot de lui renvoyer fes chevaux parce qu'il devait fortir le lendemain du château; tellement que quand on lui lut fon arrêt, il f'abandonna à un fi grand défefpoir que fon confeffeur fut pendant plus de trois heures fans pouvoir le faire penfer un feul inftant à Dieu. « Quoi, difait-il, en verfant un torrent de larmes, eft-ce ainfi que l'on m'a trompé! ceux que j'ai cru être de mes meilleurs amis, le commiffaire qui m'a interrogé, avec qui j'ai fait mille parties de plaifir à Paris, tout le monde en un mot, m'affurent que je n'ai qu'à tout avouer & qu'ils me répondent de ma grâce, cependant je péris..., & entraîne dans mon malheur, pour m'être fié à eux, trois des plus honnêtes gens du monde; car fans la confiance qu'ils avaient en moi & ce que je leur ai fait dire, ils n'auraient jamais rien avoué & fe feraient tirés comme les autres d'une affaire qui, eu égard à des circonftances, ne devait jamais mériter la mort. »

Enfin, il paffa le peu de temps qui lui reftait, tantôt dans la fureur, le plus fouvent dans la faibleffe, ne pouvant fe réfoudre à terminer une vie dont jufqu'alors il n'avait fait qu'un trés mauvais ufage; efpérant toujours fa grâce, & fe tournant de tous côtés pour voir fi elle arrivait, jufqu'au coup fatal qui lui fut porté.

Pour parvenir à cette fanglante exécution, toutes les portes de la ville furent fermées fur les cinq heures du foir, & toutes les rues qui conduifent du château à la place Bouffai bordées de troupes. Mais comme le bruit de cette fatale tragédie fe répandit, lorfque MM. les commiffaires tinrent leur féance, tout ce qu'il y eut de gentilfhommes & d'honnêtes gens fortirent de la ville, avant que les portes en furent fermées Il n'y eut que le ſeul de Miane qui eut la dureté d'aller voir trancher la tête à ces pauvres malheureux & à un homme qui avait été de ſes meilleurs amis, & qui ne ſ'était rendu à lui que ſous la promeſſe de la lui conſerver.

Sur les cinq heures du soir, on les fit ſortir du château ; & ils allèrent à pied juſqu'au lieu de l'exécution. On dit que rien n'était ſi pitoyable que d'entendre les lamentations de Mme de Montlouis, lorſqu'elle vit par ſa fenêtre que ſon mari était du nombre des condamnés, parce que c'était elle ſeule qui l'avait engagé à ſuivre ce mauvais parti.

Lorſqu'ils furent arrivés à la place du Bouffai, on les fit monter ſur l'échafaud, où ils eurent tous quatre la tête tranchée : Montlouis le premier; Talhouët-Lemoyne, le ſecond; du Couëdic, le troiſième, & Pontcallec le dernier.

L'on compte que ce qui avait fait que Pontcallec n'avait pas voulu ſ'embarquer, c'eſt qu'on lui avait prédit qu'il périrait par la mer, & qu'il ſe trouva que le bourreau ſe nommait Lamer.

La juſtice de S. A. R. était ſatiſfaite par la mort des 4 gentilſhommes ſuſdénommés; il envoya une amniſtie en vertu de laquelle les portes du château furent ouvertes à tous les autres priſonniers, hors à ceux qui en furent exceptés, que l'on envoya en vertu de lettres de cachet, dans différents châteaux. Mme de Montlouis fut conduite à celui de Caen.

LETTRES PORTANT AMNISTIE POUR LES GENTILSHOMMES BRETONS

« Louis, par la grâce de Dieu, roy de France & de Navarre, à tous préſens & à venir, ſalut.

Pluſieurs gentilſhommes de notre province de Bretagne ayant ſigné une aſſociation criminelle contre notre ſervice, pourquoi le procès leur avait été fait ou commencé par les gens tenant notre Chambre royale à Nantes, en ſorte que quelques-uns deſdits gentilſhommes avaient été déclarés atteints & convaincus du crime de lèze-majeſté & félonie, & condaſnés comme tels, les uns en perſonnes les autres par contumace; entre lesquels condasnés plusieurs se trouvent encore décrétés par ladite Chambre, de l'avis du duc d'Orléans, régent de France, etc.

Nous avons, par les présentes signées de notre main, accordé & accordons auxdits gentilshommes de notre province de Bretagne leurs complices & adhérens qui ont signé, ménagé, sollicité, favorisé ou autrement procuré ladite confédération, le pardon & l'amnistie générale de tout ce qui a esté par eux fait, entrepris ou négocié jusqu'à ce jour, & généralement de tout ce qui peut avoir esté commis, dit, escrit & fait pour raison de ce que dessus; le faisant leur avons remis, quitté, pardonné tout ce qui leur est imputé à l'occasion desdits crimes.

Voulons & nous plaît que la mémoire en demeure esteinte, à condition toutefois, par nosdits sujets non exceptés ci-après, de revenir dans leur maison dans trois mois, du jour de la publication d'icelle;

N'entendons comprendre dans ladite amnistie les sieurs de Talhouët-Bonamour, de Lambilly, Hervieux de Mellac, La Berais, Talhouët-Boisorhand, Bourgneuf, Trévelec fils, Coquart de Rosconan, le comte & le chevalier du Pouldu-Rohan, du Groesquer l'aîné, l'abbé du Groesquer, La Houssaye père, La Boissière de Kerpédron, le chevalier du Crosco, Gouvello de Kerentrech & Villeglé, condamnés par contumace par ledit arrêt du 26 du mois dernier; comme aussi les comtes de Lescouët, le chevalier de Lescouët, le sieur de Roscouët de Quersoson, le sieur de Salarun l'aîné, le sieur de Quérangen-Hiroue, le chevalier de Corargan, le sieur de Bouëxic-Becdelièvre, les frères Fontaineper, & le sieur de Quervasy l'aîné, auxquels nous voulons que le procès soit fait & continué suivant la justice & rigueur de nos ordonnances. »

Pour cet effet, la Chambre royale fut rappelée à Paris pour y continuer ses séances; mais on ne voit pas qu'elle ait prononcé depuis aucun jugement. Au contraire le retour de M. de Châteauneuf & des autres commissaires ne contribuèrent pas peu à radoucir l'esprit aigri de S. A. R.

La première preuve qu'il en donna ce fut d'accorder à tous les plus proches parents des condamnés, la confiscation de leurs biens, & de ne faire exécuter dans aucun endroit les clauses de l'arrêt qui portait réunion de fief au domaine du roy, biffure de toutes les marques d'honneur, abbaſt de bois de décoration, & démolitions des foſſés & châteaux.

La ſeconde fut le rappel du maréchal de Monteſquiou, dont on eut toute l'obligation à M. de Châteauneuf & autres commiſſaires de la Chambre royale, ce premier magiſtrat n'ayant point caché au régent qu'on ne devait attribuer tous les troubles élevés dans la province qu'à ſon mauvais gouvernement, qu'à ſes hauteurs & à ſon avarice, & que la haîne qu'il ſ'était juſtement attirée y avait eu beaucoup plus de part qu'un deſſein prémédité de brouiller l'État.

Ainſi, lorſque le maréchal ſ'y attendait le moins, il reçut dans ſa maiſon de plaiſance, où il était avec toutes ſes favorites, un courrier extraordinaire qui lui apporta ſon rappel. Il fit partir en poſte ſon neveu pour faire en ſorte d'aller à la cour parer le coup. Mais S. A. R, qui était irritée de tout le bouleverſement qu'il avait cauſé en Bretagne, n'y voulut jamais entendre.

Ce fut un coup de foudre pour le peu d'amis qu'il avait & pour les gens d'affaires. Ce fut pour tous les honnêtes gens le ſujet de la plus ſenſible joie. Dès-lors toute aigreur ceſſa. Les ſociétés qu'il avait brouillées ſe réunirent, & la diſſenſion ſ'en alla avec lui. Ce rappel modéra la douleur de tout ce qui ſ'était paſſé à Nantes. On le regarda comme le ſceau de la réconciliation avec S. A. R., & on ne ſongea plus qu'à le ſatiſfaire en tout.

Ce fut dans ces heureuſes diſpoſitions que le roi ayant quelques temps après convoqué les États de la province, tout ſ'y paſſa ſelon ſes déſirs. Ce qui fait bien connaître que par la douceur on engage plus les eſprits à conſentir à ce que nous voulons, qu'en faiſant trop ſentir le poids de ſon autorité.

NOTA. — On remarquera que quelques noms sont mal orthographiés dans l'*arrêt de la Chambre royale*. Nous les avons copiés tels qu'on les lit sur le manuscrit, laissant à chacun le soin de les rectifier.

G. C.

ÉTATS D'ANCENYS

(1720)

PRÉAMBULE

Pour bien se rendre compte de la disposition des esprits à l'ouverture des États d'Ancenys, et avoir la clé de plusieurs questions qui furent agitées dans le cours de la session, il est nécessaire de ne pas perdre de vue les événements qui avaient précédé. —

La fin du règne de Louis XIV avait été signalée par des désastres et des misères, dont la Bretagne avait eu sa grande part. Le conflit, sans cesse renaissant, entre le patriotisme breton et le pouvoir, avait été étouffé par la force. Le roi mort, on avait vu son testament cassé par le Parlement, et un roi mineur succéder à celui qui, dans un long règne, avait résumé, en sa personne, toutes les qualités et tous les vices du despotisme.

La Bretagne crut le moment venu de respirer, mais la Régence avait hérité des maximes et des pratiques du règne précédent; aussi, lorsqu'aux États de Dinan, 1717, les députés bretons, arrivés en foule voulurent, dès la première séance, traiter librement avec le Pouvoir et se replacer dans les termes du contrat d'union, le conflit éclata de nouveau, et avec une violence excessive. Les États déclarèrent hautement qu'avant de voter aucun subside ni faire aucune largesse, ils avaient le droit et le devoir d'examiner la situation budgétaire et de se rendre un compte exact de leurs ressources.

Les agents du Pouvoir ne l'entendaient pas ainsi. Les Commissaires du Roi réclamèrent impérativement le vote de deux millions de *don gratuit*, accordé à sa Majesté, sans discussion et sans scrutin.

Les États répondirent par un refus.

Le lendemain, le maréchal de Montesquiou, exécutant les ordres de la Cour, entrait brusquement dans la salle des États et en prononçait la dissolution.

Une fermentation générale s'ensuivit, d'où sortirent des remontrances adressées au pouvoir par le Parlement et ces fameuses *protestations* de la Noblesse, signées par un très grand nombre de gentilshommes des neuf diocèses. De là ces conciliabules tenus sur des points différents du pays et cette association, présentée sous un faux jour et dénaturée par la police du Régent. De là ces malheureux événements, qui ont pris le nom de conspiration de Pont-Callec, qui devaient avoir pour dénouement un procès criminel et la chute de quatre têtes de gentilshommes sur l'échafaud de la place Bouffay de Nantes. Étrange conspiration, sans objet défini, sans chef avoué, sans armes, qui ne brûla pas une cartouche et qui n'eut pas à se reprocher une goutte de sang, mais qui eut le malheur d'être englobée dans l'intrigue de Cellamare, dont le but était d'arracher la Régence au duc d'Orléans, au profit du duc du Maine, et peut-être de faire passer la couronne sur la tête du roi d'Espagne. Projet chimérique, que quelques gentilshommes bretons, séduits par les flatteries de la duchesse du Maine, eurent le tort sans doute de caresser, mais que la grande majorité désavoua, tout en s'associant aux protestations énergiques qu'elle se croyait en droit d'adresser au gouvernement qui portait la main sur les privilèges et les franchises de la Bretagne.

En arrivant aux États d'Ancenis, les députés bretons étaient encore sous l'impression du dénouement tragique. La plupart des gentilshommes qui allaient figurer dans l'assemblée avaient assisté à la séance de dissolution des États de Dinan, et gardaient dans leurs cœurs des rancunes et des regrets. A leurs yeux, la Royauté s'était montrée injuste et impitoyable.

Les condamnés ne méritaient pas la mort. Leurs veuves étaient en prison et dans le dénûment, par suite de la confiscation de leurs biens. Dix-huit autres conjurés, déclarés coupables, n'avaient échappé au supplice que par la fuite. Ils avaient été exécutés en effigie, les murailles de leurs châteaux avaient été ou devaient être rasées; les marques de seigneurie et d'honneur effacées, les fossés comblés; les bois d'avenue et de haute futaie coupés à la hauteur de 9 pieds? D'autres collègues étaient exilés par ordre du roi, et de ce nombre des membres du parlement, comme le président de Rochefort et de Lambilly.

La Cour, s'apercevant enfin qu'elle avait été trop loin, entrait dans une ère d'apaisement. Le maréchal de Montesquiou ne devait pas cette fois ouvrir les États. Il était remplacé par le maréchal d'Estrées, qui allait user de manières et de procédés contraires, et auquel on avait donné pour instruction de ne rien brusquer et d'effacer, si cela était possible, les souvenirs douloureux qu'avait laissés son prédécesseur. Des lettres d'amnistie étaient octroyées aux condamnés par contumace. L'amnistie n'était pas générale cependant, les lettres patentes en exceptaient plusieurs gentilshommes tels que MM. de Bonamour, de Lambilly, de Mellac, de La Berais, de Boishorand, de Bourgneuf, etc.

On se disait à l'oreille que le Régent, qui avait été trompé par ses agents, regrettait les ordres de vengeance qu'il avait signés; qu'il s'en était expliqué dans ce sens avec le maréchal de Montesquiou, et qu'il avait choisi exprès le maréchal d'Estrées pour cimenter la réconciliation. C'est ce qu'explique parfaitement, tout en faisant ses réserves, l'auteur du Journal inédit que nous publions textuellement.

G. DE CLOSMADEUC.

JOURNAL

MANUSCRIT

de Mr de Jacquelot, Député de la Noblesse

ÉTATS D'ANCENIS
(1720)

Je vais vous donner, mon fils, la relation de ce qui ſ'y paſſa très exactement.

M^r le Maréchal d'Eſtrées fut nommé pour commander dans la place du M^al de Monteſquiou, & pour tenir les états pour S. M.

Il y amena Mme ſon épouſe. Ils arriverent à Nantes cinq jours avant qu'on en fit l'ouverture. Tous ceux qui avaient été maltraités par ſon prédéceſſeur ſ'y rendirent pour leur faire leur cour, & ce titre ſeul leur ſuffit, ſans quelque fois trop examiner le mérite, pour en être reçu avec des témoignages de bonté & de préférence dont on n'avait encore point vu d'exemple. L'on ne parlait & l'on n'avait preſque de confiance qu'à ceux qui avaient été exilés, exclus ou diſgrâciés par le M[al] de Montesquiou. On leur faisait conter la manière dont ils en avaient été traités; & la Maréchale, à des récits assez secs & assez peu intéressans, repandit plus d'une fois des torrens de larmes.

Toutes les personnes qui, en sacrifiant la province, s'étaient imaginés se rendre recommandables à la Cour furent reçus si froidement, qu'on les obligea bientôt à ne se plus montrer en public, surtout De Mianne, quoique lieutenant du roy du château dont le Maréchal était gouverneur, fut exclu de manger à sa table & de paraître lorsqu'il y avait avec luy quelques gentilshommes.

Je sçais même que toutes les démonstrations extérieures avaient été concertées, & n'avaient pour but que de faire oublier à la noblesse tous les dégoûts qu'elle avait reçus du gouvernement, & d'avoir l'honneur d'exécuter les volontés de la Cour, en contentant les esprits, qui s'en laissaient flatter par des voies entièrement opposées à celles du Maréchal de Montesquiou, dont le nom paraissait à celui-ci luy être plus en horreur qu'à d'aucuns Bretons.

Mais quelsques motifs qui les ait fait agir, je soutiens qu'ils ne pouvaient être que très agréables à la province, quoiqu'au fond ni le soulagement des peuples, ni les privilèges de la Bretagne n'en fussent guère plus ménagés, puisqu'on ne laissa pas même aux estats la disposition de leurs charges, ny la liberté d'oser demander grâce pour leurs compatriotes, ce qui, à mon sens, donnait l'idée de la domination la plus impérieuse.

Les commissaires firent tourner presque toutes les affaires suivant leur volonté; mais au moins parut-il que c'était toujours du consentement de l'assemblée, & rien ne s'y décida qu'à la pluralité des voix; & si M[r] & Mme la Maréchale, car elle y contribuait beaucoup, par la politesse qu'ils avaient communiqué à tous les autres commissaires qui, sous le règne de Montesquiou, en avaient toute la rudesse & la férocité, obtinrent ce qu'ils voulaient des états, ce ne fut jamais par la crainte ny par la violence. On ne les vit point s'entêter de faire passer que ce qui était dans les instructions. L'interest ne fut point le mobile de leurs démarches, ce qui ne s'était vu depuis longtemps, & on leur en doit d'autant plus tenir compte, que, s'ils l'avaient voulu prendre sur un autre ton, ils eussent bien moins trouvé la résistance à leurs volontés.

Tous les corps étaient aſſomés & intimidés du pouvoir abſolu du Régent. Le Parlement de Paris exilé à Pontoiſe, abandonné des grands & du peuple pour lequel il ſ'était ſacrifié; le ſang de nos compatriotes qui fumait encore à neuf lieues des états, faiſait connaître que rien ne pouvait lui réſiſter; qu'il était maître de tout entreprendre, à ſuppoſer même qu'il le fit injuſtement, & ceux qui étaient les plus animés contre ſa domination convenaient que ſ'il ne faiſait pas aimer Sa Régence, il la faiſait cruellement reſpecter.

De là je conclus, & je le répète encore, que l'on doit être obligé à Mr et Mme la Maréchale d'Eſtrées d'avoir pris plutôt le party de la douceur que celui de dominer, comme il le pouvait, avec un empire abſolu, faible naturel à tous les hommes & plus particulier aux deux commiſſaires qui étaient après luy.

Les États ouvrirent le 17 ſeptembre 1720, dans la ville d'Ancenis. Comme cette ville eſt fort petite & à une des extrémités de la province, on ne préſumait pas qu'il y eut beaucoup de monde. Cependant je n'y en ai jamais tant vu à aucune ouverture des états, ſi ce n'eſt à Dinan en 1717. Pluſieurs raiſons y contribuérent :

Premiérement parce que le Comté nantais comprend un grand nombre de bonne nobleſſe & un plus grand nombre encore de fort équivoque qui ne tirent leur origine que de la mayrye de Nantes, ou de la Cire, mais qui ne manquent point de ſe trouver aux états, quand ils ſont à leur commodité pour ſe faire un titre;

Deuxièmement parce que, contre la coutume & la juſtice, la Cour avait envoyé des lettres de convocation à tous les officiers qui ſervaient le roy;

Troiſièmement parce que l'on ſ'était flatté qu'on donnerait du moins aux états la liberté de choiſir leur treſorier & leurs procureurs généraux ſindics, comme il ſ'était toujours pratiqué, & que ſur cette fauſſe preſomption, quantité de perſonnes y avaient penſé & formé des brigues, chacun ayant engagé ce qu'il avait d'amis à lui venir donner leur voix.

Les principaux prétendans aux charges de Procureurs generaux ſindics étaient MM. le Comte de CoetLogon, de Bedeé, de La Gacherie ſénéchal de Nantes, Villemeneu le cadet colonel d'Orléans, & le marquis de Reſte; tous, hors le Senechal de Nantes, prétendaient qu'ils avaient l'agrément de la Cour, & le Sénéchal de Nantes celui du Maréchal d'Eſtrées. Mais ni l'un ni l'autre ne ſe trouva vrai. Il n'y avait d'approuvé que CoetLogon & Bedeé, & les autres furent forcés par les commiſſaires de ſe deſiſter de leurs pretentions, quoique Villemeneu ait été nommé par la nobleſſe.

— Pour la charge de treſorier, les pretendans etaient MM. Moufle treſorier de marine, Dondel ſénéchal de Vannes, Bouexiere général des finances, tous trois acceptés de la Cour, & Bourgneuf Monneraye, & Deſclos banquier.

Enfin, la quatrième raiſon, c'eſt qu'une infinité de nobleſſe qui ne fuſſent point venus aux États ſi le Marechal de Monteſquiou les avait tenus, ſ'y rendirent pour faire la cour au nouveau commandant.

Il ne ſ'eſt jamais rien vu dans la province de ſi magnifique & de ſi ſomptueux que ſa maiſon, ſoit par la quantité de toute ſorte de domeſtiques, ſoit par la ſuperbe livrée dont ils étaient vêtus, ſoit par l'attention qu'ils avaient à prevenir tout ce qu'on pouvait deſirer.

Il commença dés Nantes à tenir ſoir & matin 4 tables de 18 couverts & les continua à Ancenis pendant tous les États. — C'était dans cette maiſon une profuſion de tout, qui n'eſt pas compréhenſible. Deux officiers à peine pouvaient-ils ſuffire à faire le café, le thé & le chocolat qu'on y prenait à toutes les heures du jour —. Il y avait auſſi de toute ſorte de rafraîchiſſement qu'on prodiguait juſqu'aux domeſtiques. — Il y avait huit cuiſiniers en chef, & près de 100 aides ſoit pour la rôtiſſerie ou pour la pâtiſſerie. Un des cuiſiniers diſait à Mme la Marechale qu'un bœuf paraiſſait dans ſa cuiſine comme un anchois —. Il y a eu des jours où l'on en a tué juſqu'à trois, & ſans comprendre le vin des domeſtiques, il fut conſommé dans cette maiſon dix mille bouteilles de vin de Bourgogne & de Champagne dans 5 ſemaines.

Les tables de M^r^ l'Évêque de Nantes préſident de l'Égliſe et de M^r^ le Marquis d'Ancenis préſident de la Nobleſſe n'etaient pas moins abondantes & ſouvant plus délicates. — La politeſſe & la liberté qui y régnaient augmentait le prix à tout ce qu'on y ſervait de bon & de recherché.

La table de M^r^ l'Intendant était moins nombreuſe, mais ce qui ſ'y mangeait était ſi délicieux & les vins ſi exquis qu'on la preferait encore aux autres.

M. le P. Préſident & le Sénéſchal de Nantes avaient auſſi tous les jours à diner quinze ou 20 perſonnes.

* * *

Il eſt temps de commencer le journal de ce qui ſe paſſa à cette aſſemblée où, comme on vient de le voir, il n'y avait pas diſette de vivres.

Le 16 de ſeptembre, veille de l'ouverture des États, la nobleſſe voulant agir de concert avec MM. les Commiſſaires eut avec eux une grande conference pour ſavoir ſi l'on permettrait d'aller aux Chambres avant d'accorder le don gratuit au roi —, Ils euſſent bien ſouhaité que cette ceremonie ne ſe fut point faite; mais quelques-uns leur avait dit qu'on ne ſ'accorderait que de cette façon. Ils y conſentirent, ce qui fit beaucoup de plaiſir parce que c'était déjà une difficulté levée.

Le même jour 16, les boulangers furent chez M^r l'Intendant lui dire qu'ils ne pouvaient avoir de farines parce qu'il était defendu de les tirer d'Anjou, où ils les prenaient ordinairement, & que cependant il n'y en avait pas dans la ville pour deux jours —. M^r l'Intendant envoya dans le moment un courrier à ſon confrere pour avoir la permiſſion de faire paſſer des farines dans Ancenis, ce qui lui fut accordé. L'on n'a jamais mangé de plus mauvais pain que dans cette ville.

Mr de la Chaſſe etant arrivé fut à diner chez M^r le Marechal. Il refuſa de prendre une place vide auprès de Guerande, ce qui parut extraordinaire à tous, & M^r le Marechal en ayant demandé la raiſon, & lui ayant été repondu que le gentilhomme n'etait pas agreable à la Nobleſſe, il dit d'un ton à ſ'en faire entendre que tels gens lui feraient plaiſir de ne point venir chez lui

On a trouvé Mme la Marechale plus gracieuſe que M^r, & d'un plus facile accès, auſſi bien que deux demoiſelles qu'elle a auprès d'elle, nommées de la Roche, & de Mornay.

Il n'y avait le 16 de dames à Ancenis que Meſdames & Mlle de Montebert, Mme la Seneſchale & Melle La Gacherie & M^de de Cornuillier p. aux Comptes.

Mr l'Eveque de Nantes, M. le Marquis d'Ancenis & l'Intendant ont été aujourd'hui chercher toute la Nobleſſe. Le ſeul premier Preſident continue à etre triſte & glorieux.

Le 17 toute la Nobleſſe que je n'ai point vu plus nombreuſe ſ'eſt rendue chez Mr le Marquis d'Ancenis pour le conduire aux États.

Sitot que les 3 ordres ont été aſſemblés, l'on a deputé à l'ordinaire ſix membres de chacun pour aller prier Mr le Marechal de venir ouvrir les États —. Il ſ'y eſt rendu un moment après; & y a fait un diſcours très noble, très poli & très éloquent. Il a dit que rien ne l'avait plus flatté que d'avoir eté preferé pour avoir l'honneur de venir remettre le calme dans une province qui n'avait eté agitée que par quelques eſprits brouillons; qu'il ſavait que la plus grande & la plus ſaine partie n'y avait point eu de part; que ſans cela, il n'en eut point accepté le commandement, quelque avantageux qu'il lui fut, & moins encore ſ'il avait vu dans Son A. R. toutes les diſpoſitions imaginables à lui donner des preuves de ſa bienveillance.

Mr le P. Preſident fit enſuite une très mauvaiſe harangue & nullement dans ſon caractere. Il exagera infiniment le bonheur dont la province avait joui depuis que S. A. R. etait regent, & le prouva par la ſuppreſſion du dixième de la capitation & la diminution d'une infinité d'autres, harangue en de pareille aſſemblée, qui n'etait point de ſon miniſtere mais de celui de l'intendant.

Le Sieur Du Clos Boſſard, ſubſtitut du P. general Sindic parla enſuite pour l'aſſemblée & pour repondre à Mr Le Marechal—le commencement de ſa harangue fit trembler tous les auditeurs. Ils crurent etre noyés avec luy dans le deluge; mais etant rentré dans le naturel, la fin en fut politique & il loua Mr Le Marechal très delicatement.

Mr le Marechal fit tenir Ses gardes ſur la 2me marche de l'eſcalier, ce qui plut beaucoup aux etats.

Mr Le Marechal inſinua à toute la nobleſſe qu'il lui était defendu dans les inſtructions de permettre aux Etats de demander leurs exilés, ceux qui etaient renfermés dans des chateaux & condamnés ſur Contumace, ce qui ne laiſſa pas de cauſer beaucoup de mortification au general & au particulier. Il aſſura cependant que pourvu que les parens & les amis luy eussent parlé sans deputation des etats, qu'il s'emploierait avec toute la vivacité imaginable pour obtenir leur grâce.

Mr Le Comte de Carcado pour se conformer aux volontés de la Cour & du Marechal alla à la tête de quelques parens du procureur général implorer ses bons offices pour obtenir son rappel, il lui dit que Son seul Crime etait d'avoir deplu au Marechal de Montesquiou, & qu'il ne luy avait deplu que parce qu'il etait trop honnete homme & trop aimé de la Noblesse. « Il est vrai, repondit le Marechal d'Estrées; Il l'a depeint au regent comme un homme qui ne faisait que boire du matin au soir: mais je detruirai ces impressions; vous pouvez vous en reposer sur moy. »

C'etait une assez plaisante chose de voir le Comte de Carcado demander le rappel de Mr Le procureur général qu'il savait n'être Coupable d'aucun Crime & insinuer dans les etats qu'il fallait bien se donner de garde de deputer pour obtenir la grâce de ceux qui avaient été Condamnés sous Contumace, du nombre des quels etait son beau-frere, & tenir de mauvais discours du Mal de Montesquiou dont Il avait ete l'ame damnée & le Confident Jusqu'à son depart de Bretagne & au fond il faut avouer que si le Marechal avait eu autant de politesse & autant de connaissance de la façon de gouverner que son successeur, & que l'on eut eu pour lui les mêmes complaisances de sacrifier au plaisir de lui plaire tous nos Compatriotes exilés & emprisonnés, peut-être se serait-il employé pour eux avec autant d'ardeur; mais il voulait tout emporter par autorité, & ne savait point concilier les esprits; au lieu que celui-cy & les autres commissaires mieux instruits évitèrent la difficulté, se faisant accroire aux etats que s'ils deputaient pour demander les prisonniers & les exilés, ce serait approuver tout ce qui s'était fait en Bretagne, ce qui irriterait à la fureur S. A. R., mais qu'en conferant seulement les uns avec les autres, l'on obtiendrait les mêmes choses sans se commettre; puisque ce serait eux qui se chargeraient de tout ce qui pouvait être odieux dans cette demande —. Ceux qui étaient au fait des Choses malgré la manière insinuante des Commissaires, ne donnant pas dans de tels pièges mais ayant remarqué qu'il y avait plus de 200 Nantais qui criaient par toutes les rues et aux etats que Mr le Maréchal et MM. les Commissaires avaient raison; connaissant le peu de fonds qu'il y avait à faire sur l'église qui auroit ſacrifié aux volontès de la Cour la religion même, ſi elle l'avait ſouhaité; Ils crurent qu'il était plus ſage de garder le tacet à cet égard, que d'ouvrir un avis qui ne ſerait point ſuivy —. Car enfin que pouvait-on imputer à des perſonnes qui ne diſaient point approuver ce qui ſ'était paſſé; mais qui paraiſſaient ſeulement déſirer qu'on pardonnat. Nous n'avons encore point vu de ſiècles, quelque corrompus qu'ils aient eté, où la voix de la ſupplication fut interdite.

Mais à dire le vrai, Cette Diſcuſſion eut allongé les etats. Il eut fallu envoyer des courriers parce que l'on n'était point autoriſé ſur ce fait. Les reponſes euſſent à l'ordinaire, eté très dures; les etats ſ'en fuſſent ſcandaliſés; & l'on tombait dans tous les inconvénients de l'imbecille Monteſquiou —. Le Marechal D'Eſtrées ſut les éluder & fit bien —.

Il n'était pas moins inquiet ſur la propoſition qui ſe fit le lendemain 18 du même mois, par le ſ[r] intendant qui prononça à ce ſujet un aſſez bon diſcours. Il ſ'agiſſait comme à l'ordinaire du don gratuit, qu'on doit regarder à preſent, comme dit le Journal de hollande, comme un don forcé.

L'on n'avait point convoqué les etats dans l'année 1719 ainſi qu'il devait ſe pratiquer à cauſe des evenemens que je decris ci deſſus. La Cour pour cela ne voulait pas perdre de ſes droits, quoi qu'en bonne régle cela dut etre ainſi, puiſque la province ne doit rien au roi, que lorſque les etats le luy ont accordé, et qu'il ne ſ'y doit pas lever un ſol pendant cent ans, ſi le roi ne convoque point l'aſſemblée pendant ce temps là.

Cependant Comme ſi le don gratuit avait eté une taxe réélle & ordinaire, L'on demanda aux etats un million pour l'année 1720 qui etait preſque ecoulée, & deux millions pour les années 1721 & 1722, aſſurant qu'on ne les Convoquerait que dans Cette dernière année.

Pluſieurs perſonnes ſurtout dans la nobleſſe, car les deux autres corps ne Conſervent plus les ſentimens qui les faiſaient autrefois tant reſpecter, penſant qu'il ne fallait Jamais rien innover, & voulant qu'il ſe tint des etats a l'ordinaire en 1721, & n'accorder que deux millions de don gratuit au lieu de 3 qu'on demandait pour les années 1720 & 1721; mais ayant paſſé à la pluralité des voix, M[r] d'Ancenis les comptant toutes avec une exactitude qui a prouvé pendant tous les etats la droiture de ſon caractère, d'accorder les 3 millions pour les années 1720, 1721, 1722, on en alla porter la nouvelle à MM. les Commiſſaires qui l'attendaient avec bien de l'impatience, & au fond, à ſuppoſer que le don gratuit fut de ce droit, Je n'en conviendrai jamais, cela ne faiſait aucune différence pourvu qu'on tienne comme il y a beaucoup d'apparence la parole que l'on donna de n'aſſembler les etats qu'en 1722.

Il y avait plus; puiſque dès que les etats ſe trouvaient aſſez de fonds pour ſubvenir aux depenſes ordinaires & des 3 millions de don gratuit Ils reprochaient une année qu'ils avaient coutume de manger d'avance —.

Le Subſtitut du procureur Sindic Menage repondit pour les Eſtats à la harangue de M^r^ L'intendant; comme il ne la ſavait point, on ne put preciſement aſſurer ſi elle etait bonne ou mauvaiſe.

Le Comte de Carcado de mandá à M^r^ Le marquis d'Ancenis à porter aux Chambres l'accord des 3 millions de don gratuit, & comme il ſ'en voulait faire fête, il y alla avant qu'il eut été enoncé, tellement que comme ce jour là il y avait une confuſion du diable parmi la nobleſſe, plus de 100 gentilſhommes demanderent à M^r^ D'Ancenis qu'il eut repris Les voix, que le Comte de Carcado ne decidait point de l'avis d'un corps, & que Celui qu'il avait porté n'etait point Celui de la nobleſſe. — effectivement il ne ſe trouva plus le plus fort, & Ils ne ſavaient comment ſe tirer de la, Le Mis d'ancenis & Le Comte de Carcado, ſi je n'avais repreſenté que le premier avis ayant eté porté aux Chambres, La nobleſſe n'etait plus en etat d'en revenir, qu'il fallait empecher le Comte de Carcado d'y aller avant qu'on eut enoncé; mais que, la Choſe etant faite, les deux autres ordres auraient raiſon de paſſer outre, quelque oppoſition qu'on fit, mais que nous pourrions encore nous conformer à l'avis du tiers qui etait d'accorder les 3 millions, parce qu'il ſerait inſeré dans la deliberation. Cet accord ne pouvait prejudicier à l'uſage ordinaire d'aſſembler les etats de deux ans en deux ans, & qu'il en ſerait fait article dans la commiſſion des contraventions.

La nobleſſe y conſentit; mais le tiers-etat penſa jeter dans un autre embarras; car craignant que les commiſſaires ne lui fuſſent mauvais gré de l'avis qu'il avait porté, declara ſur le theâtre qu'il ſe rangeait à l'avis des deux autres ordres. Mais la nobleſſe lui ayant ſoutenu qu'il devait enoncer ſon avis ſur le theâtre tel qu'il l'avait porté aux Chambres, Il fut obligé de le faire, & la nobleſſe y ayant adheré, malgré le bon & St Eveque de Nantes preſident de l'Egliſe, qui ſoutenait que cela ne ſe pouvait plus, la Deliberation fut redigée en conformité.

Toutes les difficultés etant levées, L'on deputa comme je l'ai deja dit à M^r Le Marechal pour lui faire part de la deliberation, lequel en marqua la joie dans des termes fort gracieux. Il pria MM. Les Deputes d'aſſurer les etats que la demande qu'il avait faite de 3 millions n'etait que pour le bien de la province & non pour les ſurprendre, & qu'il ſerait caution que la Cour n'avait aucun deſſein de rien changer.à ſes Conſtitutions.

Quoique cette reponſe fut comme toutes celles que j'ai vu donner en pareille occaſion, elle contenta l'aſſemblée parce que l'on avait confiance au Marechal D'Eſtrées, & l'on ne ſongea plus qu'à expedier promptement les affaires.

L'on nomma une Commiſſion pour examiner les lettres patentes de la convention des etats.

Le Prince Taxis Allemand, prince de l'empereur & non de l'empire, comme on dirait duc abbé ou duc & pair, qui faiſait ſon academie à Angers, fut conduit aux etats par M^r La Maſretiniere & M^r & Me Deneſcouat ſa fille. Le marechal en fit aſſez peu de cas & dit à ceux qui le lui amenaient : voila de biaux princes que ceux là » — Il me ſemble cependant qu'il eſt honorable de faire honneteté aux etrangers. Le Prince perdit le ſoir 40 000# aux pharaon à la banque du Marechal & ſ'en retourna le lendemain, je crois, aſſez mecontent de ſon voyage —.

Mme Du Boixieve Becdelievre qui ſ'etait rendue dès le commencement des etats afin de les engager à demander la grace de ſon mari, & qui a tenu pendant toute la tenue une conduite d'une vraie héroïne, fut bien charmeé de voir accorder le don gratuit, tel qu'on l'avait demandé, eſperant que cela engagerait S. A. R. a pardonner à ceux qu'il avait fait renfermer dans des chateaux.

Le 19 Il y eut diſpute entre Les eveques de Rennes & de Vannes. Ce dernier pretendait qu'etant evêque avant Mr de Rennes il le devait preceder; l'autre diſait que l'aſſemblée des etats n'etant qu'un Corps politique qui ne regardait point le ſpirituel, du moins à leur égard, L'eveque de Vannes ne devait avoir de rang que du jour qu'il aurait pris féance. Les etats etaient prets a deliberer fur la queftion quand l'Eveque Turpin par grandeur d'âme ceda à Son confrere ce qu'il voyait bien qu'il ne pouvai foutenir.

Tous les Commiffaires, c'eft-à-dire ceux qui dattent de quelque chofe, Les 3 prefidents des ordres, le Treforier & le findic des etats fe donnent des repas dans les 1ers jours où tout l'art des meilleurs Cuifiniers eft epuifé. Il mangea, chez Mr Le Marechal, Le jour de fon repas qui eft le premier, 200 perfonnes. —

L'on nomma dès le 19 aux commiffions de fonds par eftime, des contraventions, des procès, des conditions de baux, des etapes, des ponts & chauffées, & à l'examen de la capitation de 1717, le tout après avoir lu le réglement.

L'on nomma auffi 6 deputés de chaque ordre, L'eveque de St-Brieuc à la tête pour aller complimenter Mme La Marechale.

Mr le Marquis d'Ancenis eut bien à fouffrir dans la nomination de ces commiffions. Il avait marqué ceux qu'on luy avait dit en etre les plus capables, mais malheureufement pour luy il avait oublié cent Nantais qui la plupart n'avaient jamais eté aux États, dont les noms etaient trés équivoques & trés inconnus, & qui auraient été bien embarraffëz fi on leur avait demandé ce que cetait qu'une Commiffion des États. Cependant a chaque gentilhomme qu'on nommait ils criaient comme des perdus que ce n'etait point l'avis de la nobleffe de nommer celui-la, mais bien un d'entre eux qu'ils elevaient jufqu'aux nues Le Marquis d'Ancenis leur repondait avec une moderation dont peu de gens ferait capables « vous me faites plaifir de m'inftruire & de m'indiquer les bons fujets; mais je le marquerai pour les premieres deputations. » — Nous les voulons pour celles-ci. — Je le ferais avec plaifir, repondait-il, fi c'etait l'avis de toute la nobleffe; mais, Meffieurs, ayez la bonté de remarquer vous même que votre fentiment n'eft pas le plus fort. » Mais à peine pouvait-il fe faire entendre, tant on elevait la voix de chaque coté.

Pour faire en forte de mettre plus d'ordre dans les États & en chaffer plufieurs nobles de la Cloche à qui l'on n'ofait rien dire parce qu'on ne les connaiffait point, l'on fit revivre l'ordonnance des États de St Brieuc & de

Dinan qui ordonnaient de rayer de deſſus les regiſtres ceux qui n'avaient point encore partagé noblement & de les faire ſortir de deſſus le theâtre. — L'on nomma un gentilhomme par chaque eveché pour faire executer l'ordonnance, & deux dans l'eveché de Nantes parce qu'il etait plus nombreux, ſans impliquer ſi c'etait un faux noble.

L'on deputa un abbé & un Capitulant, deux Gentilſhommes & deux de l'ordre du tiers pour aller prier Mr de Treſſan, neveu de l'eveque de Nantes, M^r l'abbé Bouexiere qui etait venu avec M^r le Marechal, un Gentilhomme qui etait chez M^r d'Ancenis & M^r de Riſcouat de venir prendre place aux États. Il y eut beaucoup de conteſtation au ſujet de M^r Riſcouat, qu'on pretendait n'etre pas Gentilhomme. Mais comme il etait capitaine de vaiſſeau fort eſtimé, MM. les officiers de marine obtinrent qu'il ſerait prié comme les autres. — Il fut agité ſi on n'enverrait pas pareille deputation au prince Taxis. Il fut déterminé qu'on n'en pouvait faire à des étrangers.

Le Sieur de Bertou ne ſ'etait pas acquis une bonne reputation aux etats de Dinan, ce qui fit que toute la nobleſſe ſe retira lorſque M^r d'Ancenis le voulut nommer à une Commiſſion.

Mme Dorvaux une des plus belles femmes de la province & dont l'intendant était fort amoureux arriva à Ancenis.

Le Chevalier de Cicé commença a ſolliciter une des charges de procureur general Sindic ce que Mr Les Commiſſaires ne trouvérent pas bon, voulant que ce fut Mr de Coetlogon & Bedée, & ſ'en expliquant poſitivement. Meſdames Becdeliévre P: P: aux comptes et De Solange arriverent à Ancenis.

La banque du pharaon de chez M^r Le Marechal gagna 40 000#, l'on agiotait l'intérêt qu'on avait dans cette banque comme les actions.

Le 19 L'on commença la ſéance des etats par lire ce qui ſ'était fait à ceux de Dinan, après quoi le ſubſtitut Menage a repreſenté & demandé qu'il fut depoſé au greffe la demiſſion du marquis de Coetlogon procureur general Sindic; & après avoir beaucoup exageré ſes ſervices & ceux de ſes peres, Il a prié les etats de ſa part de lui vouloir bien continuer ſa penſion de 3 000#, quoi qu'elle ne luy eut eté accordée que pendant qu'il ſerait au ſervice des etats.

Il a auſſy dit de la part de MM[r] les Commiſſaires que ſa majeſté permettait de réunir les deux charges de procureur généraux Sindics en une & qu'en ce cas Elle déſirait qu'elle fut donnée à M. le Comte de Coetlogon à qui elle en avait donné l'agrement, qu'il trouvait bon auſſi que les etats nomaſſent a la Charge de defunt, Mr de la Guibourgère, & continuaſſent d'avoir deux procureur generaux ſindics. — Sur quoi les ordres ſ'étant retirés aux Chambres il fut ordonné que l'on continuerait d'avoir 2 procureurs generaux S: contre l'avis des plus ſenſés qui faiſaient voir que les etats avaient eté bien plus mal ſervis depuis 1705 que l'on avait Créé ces deux charges, mais l'eſpérance que chacun avait de faire tomber à ſon ami une de ces Charges, les Commiſſaires ne ſ'étant point encore expliqué ſur la ſeconde, fit paſſer cette delibération —.

On remit à deliberer au lendemain ſur les autres propoſitions, & préalablement on nomma une Commiſſion pour dreſſer les Conditions aux quelles les etats jugeraient à propos de donner leur charges.

Le 4, Les conditions furent lues. L'Egliſe était d'avis de donner ces Charges pour 6 ans, le tiers pour 4 & la nobleſſe pour deux; ſur quoi ſ'étant Conciliés, il ſut ordonné que les offices de procureurs généraux Sindics ſeraient exercés par Commiſſion & pour 4 années ſeulement, parce que néanmoins ceux qui ſeraient pourvus des dits Charges pouvaient etre avant le dit temps & à la prochaine tenue revoqués & deſtitués, au cas qu'un des ordres le jugeat à propo ſans que les dits etats fuſſent tenus de rendre Compte de leurs revocations, & parce que auſſy en cas qu'ils ne ſoient pas deſtitués ou revoqués avant ni à la fin des dites 4 années, Ils ne pourront Continuer de faire les fonctions des dites Charges ſans une nouvelle election & procuration des etats qui ne ſe pourra faire que de l'avis unanimes des trois ordres, l'un deſquels refuſant Celui qui ſe trouvera en exercice, il ſera procédé à l'election d'un autre, quand même les deux autres ordres n'y conſentiraient pas, conformément au reglement de 1687.

Cette Clauſe dernière fut inſerée malgré la nobleſſe qui craignait juſtement qu'aux prochains etats on ne la fit ſ'y conformer —.

Il etait dit auſſi que les etats pourraient ſupprimer quand Ils le jugeraient à propos une des dites charges ſans que Celui qui ferait pourvu de l'unique office put jouir des gages de Celui fupprimé, & que les dits Procureurs generaux fcindics feraient obligés de rendre compte de leur geftion au Commencement de chaque tenue d'Etats.

Le reglement ayant eté arreté, Mr Le Subftitut a declaré qu'il avait donné avis à MM. Les Commiffaires de la deliberation qui ordonnait qu'il ferait Continué deux charges, & qu'ils lui avait donné ordre de recommander pour la feconde charge Mr Le P: de Bedée —. L'on fe retira enfuite aux chambres, pour proceder aux elections qui furent faites dans la nobleffe & le tiers par fcrutin —. Mr le Marquis d'Ancenis fit lecture d'une lettre de Mr Le Comte de Touloufe qui lui marquait que le roi & S: A: R: defiraient que Mr Le Comte de Coetlogon fut nommé à la première charge.

On f'imaginait d'abord que toutes les recommandations feraient plus prejudiciables qu'utiles à Mr de Coetlogon, parceque la plupart de MM. de la Nobleffe penfaient que C'était la moindre Chofe que d'avoir la liberté de nommer fes officiers.

Mais ils ne favaient pas que l'Eglife, qui n'a aucun interet à tout ce qui fe traite aux etats, & qui attend tout fon avancement de la cour, en fuit aveuglement les volontés, fans fe foucier du bien des peuples; & que, depuis quelques années, Le tiers choifi felon les defirs des Commiffaires, en eft abfolument l'efclave. — il y avait un de fes membres qui me difait, en allant aux etats, avec une ingenuité rifible; J'efpere que je ne ferai point de faute aux etats; car tous les matins J'irai demander au Comte de Bloffac (dont Il etait Senechal & qui etait fecond Commiffaire du roy), de quel avis je devrai etre ».

.— Le comte de Coetlogon fut elu à la 1ere charge, & M. le P: de Bedée à la feconde dans les deux ordres — le premier le fut auffi dans l'ordre de la nobleffe, & eut 107 voix. Mr de la Villemeneu 97, & le prefident de Bedée que 72. Ce qui donna tant de voix à Coȩtlogon & à Villemeneu, c'eft que le Senechal de Nantes, qui furement eut eté élu, f'etait defifté de fes pretentions par ordre du Marechal, qui lui avait cependant permis de folliciter, ayant dit pofitivement à fes amis qu'on ne lui ferait pas plaifir de le nommer. Les voix de tous les gentilfhommes Nantais fe trouverent libres, & fe donnerent à qui les demanda — Ils me firent l'honneur de me les offrir. Mais ayant confulté 2 de mes amis & parens, l'un Commiffaire, & l'autre eveque, Ils me dirent l'un & l'autre que Je n'aurais que du defagrement à accepter leur offres, puifque les Commiffaires ne confentiraient jamais à ce que les etats nomment quelqu'un qui n'eut pas l'agrement de la Cour, & que l'ordre de l'Eglife & du tiers ne fe porteraient point à donner à d'autres leurs fuffrages. Ce qui fit que j'allai chez Mr le Marquis d'Ancenis, ou les Meffieurs m'avaient donné affignation, les remercier de leur bonne volonté —.

Le P:t de Bedée n'ayant point été elu par la Nobleffe, mais Le Sieur de la Villemeneu, elle f'oppofa fortement qu'il fut nommé pour la feconde charge de procureur general findic, difant, comme il était vrai, que les etats ayant decide la veille qu'il fallait que les 3 ordres concouruffent pour que l'election fut Juridique. Si elle f'en était tenu là, malgré les efforts de l'eveque de Nantes, il eut fallu abfolument fe concilier ce qui ne fe fut pas fait dans un jour, & le P:t de Bedée aurait bien pu fuccomber ne l'ayant emporté que d'une voix dans le tiers. Mais l'eveque de Nantes qui favait faire tourner toutes les deliberations des etats à fon avantage, quand elles pouvaient lui être utiles & les eluder quand elles n'étaient pas conformes à ce qu'il defirait dit qu'il fallait remettre la queftion au lendemain, ainfi qu'il avait ete ordonné par les etats quand Il f'agiffait d'affaires de conféquence.

On ne peut avoir plus d'averfion & de mepris que l'eveque de Nantes & Villemeneu en avaient l'un pour l'autre, quoiqu'ils ferviffent le même maître. Ils fe dechiraient du matin au foir & l'affemblée docile croiait de bonne foi tout ce qu'ils difaient tous deux.

Mais l'eveque de Nantes l'emporta en donnant l'exclufion à Villemeneu par une rufe affez groffière qui ne lui reuffit que parce que la plus faine partie de la nobleffe penfait que le prefident de Bedée etait le feul de tous ces competiteur capable de bien remplir la charge de Pr: G: findic —.

Cette rufe fut de propofer d'aller aux chambres pour deliberer fi deux ordres le devaient emporter fur un. La nobleffe c'eft-à dire ceux qui tenaient le party de Villemeneu ne f'aperçurent pas que c'etait donner gain de caufe, puifque l'eglife & le tiers etant de même avis, il n'avait garde de ne pas convenir qu'ils doivent l'emporter. — J'eus bien de la peine à m'empecher de parler, quoique Je cruſſe qu'il etait utile pour le bien de la province que Bedée fut pourvu de Cette Charge, au prejudice de Villemeneu.

Mais quelqu'un à qui en particulier Je fis voir la bevue le dit aux partiſans de Villemeneu. Il ſe leva une grande rumeur. Ils refuſerent de ſ'en rapporter à ce que les chambres avaient decidé. Ils pouſſerent la choſe plus loin Car voyant que l'eveque de Nantes, ſans avoir egard à leur Conteſtation, enonçait la délibération qui creait Bedée procureur general S:, ils ſ'ecrierent qu'ils y mettaient oppoſition, parce qu'il eſtoit dit dans les conditions de ces charges qu'il falloit eſtre Gentilhomme d'extraction, & que Bedée ne l'eſtoit pas. peut-être que Cette querelle auroit eſté plus loin, ſi Mr Le Marechal n'avoit envoyé querir Villemeneu & engagé a deſiſter en pleins Eſtats, ce qui ne fut trouvé que mediocrement bon de le voir ainſy abandonner des Gentilſhommes qui l'avaient Soutenu avec tant de force & de Conſtance.

Mr L'Eveque de St-Brieuc fit cejour-là ſa harangue à Mme La Marechale qui attendit le prelat dans un ſalon au milieu duquel il y avoit un fauteuil particulier où elle ſaſſit en l'attendant, ayant à ſes coſtés auſſy dans des fauteuils plus petits Meſdames De Montbert, & de la Gacherie, preſidente du tiers, de Becdelievre, 1ere preſidente aux comptes, Mme & Mlle La Coliniere, Dalou, de Soulange, de la Preuille, de Cornuillier, p: aux comptes, & de La Charbonniere ſa fille.

La deputation ayant eſté annoncée, Mme La Marechale & toutes ces dames ſe leverent. elle alla juſqu'au milieu du ſalon au devant de L'Eveque qui luy dit en ſubſtance que plus les aſſemblées eſtoient illustres, plus elles ſ'empreſſoient de donner des marques de leurs attentions aux perſonnes elevées aux dignités & douées d'un merite auſſy rare que le ſien; que la Joye & la ſatiſfaction de la poſſeder ſe manifeſtoit dans tous les Eſtats, & que c'euſt eſté bien autre choſe ſi les malheurs paſſés & la triſte ſcituation où la Province eſtoit reduite n'avoit pas porté dans tous les cœurs les plus vives atteintes.

Mme La Marechale luy repondit qu'elle avoit ſouvent eſté attendrie, & pleuré Les malheurs de la Province, & qu'elle n'avoit ſouhaité d'y venir que pour les adoucir, & y engager Mr Le Marechal, ſ'il n'y avoit pas eſté auſſy porté de luy-meſme; — qu'elle eſtoit très obligée aux Eſtats de la deputation qu'ils avaient bien voulu luy faire, & d'y avoir mis à la teſte un grand Prelat, qui connaiſſant les ſentimens de ſon cœur pouvoit mieux qu'un autre en aſſurer l'aſſembleé —.

Le 27, Mr de Montaran donna la demiſſion de ſa charge de treſorier, & ſur le champ on nomma une Commiſſion pour enfaire les conditions.

M^r L'Eveque de Nantes, qui la vouloit faire tomber à Dondel Senechal de Vannes qui avoit tout le tiers pour luy, ne chercha plus que dans la Nobleſſe ceux qui luy eſtoient favorables, eſtant ſur de ſon corps, afin d'exclure les deux autres qui eſtoient La Bouexiere & Mouſle, ſous pretexte qu'on mettroit dans Les Conditions qu'aucun comptable envers le roy ne pourroit eſtre pourveu de cette charge, & qu'ils L'eſtoient tous deux. Il pria M^r d'Ancenys de nommer 4 gentilſhommes dont il luy donna les noms, à la teſte deſquels eſtoient La Chaſſe d'Andigné, très proche parent de Dondel du coſté de ſa femme. Dès que M^r d'Ancenys prononça ſon nom, toute la nobleſſe ſ'ecria qu'elle n'en vouloit point. Il eut beau leur demander ce qu'il leur avait fait, & ſon gendre Bois-dela Motte Le cadet menacer de ſe battre contre toute la nobleſſe, elle ſ'ecrioit toujours de plus en plus, en demandant pourquoy on changeoit ceux qui avoient fait Les conditions des procureurs generaux ſcindics, d'ont J'avais l'honneur d'etre, & qu'elle ne le ſouffriroit point; qu'enfin elle vouloit que Je fuſſe nommé. mais ayant remarqué que Cet entetement embarraſſoit & commettoit fort Le marquis d'ancenys dont le caractere poly & honneſte meritoit un autre traitement; qu'il deſhonoroit Mr de la Chaſſe de qui J'etois amy, Je pris La liberté de leur dire que Je n'accepterois point cette Commiſſion après que des Gentilſhommes de diſtinction & de merite avaient eſté nommés par Notre Preſident pour le quel nous devions avoir aſſez de conſideration pour ne le pas obliger à ſe retracter, dès qu'il vouloit bien promettre de ne plus nommer aux Commiſſions sans demander L'avis de toute la Nobleſſe; ce qui fit Ceſſer le tumulte, non ſans que L'eveque de Nantes fut ſouvent apoſtrophé parce qu'il vouloit l'emporter de hauteur.

L'on fut aux chambres au ſujet de la penſion que le Marquis de Coetlogon demandoit qu'on luy continuât. L'Égliſe & la nobleſſe en eut eſté d'avis; mais le tiers avec raison la refusa, parce qu'elle n'etoit donnée que pendant qu'il feroit au service des Estats.

Elle luy fut accordeé depuis, après plusieurs menées contre l'avis de la plupart des Gentilshommes qui d'abord avoient esté pour luy, parce qu'un des plus essentiels articles du reglement de 1617 defend de Jamais deliberer sur une requette qui une fois a ete rejetée. ce n'est pas la seule fois qu'on se bigara dela sorte dans cette tenue, ce qui donne plus que toute chose une mauvaise idée du corps des Estats & de ceux qui le composent.

Le P: seindic Coetlogon indiqua de la part de MMs Les Commissaires trois sujets pour la charge de tresorier qui estoient agréables à la Cour, avec liberté aux Estats d'en choisir un, ce qui ne contenta point du tout; car à dire le vray, s'il y eut plus d'honnesteté & de bonne chère à Ancenys qu'à Dinan, l'on n'y fut guères plus libre. Il fault aussy convenir que les esprits estoient bien abattus & rebutés de se sacrifier sans aucune utilité.

Mr Le P: de Bedée presta le serment de fidélité, & fit un remerciment tel qu'on le devoit attendre d'un homme de beaucoup d'esprit. —

On lut ensuite les conditions pour la charge de tresorier. la 1ere clause fit bien connoitre que tout le soin que l'eveque de Nantes s'etait donné la veille pour faire nommer une commission à sa guise n'avoit pas esté inutile, puisqu'elle en excluoit tous les comptables vers le roy. La seconde que le tresorier n'auroit que 50 000# de rente pour tout droit y compris la reddition du compte & des estats à la chambre des comptes, Les Estats changerent cette clause, & accorderent au tresorier 30 000# de rente de gage quitte de tout. La 3eme condition estoit qu'encas que la province fit quelque emprunt, il ne pouvoit prendre les sommes y contenues que des originaires de la province pendant les Estats, & un mois apres, ny en payer aucunes que celle portée dans l'Estat du fond. —

Il y eut beaucoup de dispute sur l'exclusion des Comptables dans les Chambres où l'on se retira pour deliberer. Ceux qui estoient pour Mouffle & Bouexiére s'y opposant formellement, & comme le premier avoit un gros party dans L'Eglise, & que l'Eveque de St Brieuc s'estoit mis en teste de faire Bouret tresorier, elle ne fut point d'avis de la Commission; mais Le tiers qui estoit pour Dondel & a qui par Cette exclusion la charge tomboit infailliblement, puisque les Commissaires s'estoient expliqué qu'ils ne ſouffriraient pas en nommer d'autres qu'un de ceux qui avaient l'agrement de La Cour, approuva Cette 1re condition ; & la nobleſſe qui ſe figura qu'en excluant de droit Bouëxiere & Mouſſle, qu'on ne lui pourroit refuſer de nommer deux Gentilſhommes pour Concourir avec Dondel, & par là devenir maître de la nomination des charges malgré Les Commiſſaires, fut auſſy de Cet avis, & de ſuite deputa aux chambres de l'Egliſe & du tiers pour les prier de nommer deux ſujets ſur les quels on procederoit a l'election.

Ce fut alors que toute la nobleſſe généralement me fit l'honneur de jeter les yeux ſur moy, pour me pouiller de Cette charge. Je leur repréſentai inutilement & mon incapacité & l'oppoſition qu'ils trouveroient du coſté de la Cour, dont je n'avais point eu l'agrement. Ces raiſons, quelque ſolides qu'elles fuſſent, ne les firent point changer de ſentiment. Ils ſ'écrierent tous qu'ils ſeroient maitres de la nomination de leurs charges, ou qu'ils quitteroient Les Eſtats.

Quoi que tous me marquaſſent le deſir que je fuſſe treſorier, il fault Cependant Convenir qu'au fond du cœur, pluſieurs qui ſ'eſtoient engagés plus de 3 mois avant l'aſſemblée des Eſtats ſoit par amities, ſoit par interet, en euſſent eſté au deſeſpoir. Ceux-là voulurent me faire donner dans un piege, afin de me commettre avec la Cour & avec les Commiſſaires ; C'eſtoit de m'engager à preſenter une requeſte pour eſtre receu à ſolliciter cette charge. Je leur repondis que je n'aurois garde de faire une telle demarche, puiſque Je ne la ſouhaitois en aucune façon ; que je n'y avois jamais penſé, & que Je ne ſavois ce que c'eſtoit de briguer un employ que Je connaiſſois au-deſſus de mes forces ; & que Je deſapprouvois tout ce qui ſe faiſait de la ſorte. Mr de Voluers (?) dont la probité & la droiture etaient en grande vénération aux Eſtats, applaudirent à ma réponſe, & dirent à la Nobleſſe qu'il falloit qu'elle ſe determinat ſeule ſur le choix qu'elle vouloit faire, ſans avoir égard aux ſolliciteurs, & pria M. d'Ancenys de prendre Les voix. Je les eus toutes, il y eut plus de difficultés pour le ſecond parce que, comme je l'ai dit, on devoit envoyer deux ſujets aux chambres pour prendre les voix ſur leur nomination. Queravéon intime amy de Bouret & du party de l'Eveque de St Brieuc voulut que la nobleſſe le nomma. Mais Comme il eſtoit fermier des devoirs, Je declarai que Je ne souffrirois pas que nous fussions Collègues, & que si elle vouloit Mr Bouret, l'on me dispensât de militer avec luy. Elle choisit Bourneuf Monneraye, qui estoit venu aux Estats pour faire en sorte d'obtenir Cette Charge, & qui avait formé une espece de party qui n'estoit pas nombreux.

Sitot que l'on eut porté nos noms aux chambres, l'on voulut encore m'engager d'aller demander l'agrement de Mr Le Marechal. Je repondis que c'estoit à la Noblesse à le demander & non pas a moi, & me donnay bien de garde d'aller de tout le jour chez luy. Bourneuf fut plus credule. il y fut, & eust le desagrement d'en etre maltraité & de recevoir une defense de plus penser à Cette charge.

Cependant on remit l'Election au Lendemain, ce qui me donna le temps d'aller voir Mr L'intendant avec qui j'etois en liaison, estant Cousin germain de Mme son epouse; & quoiqu'elle fut morte en ce temps là, notre bonne intelligence avoit Continué. Je luy fis part de ce qui sestoit passé le matin. il me dit succinctement que tout ce que la noblesse avoit fait pour moi estoit inutile, sinon pour me prouver la confiance qu'elle y avoit; que, quand les 3 ordres m'auraient nommé, Jamais la Cour ny les Commissaires ne le souffriroient; que Je savois qu'elle etoit montée sur un ton à ne point mollir, & pour me le faire voir clairement, il me montra une lettre de Mr Le Pelletier Dessort auquel il avoit escrit pour une personne à qui Il prenait interêt, afin d'obtenir la permission de solliciter Cette Charge, qui lui mandait que le Regent l'avait refusé & qu'il voulait absolument que Ce fut un des trois à qui il avoit donné L'agrement qui fut elu. Il me conseilla de me desister. Je luy dis que n'ayant rien demandé, & la noblesse ayant agi de son propre mouvement, Je ne pouvois avec honneur suivre ce conseil; mais que je ne cacherois point à la noblesse chez Mr d'Ancenys, ou J'allois, que j'etois instruit de bonne part que la tentative qu'elle faisoit pour se rendre maitre de la nomination de leurs charges estoit inutile, puisque la Cour n'y consentiroit jamais, & qu'ils mettroient peut-etre par là obstacle a obtenir d'autres graces.

Mr le Marechal avoit parlé dans le mesme goust, & encore plus fortement à tous ceux qui estoient allés chez luy; ce qui jeta fort l'alarme parmy ceux de MMs de la noblesse qui estoient pour Moufle & pour

Bouexiere, en cas qu'on ne nommât pas un tréforier de leurs corps qu'ils ne fongerent plus, furtout les Gentilfhommes Nantais, qu'a trouver le moyen de Les rehabiliter. La chofe était difficile, car il eftoit fur qu'ils eftoient par leurs charges L'un & l'autre comptables au roy, & que par la deliberation du matin, tous les comptables eftoient exclus. Les memoires qu'ils repandirent dans les Eftats par lefquels Ils promettaient de fe defaire de leurs charges ne les difpenfoient point de la recherche que l'on pouvoit faire du maniment des deniers de fa Majefté.

Agité de cette inquiétude, l'on ne penfa plus qu'en demeurant ferme & f'en tenant à la deliberation du matin l'on eut enfin obligé les Commiffaires à confentir qu'on leur nommât des fujets pour parvenir à une élection. Car il n'y en eut point eu, fi le Senechal de Vannes eut efté le feul qui eut pu eftre treforier, & on ne pouvoit forcer Les Eftats à choifir un de ceux qui peut-etre eftoit redevable au roy de toute fa fortune. Mais Les Commiffaires avoient fi fort intimidé & fait agir fi efficacement leurs créatures que tout le feu qui avoit paru le matin dans L'affemblée pour ne point fouffrir qu'on nommat d'autre treforier que Celuy qu'elle indiqueroit, f'amortit tout-à-coup, & Moufle & Bouexiere ayant efté Confeillés de prefenter Le lendemain une requefte aux Eftats par laquelle Ils les prioient de vouloir bien expliquer f'ils avoient pretendu parler d'eux en excluant les Comptables vers le roy avec beaucoup de mauvaifes raifons pour faire voir qu'ils ne l'étoient point; il fut deliberé de l'avis de L'Eglife & de la Nobleffe qu'on n'avait point pretendu Les exclure. Ce ne fut pas fans peine que Cette decifion paffa dans la Nobleffe, car tous Les Zelés pour la dignité des Eftats ne pouvoient fouffrir qu'on changeat ainfy Les deliberations du matin au foir.

J'oubliois de dire qu'avant d'aller aux chambres, Les Commiffaires avaient fait Lire par le P: g: findic un memoire par lequel fans aucun detour Ils faifoient dire aux Eftats qu'ils ne fouffriroient point qu'on nommat un autre treforier qu'un de Ceux agrées par la cour, ce qui irrita fort quelques uns & en intimida beaucoup plus.

Tout ce que je viens de dire ne f'étoit point fait dans un moment & toutes ces differentes conteftations devaient terminer la féance du 25 puifqu'il eftoit une heure avant qu'elles fuffent finies. Mais l'Eveque de

Nantes, qui craignoit qu'on ne reflechit ſur la ridicule manière dont on ſ'etoit comporté, ſ'il donnoit Le temps à un chacun de ſe la reprocher, détermina les 3 ordres à retourner aux chambres pour proceder ſur le champ à L'Election.

Elle ſe fit par ſcrutin, comme celle des procureurs géneraux Sindics. par une bizarerie qui ne ſe peut comprendre, & qui arrive cependant, dans ces ſortes d'élections, elle tomba ſur celuy des trois agrées par La cour, qu'on craignait le plus d'avoir, & qui certainement en eſtoit Le moins capable. voici comme il en arriva. l'eſcadron zelé qui eſtoit au deſeſpoir de ce qui venoit de ſe paſſer & qui vouloit à toute ſorce empecher L'election d'un de ceux nommés par la cour, crut n'y pouvoir mieux parvenir qu'en faiſant en ſorte de faire nommer par les 3 ordres 3 differens ſujets, parce que par là l'aſſemblée ſeroit remiſe, & qu'il auroit du temps de ramener Les eſprits. Mais Ils ſe tromperent dans leurs jugemens, ſ'eſtant perſuadé que l'Egliſe etait pour Bouexiere, Le tiers pour Dondel, il engagea une infinité de perſonnes qui eſtoient pour ce dernier à porter leurs voix ſur Moufle, ce qui ne fit qu'affaiblir ſon party, ſans aſſez augmenter celui de Moufle, qui ne put balancer celuy de tous les Gentilſhommes Nantais qui eſtoient pour Bouexiere, auſſi bien que Mr Le Marquis d'Ancenys qui luy rendit de bons ſervices & que Je n'ay jamais veu pendant tous les Eſtats ſ'intéreſſer vivement que pour Cette affaire; tellement que Bouexiere eut 70 voix; Dondel 49 & Moufle 39.

La Nobleſſe aiant eſleu Bouexiere, Le tiers Dondel, L'égliſe ſe trouvoit comme il arrive malheureuſement pour la province, maitreſſe de decider entre la Nobleſſe & Le tiers. mais contre l'attente de l'eſcadron zelé, Moufle avoit eu 7 voix; La Bouexiere 6, & Dondel 5, Le préſident de l'Egliſe qui eſtoit entierement oppoſé au party de Moufle, & qui ſcavoit bien que La Nobleſſe ne manqueroit pas de propoſer un 4e ſujet, puiſque les ordres ne pouvoient ſ'accorder, ce qui iroit contre La Volonté de ..... : duquel il eſtoit domeſtique, & l'avoit aſſuré qu'il meneroit Les Eſtats de la façon qu'il voudroit, & montra avec de ſi terribles efforts à ſon ordre le deſordre que cette diverſité de ſentimens alloit cauſer ſ'ils n'eliſoient un des ſujets nommés par la nobleſſe ou par le tiers qu'il eut la faiblesse de consentir de proceder à un second scrutin. la plupart de ceux qui avoient donné leur voix à Moufle crurent qu'en tenant ferme pour luy, il auroit les mêmes voix malgré le président ; mais deux bourses de Jetons qu'il promit à propos à deux des Sts personnages leur fit abandonner le pauvre Moufle, & l'un ayant donné sa voix à Bouexiere, & l'autre à Dondel, Le premier se trouva avoir 7 voix, Dondel 6, & Moufle plus que 5.

Ainsy fut Esleu Bouexiere à la grande satisfaction de tous Les Commissaires qui tous sollicitoient pour luy, & mesme Madame la Marechale qui y avoit esté engagée par Mme de Parabère, maitresse du duc d'Orléans.

Il arriva pendant ce temps-là une plaisante dispute entre L'ainé Bois de la Motte & Lorgeril, Le premier ayant dit à celuy-cy : va voir ce qu'il y a sur le registre des Estats qui te regarde. il y fut & dit à Bois-de La Motte qu'il n'y avoit rien trouvé. Je parie qu'il y a une croix au bout de ton nom. & qui l'y auroit mise, repondit Lorgeril? Va le demander aux Commissaires nommés pour effacer Les noms de ceux qui ne sont pas Gentilhommes, luy dit Bois-de la Motte Je suis aussy bon Gentilhomme que vous, repondit Lorgeril: J'ay dans mes titres 20 partages nobles; ma noblesse n'a point esté douteuse, dit Bois de La Motte. Mr D'ancenys voulut accomoder ceste affaire. Mais Lorgeril n'y voulut jamais Consentir, ce qui fit qu'on en averti Mr Le Marechal qui leur envoya des gardes & Les accomoda. Lorgeril revint quelques temps après avec une charge de cheval de titres, qu'il presenta aux Estats. sitot qu'on Commença à lire son arrest de Noblesse, tous en général s'ecrierent que Cela estoit inutile; qu'on le reconnaissait pour bon Gentilhomme, quoique personne en particulier n'en fut persuadé.

Les Estats ayant appris la mort de Monsr L'eveque de Chalons, oncle de Me La Marechale, nommerent une Commission un Evesque à la teste pour luy en aller faire, & à Mr le Marechal, des Compliments de condoléance. Comme il n'y avoit presque point d'Estats Les après midy, & que la saison & la scituation d'Ancenys estoient fort belles, Mr & Mme La Marechal alloient souvent se promener dans La prairie Le Long de La riviere de Loire, & J'ai veu souvent Le roy n'avoir pas un plus beau Cortége. il y avoit toujours dix ou douze Carosses a Six chevaux remplis d'Eveques & de dames; huit pages ſuperbement montés marchaient à la teſte des Caroſſes du Marechal; ſes gardes le ſuivoient. tous les petits maitres auſſy à cheval voltigeoient autour des Caroſſes, ſans comprendre plus de 100 gentihommes magnifiquement veſtus, qui ſe promenoient au bord de l'eau.

Le 26 on lut les lettres que le roy & S: A: R: avoient eſcrites à Mr Le Marechal & à Mr L'Evêque de Nantes au ſujet de l'accord de don gratuit. quoi qu'elles ne Continſſent rien d'extraordinaire, Les Eſtats y applaudirent beaucoup. mais Ils ſe plaignirent que S: M: ne leur avoit point eſcrit, quoiqu'il fut d'uſage de le faire. Mr Le Marquis d'Ancenys ne fit point lire ſa lettre parce que le roy ne le traitoit point de : Mon Couſin, quoique Cette prerogative eut-eté Juſqu'alors accordée à tous les Preſidents de la Nobleſſe. Il eſcrivit a S: A: R: pour le luy repreſenter.

Mr L'Evêque de Nantes qui avoit eſté deputé aux Eſtats de Dinan pour porter au roy le cahier des tres humbles remontrances, fit un long & ennuyeux rapport de ſa Commiſſion. il ſ'étoit donné un ſoin infini pour Commencer toutes Les affaires; mais Il n'en avoit terminé aucune; & tout ſon credit qu'il exagera beaucoup ſ'eſtoit reduit à faire ſupprimer en Bretagne l'edit qui portoit doublement de droit ſur les octrois, très prejudiciable à La ferme des devoirs. ce qui fit plus de plaiſir à l'aſſemblée ce fut une lettre de Mr Deſportes, eſcrite à ce prelat, qui donnoit eſperance que Le roy recevroit en billets de banques huit millions tant de mille Livres qui luy eſtoient deus par la province, & que les Eſtats avaient permiſſion de rembourſer à raiſon du denier 50, pourveu que les Commiſſaires vouluſſent bien ſ'interpoſer pour obtenir cette grâce, ce qui fit qu'on leur deputa ſur le champ pour les en prier, & Ils envoyerent Le meſme Jour un Courrier extraordinaire à la Cour aux frais des Eſtats

Si l'on avoit regardé Les billets de la banque royale ſur le pied qu'ils eſtoient dans le principe, & que la bonne foi, eut ſuccedé à la promeſſe que le roy avoit faite par pluſieurs de ſes declarations d'en etre eternellement Le garant; Que Ces billets n'euſſent eſté eſtablis que pour faire Circuler l'argent & pour la Commodité du Commerce, que le billet qu'on prenoit à l'hotel des monnayes & dans les provinces à un très leger benefice, eut eté acquitté fidelement à l'hotel de la Banque à Paris, ou que celuy qu'on prenoit à Cet hotel l'euſt eſté dans les provinces, Comme ils ſe pratiquaient dans leurs commencemens;

Ce n'eut pas eſté une grâce d'accorder aux particuliers de Bretagne la liberté de les placer aux Eſtats au denier 50, puiſque la plupart ne provenoient que de rembourſements a eux faits de contrats qui leur produiſoient le denier 18, ou d'argent qu'on les avoit forcés de changer avec le papier. Car Il eſt Certain que Cette province fut une de Celles du royaume qui profita le moins des revolutions qui arriverent par le Syſtéme du Sieur Law.

Ce miſérable aventurier, ſ'eſtant emparé de l'Eſprit de S: A: R:, luy fit authoriſer & approuver un ſyſtême par lequel avant un an il ſe rendroit poſſeſſeur de tout l'argent de l'Eſtat, ſans qu'il luy en Couſtat que pluſieurs rames de papier; & quoiqu'il fallut, pour y parvenir, reduire Les meilleures familles & les plus honneſtes gens à la mendicité pour enrichir outre meſure Le faquin & l'agioteur —, Le Regent n'en fut point touché & luy donna la permiſſion d'agir. Systéme de Law.

Il Commença par Eſtablir les billets de la banque royale ſur le pied que je l'ay dit cy deſſus, & fit donner un edit qui deffendoit a aucun debiteur de faire des rembourſemens qu'en Cette eſpece.

Comme on avoit encore La memoire toute fraiche du peu de bonne foy que l'on avait gardée à L'egard des billets de monnoye & de ceux de l'Eſtat, l'on ne ſ'empreſſoit pas ſurtout dans les provinces à prendre de Ce papier.

Mais Le Regent ayant rendu Law Le maître de Rehauſſer & de diminuer Les monnoyes ainſy qu'il le Jugeroit à propos moyennant une ſomme qu'il paieroit au roy, Il indiqua de ſi fortes diminutions ſur l'argent que La Crainte de Cette perte commença d'acrediter Les billets de banque;

Il avoit bien d'autres reſſorts à faire jouer. Il fit etablir par S: M: une Compagnie d'Occident à la teſte delaquelle il fut mis. Cette Compagnie devoit faire un grand armement pour le Miciſſipy, terre depuis peu decouverte, & dont par L'etabliſſement d'une Colonie Il devoit revenir des ſommes immenſes Le roy accordoit à Cette Compagnie tous les avantages poſſibles; & Comme il eſtoit neceſſaire de faire des avances pour le dit

Armement, la Compagnie eut la liberté de creer des actions qui ne Couſtoient que 500 livres piece, & par leſquelles on auroit part, au prorata de ce qu'on en auroit aux prodigieuſes richeſſes qui devoient revenir de Cette terre de promiſſion; & pour inviter à prendre de ces actions L'on declara qu'on recevoit Les billets de L'eſtat qui eſtoient de nulle valeur en payement des vaiſſeaux que le roy fourniroit.

Law eut d'abord aſſez de peine à faire prendre de ces actions &, ſi l'on avoit eu quelque autre debouché pour les billets de l'etat il n'y fut jamais parvenu. le plus difficile eſtoit de faire hauſſer les actions. Il y parvint, ſur les eſperances chimeriques, qu'il fit donner par les emiſſaires, que qui auroit une action de 500 livres en tireroit ſous un an, plus de 20,000 # Livres; & ayant apoſté de ſes Créatures qui en achetoient 50 ou 60 a 100 p/100 de profit, tous ceux qui en avoient jugerent que c'etoit en effet merveilleux; & ceux qui n'en avoient point ſ'empreſſèrent d'en acquerir; tant-il fault peu de choſe pour eblouir l'eſprit de l'homme.

Ces actions Commencerent donc à ſ'agioter, & montoient tous les jours, à un tel point que tous ceux par les mains de qui elles paſſaient y trouvoient un profit conſidérable : ce qui fit un bruit epouvantable dans le royaume; chacun entendant parler qu'untel qui n'avoit que dix actions avoit gagné 100 mille Livres, car chaque action qui n'avoit eſté achetee que 500 Livres ſe vendoit 10 mille Livres, ſ'imaginoit, ſans ſavoir pourquoy ny ſans faire reflexion, que non ſeulement Le Miciſſipy, mais meſme tous les biens de la france ne pourroient produire les ſommes qu'ils achetoient ces actions, — qu'elles monteroient toujours & quelles iroient à plus de dix mille ecus.

Law voyant que l'imbecille françois mordoit ſi fort à l'hameçon, fit joindre La compagnie des Indes à celle d'occident, & crea pour 50 millions de nouvelles actions, qu'on n'eut plus la liberté d'acquerir en billet de l'etat, mais en billet de banque, & pour les acrediter de plus en plus, Il en donna gratis aux princes & aux Seigneurs de la cour, en les aſſurant que, non ſeulement elles les mettroient bientot en etat de payer toutes leurs dettes, mais meſme de faire de nouveaux acqueſts.

Il y eut alors un ſi grand empreſſement d'acquerir de ces actions que Ce ne fut plus que par grâce que l'on en put obtenir de la premiere main; ce qui obligea Law d'en créer encor pour 150 millions, qui furent Levees avec la meme avidité, furtout quand, pour eblouir d'avantage Law eut obtenu de joindre toutes Les fermes du roy à la Compagnie des Indes —.

Les trefors Les plus Cachés furent ouverts, & quoiqu'il en couftaft 5 p % pour changer L'argent en billets de banque, comme des actions ne f'acquieroient qu'en Cette efpece, la banque ne pouvoit fuffire à la prodigieufe quantité de perfonnes qui en demandoient.

Ce qui donna lieu a cette fureur, c'eft que l'agioteur d'intelligence avec Law commença par donner 100 p % de profit à celuy qui avoit pu obtenir une action de la premiere main, ce qui les combla tous de ce bien imaginaire, parce que les actions en moins de 6 mois monterent dix fois au deffus de ce qu'on les avoit achetées; ce qui eftoit le but que Law f'éftoit propofé, pour arracher tout l'argent du royaume & beaucoup de Celuy des Eftrangers; parceque plus Les actions montoient plus il falloit de billets pour les acquerir, & plus on portoit d'argent à la banque pour le changer avec Le papier.

Car le bruit f'eftant repandu dans Les provinces des fortunes immenfes qui fe faifoient dans ce nouveau Perou, chacun voulut y avoir part, & y porter fon argent; & Paris ne put plus contenir la quantité prodigieufe d'Eftrangers qui y vinrent de tous coftés.

Il f'eftablit dans la rue Quimcampoix des bureaux pour trafiquer les actions, & quoiqu'il y en eut depuis la cave jusqu'au grenier, & que des deux coftés de la rue, il y eut des petites boutiques de toile cirée. Ils ne pouvoient contenir la multitude de perfonnes qui y venoient. Il fallut interdire l'entrée de cette rue aux carroffes. on n'y pouvoit entrer qu'à pied, & qu'en gueftres, parce que l'on y eftoit dans la boue jusqu'au genou, & fi terriblement foulé qu'il falloit à l'homme le plus fort une bonne heure pour aller d'un bout de cette rue à l'autre; & on en fortoit peu fans avoir perdu quelque morceau de fon habit. tous y eftoient confondus : Le laquais avec Le maitre, Le filou avec l'honnefte homme, Le marquis avec le financier, le magiftrat avec le procureur, Le provincial avec le petit maitre, l'honnefte femme avec les Coureufes. enfin c'eftoit l'arche de Noé, hors qu'on y eftoit bien plus preffé. il y avoit des gens de toute efpece. on ne pouvoit plus trouver de domeftiques à Paris. Les deux tiers fervoient de coureurs dans cette rue, c'eft-à dire qu'on les envoyoit crier felon qu'on vouloit acheter ou vendre : qui veut du cinq-cent? qui veut des actions d'occident? qui veut des Primes? qui veut des recipiffés? L'acquereur en demandoit Le prix; on l'amenoit dans le bureau ou l'on troquoit de papier, & le coureur avait 20 fols par 100 de tout ce qu'il faifoit vendre ou acheter, fans Compter le profit qu'il faifoit en trompant celuy qui ne fcavoit pas Le cours de la place, que ces frippons de coureurs de concert avec Les agioteurs & Les maitres des bureaux faifoient hauffer & baiffer 4 ou 5 fois le jour pour vendre leurs actions Lorfqu'elles eftoient Chéres, & les racheter lorfqu'elles diminuoient : ce qui leur produifoit, pour peu qu'ils euffent des fonds, des fommes fi confiderables que La pofterité ne pourra fe l'imaginer —.

Law entretenoit toutes Ces extravagances par des arrets du Conseil multipliés à l'infini. l'on indiquoit aujourdhuy plufieurs diminutions d'efpeces; le lendemain on rehauffoit l'argent des deux tiers; on la diminuoit huit jours après. heureux le Colporteur qui le premier pouvoit apporter Ces arrets dans la rue Quincampoix! J'ai veu vendre une feuille imprimée de Ces arrets Jufqu'a une piftole, parce qu'on croyoit toujour y trouver quelque chofe qui concernoit les actions, Law affuroit auffy que tous Les arrets ne tendoient qu'a perfectionner fon fyfteme, & on l'en croyoit bonnement fur fa parole.

Les plus cruels de ces arrets furent : 1° Celuy qui défendoit d'avoir plus de 500 Livres d'argent monnayé Chez aucun particulier fous peine de Confifcation du furplus, & de tous Les meubles & effects qui fe trouveroient dans La dite maifon.

Law avait mefme propofé d'y meftre : *fous peine de mort*, & qui en accordoit la confifcation en entier aux traitres dénonciateurs, tellement qu'un perfide valet pouvoit impunement voler fon maitre en declarant que ce dernier ne vouloit pas fe determiner à donner ce qui luy avoit tant coufté à acquerir pour des   nulle maifon n'eftoit exempte de cette recherche par l'édit, pas mefme les Royales; & les directeurs de la Compagnie avoient permiffion de fouiller partout. mais comme Cette Cruelle nouveauté n'eftoit qu'un abus des Loix & de l'équité, on n'eut garde de la faire executer contre ceux qui auroient pu & du fe roidir contre elle, au contraire on les initia dans Le myftère, &

on leur fit part du butin. l'attrait de ces indignes richeſſes eut tant de pouvoir ſur eux qu'on ne vit aucun ſeigneur autoriſé ſe Lever contre elle, ce qui ſera bien un jour à la honte de notre Siécle.

Le 2eme arret fut Le rembourſement que le roy fit de tous Les Contrats créés ſur la maiſon de ville ſur le clerge general & particulier, ſur les Eſtats de province, & des charges créés depuis 1692, Le tout en billet de banque. Il eut bien Acheté l'etat du grand Mogol avec de tels eſpeces, en multipliant un peu Les moulins à papier. il en couſta des peines & des dépenſes infinies à tous Les particuliers porteurs de Ces Contrats, pour les faire Liquider. il falloit paſſer par les 3 bureaux à une lieue Les uns des autres, où Il ſe rencontroit toujours quelque nouvelles difficultés avant de pouvoir obtenir un recepiſſé des dits Contrats. c'eſtoit après La meſme difficulté à ſe les faire payer en billets qui ne valoient pas mieux. ces recepiſſés devinrent cependant un effet que ſ'agiotoit comme les actions dans La rue Quincampoix. quelquefois Law faiſoit baiſſer Les uns & Les autres, car il eſtoit l'ame de la place & en achetoit pour tout ce qu'il avoit de billets de faits; car avec cent commis qui pendant 6 mois ſignerent tous Les jours Cent billets de 10 000# Livres, de 1000 & de cent Livres, Ils n'y pouvoient ſuffire, tant la rage eſtoit grande à ſe farcir de ce papier.

Et Lorſqu'il Lui plaiſait de faire rehauſſer la place, il envoyoit des agioteurs remettre dans le public une partie de ce qu'il en avoit retiré, car l'autre Lui demeuroit de profit.

Tous ceux qui avoient des actions de la compagnie des Indes, car celle d'Occident en eſtoient exemptés, furent de plus obligés de payer 1500# de 3 mois en 3 mois pour nourrir leurs actions Juſqu'à ce qu'elles ne fuſſent parvenue à mille, qui eſtoit le terme où Il falloit qu'elles fuſſent comme les actions d'occident, pour avoir part aux dividendes & aux richeſſes du Miſiſſipy; & tous ceux qui avoient des actions vendirent Juſqu'à leurs chemiſes pour payer le premier terme, quoi qu'elles fuſſent montées à ce point là avant meſme Le 1er paiement, tant on eſtoit aveuglé du ſyſtême.

Pour eſtre au fait de Ce ſyſteme, Il eſt neceſſaire de ſcavoir qu'une action qu'on avoit achetee 500# & dont on donnoit 20 de profit, gagnoit

100 livres .. 30, 150#, & Cent 500#. tellement que les actions estant montées par la folie des hommes de nos jours & par Le manège de Law jusqu'à mille-quarante, mesme avant la nourriture, Celuy qui l'avoit eu de la 1re main sans aucun agiotage vendoit ce qui luy avoit Cousté 500l 5 700 livres, parce que la prime, c'est-à-dire Le premier paiement n'estoit point compris dans le profit.

Il est aisé de Juger quelle revolution le Systeme causa dans le royaume. Les princes & les gros seigneurs qui sans avoir deboursé un sol se virent tout d'un coup 30 ou 40 millions sur quoy ils n'avoient point compté en payerent toutes leurs dettes & porterent le Luxe au delà de tout ce qui se peut exprimer.

L'agioteur & l'homme de neant qui avaient encor fait des fortunes plus considérables, ne regarderent plus rien au-dessus d'eux & crurent qu'avec un portefeuille bien remply, ils pourroient trancher du grand Seigneur & de l'homme d'importance. toutes les denrées furent portées a un prix excessif, & l'on ne pouvoit plus vivre dans Paris avec cent mille Livres de rente.

La declaration du roy qui reduisoit toutes Les rentes au denier 50 fut le dernier Coup qui fut porté contre ceux qui avoient leurs revenus en Contrats de constitution, & qui ne vouloient pas se resoudre à se mettre en action; plusieurs dans l'esperance de trouver dans le dividende de quoy fournir a leurs besoins se determinerent à en acheter plutot que de voir entre leurs mains des biens qui leur etoient devenus infructueux. mais ceux qui en acheterent ou qui garderent leurs recepissé & billets de banque furent traités de la meme façon.

L'on voit qu'il n'y eut sorte de bas stratagéme auquel on n'eut recours pour s'emparer de tout l'argent du royaume pour quelques feuilles de papier qu'on multiplia tout autant qu'on en eut de besoin.

Une conduite aussi peu ménagée dessilla enfin les yeux. Mais à l'egard du plus grand nombre, Lorsqu'il n'en estoit plus temps. Chacun regarda Ce qui luy estoit arrivé Comme un reve heureux ou malheureux. l'homme qui avoit 10, 20, 30, ou 40 millions en billets de banque ne pouvoit Comprendre Comme en si peu de temps & sans aucuns soins, il avoit pu amasser des biens qui excedoient Ceux de plusieurs Souverains. les autres en bien plus grand nombre, qui voyoient tous leurs patrimoines & ce qu'ils avoient recueilli de la Sage economie de leurs peres, reduit à un miferable petit portefeuille remply de papiers qui ne produifoient aucun revenu, ne pouvoit croire qu'on portoit l'injuftice Jufqu'au point de les reduire à La mendicité, pour elever des hommes nouveaux & entretenir leur Luxe. Les uns & les autres eftoient forcés de Soutenir le Syfteme; l'agioteur pour Conferver fes richeffes, & le pere de famille Son unique patrimoine. tous cependant revenus de leur léthargie chercherent les moyens de réalifer leurs papiers, & de fe faire un fonds affeuré, ce qui porta les terres à un prix fi exceffif qu'il n'y eut plus que le Miciffipien qui en put acquérir. Ils coururent ainfi toutes les provinces & tenterent le debiteur par de fi grands avantages qu'il n'y eut aucun contrat de Conftitution qui ne fut rembourfé. Mais ce qui augmenta le plus la defolation parmy les peuples, c'eft que les plus grands Seigneurs, pour fe deffaire de leurs billets firent des magafins de tout ce qui eftoit neceffaire à la vie & à l'entretien de l'homme, & le reduifirent par là à manquer du neceffaire par le prix etonnant où Ils firent monter toutes les denrées.

Quelque fage remontrance que le Parlement fit à Ce fujet, il ne fut point efcouté.

Enfin quoique l'on eut repandu dans le public une infinité de billets de banque de 10 Livres, comme la confiance S'eftoit perdue auffi promptement qu'elle f'eftoit etablie, on ne voulut plus les recevoir pour les neceffités de la vie, & perfonne n'ayant un feul fol, il fallut avoir recours à la banque qui jufqu'alors avoit affez bien payé les billets, parce que tous les jours on lui portoit plus d'argent qu'elle n'en diftribuoit. Mais lorfque tout le royaume en fut epuifé, L'on ne vit plus à la banque qu'une foule de gens qui demandoient de quoy avoir du pain, & tout à coup on Ceffa d'y porter.

Law qui n'avoit pas deffein de rendre avec la mefme facilité l'argent qu'on lui avait fi imprudemment donné, fe fervoit de toutes fortes de rufes pour redonner le Cours aux papiers. Il mit les efcus de fix Livres a douze avec indication de terribles diminutions fur les mois à venir, & on ne paya plus à la banque les billets de mille Livres que moitié argent comptant & l'autre en billets de cent livres. Les Commis eurent ordre de n'expedier que cinq ou six perfonnes par Jour fur un million d'ames qui fe pour parvenir à changer leurs billets.

Mr Le Duc d'Orléans fit plufieurs affemblées de tous les actionnaires où Il venoit comme particulier, fans garde & fans fuite avec Mr le Duc & la plupart des grands feigneurs du royaume, qui dans les affemblées eftoient melés indiftinctement avec tout Ce qu'il y avait de plus vil en france, qui avoient voix deliberative egalement que S: A: R: —. Là Il etaloit avec toute fon eloquence Les grands avantages que la Compagnie des Indes alloit recevoir par les arrangemens qu'il avoit pris & qu'il detailloit en foumettant avec une humilité admirable fon jugement à celuy de l'affemblée. Il luy rendoit un compte exact de tout ce qu'il avoit fait d'avantageux pour l'Etat depuis fa regence, Luy faifait part des traités faits avec Les Eftrangers tant pour la paix que pour le commerce.

Ces affemblées eftoient compofées de 800 perfonnes dont il y avoit au moins une moitié qui avoit porté La Livrée, ou efté petits commis dans des bureaux, ou banqueroutiers, ou filous, mais qui tous ayant des millions à l'infini, avoient interet que le fyftême parvint à une heureufe fin, tellement que Chaque parole que S: A: R: difoit, fe regardant comme les foutiens de la republique, Ils f'ecrioient : qui eft-ce qui ne peut pas avoir de confiance dans un fi bon prince; Il faudroit l'exterminer. à quoy Ils foifoient fucceder un battement de mains fi effroyable qu'il n'y en eut jamais de pareil à aucune repréfentation de comedie —

Quelque bien jouée que fut Celle-là, Elle n'eut point l'effet qu'on f'en eftoit propofé. Chaque affemblée faifoient diminuer Les actions à la place de 100, Ce qui meftoit au defefpoir Les Eftrangers qui n'en avoient point eu de la 1ere main, & qui les avoient achetées mille.

Law refolut de les chaffer de Paris avant de faire crever l'apoftume & d'annuler tout le papier, craignant avec raifon que l'etat cruel où Il alloit reduire tout le monde, hors ceux qu'il avoit avertis de réalifer, ne produifit quelque emotion dont il auroit efté la victime, comme auteur de toutes Les miferes publiques.

Pour Cet effet, Il donna un prix fixe aux actions d'Orient & d'Occident & aux primes qui eftoient un nouveau papier qu'il avoit créé pour retirer une partie des récépiffés, afin qu'on ne put plus prouver d'où Ils provenaient. il y en avait pour 50 millions à mille Livre pièce. les acquereurs s'obligeoient de payer 6 mois après le 1er acquet dix mille Livres, ce qui rendoit Cette prime une action complete qui avoit part au dividende.

Quoique Ce papier ne fut produit que pour empecher l'immense profit de l'agioteur qui n'estoit pas de la Cabale de Law, & qu'il ne crut pas luy même qu'il put estre Levé, cependant l'incertitude ou chaque particulier estoit de la valeur de Ces effets fit que chacun, raisonnant selon les idées creuses que tant de variations luy causoient, se figura que tout les papiers seroient enfin convertis dans le paiement de ces primes, qu'il n'y avoit plus que Cet effet de bon, & elles furent toutes levées en recepissé qui gagnoit dix sur la place dans deux jours. Mais elles eurent un regne si court que Je pansay omettre d'en parler.

Law ayant determiné, comme Je l'ai dit, de se defaire de tous Les Estrangers tant hors du royaume que des Provinces, fit donner un arrest par lequel il estoit defendu de s'assembler dans La rue Quincampoix, Il fit mettre des gardes a toutes Les avenues; ce qui la rendit dès le premier jour plus deserte qu'elle n'avoit jamais esté; & ayant redoublé de commis & d'imprimeurs, Il fit construire deux sortes de nouveaux papiers; l'un estoit de nouvelles actions, toutes nourries avec leur dividende au pied pour 3 ans portant interet au denier 30 de la somme principale sans exclure de plus grandes sommes si par le beau sable qui revenoit dans Les vaisseaux qui estoient allés au Micissipy, L'on y estoit fondé. Ces actions n'estoient que de dix mille livres & au moyen de 3 souscriptions qu'on reprenoit sur Le pied de 900 L'on avoit deux actions toutes nouries, & un morceau de papier d'une très belle impression long d'une demie-aune, parceque à mesure qu'on devoit toucher Le dividende, on devoit en couper une partie sans se donner le soin de donner Les quittances. Les primes furent receues sur le pied d'y celles. Mais afin de contenter tout Le monde & ceux surtout qui avoient plus de foy dans Les billets de banques, parceque par plusieurs déclarations authentiques, Le roy en estoit demeuré garant, L'on en fit faire une quantité prodigieuse sans en donner aucune connoissance au public, après avoir determiné dans Le Conseil de Law de les anéantir sitôt qu'il causeroient la moindre petite incommodité, & l'on en rembourſa ſur le pied de 800#, c'eſt-à-dire 650# la ſouſcription, & ſur le pied de 1 050 La prime tous ceux qui voulurent l'etre.

On declara enſuite qu'on n'acquitteroit plus en argent les billets à la banque; mais on força toujours le particulier de le recevoir, ce qui fit que ceux qui avaient rembourſé Les autres Le furent à leur tour. L'on chercha toutes les générations pour retirer les terres les plus cherement vendues. L'on n'entendoit plus parler, pour peu qu'on eut quelque bien, que de ſergens, de ſommations, de conſignations, de retraits & de rembourſements. La plus ſevere juſtice ne ſcavoit que decider dans ces ſortes d'affaires; nulle loix, nulle exemple ne leur montroit la route qu'ils devoient tenir; l'autorité abſolue Les forçoit de donner des Jugemens qui leur perçaient le cœur, la probité, l'honneur, Les promeſſes les plus ſolennelles, tout eſtoit foulé aux pieds, on ne ſongeoit qu'a ſe dechirer Les uns les autres; & l'on ſe glorifioit des actions les plus deteſtables —

L'horreur des procédés fut pouſſé à ſon dernier periode, Lorſque S: A: R: tenta de détruire peu à peu les billets, ce qui eut eſté plus avantageux que ce qui arriva dans La ſuite.

Il donna une déclaration au nom du roy par laquelle il réduiſoit les billets de 1000# à 800#, ceux de 100# à 90#, & ceux de 10# a proportion, & les reduiſoit ainſy de mois en mois Juſqu'à ce qu'ils fuſſent reduits à 500. Le Parlement de Paris, qui outre la conſternation generale, ſe voyoit aſſommé par Cette declaration, pluſieurs de ſes membres qui un an auparavant jouiſſoient de 50 mille Livres de rente ſe voyoient reduits à l'aumône, ſe roidit avec une viguenr incroyable Contre Cet edit & ſe voyant Cette fois Là ſoutenu de tous Les peuples, il reſolut de majoriſer Le roy quoiqu'il n'eut que 10 ans a quoy il fut parvenu, ſi le regent plus habile que luy n'avoit cedé au torrent & rehabilité les billets. mais dans le moment ayant donné des ordres ſecrets pour faire approcher une quantité Conſidérable de troupes autour de Paris. Il punit le parlement de ſa temerité. il l'exila à Pontoiſe le meſme jour qu'on dit qu'il alloit majoriſer le roy, ayant ordonné aux Mouſquetaires de ſ'aller emparer du Palais dès 4 heures du matin.

S: A: R: voyant tout le monde frappé de cette Severité & de cette hardieffe, & que rien ne remuoit, ne garda plus de mefure, & anéantit tout d'un coup Les billets à commencer par ceux de 20 000, & de 1000 au 1er octobre, & pour Ceux de 100# & de 10 au 1er novembre.

Cette Cruauté devoit Ce femble eftre egale pour tout le monde. mais point du tout. elle ne tomba que fur le malheureux créancier qui fut obligé pendant 2 mois de recevoir en paiement un effet que l'on venoit de declarer de nulle valeur, & que le debiteur n'achetoit depuis La declaration que la 1/10 partie du prix qu'il forçoit Celuy à qui il devoit de le prendre; ce qui acheva de Jeter le royaume dans un abifme d'où Il ne fe relevera jamais, & dont Il n'y avait point eu d'exemple depuis Le Commencement de la monarchie.

Cette digreffion, Mon fils, vous paroitra peut-etre hors du fujet. mais Je l'ai cru neceffaire pour vous inftruire de ce qu'ont efté les actions & les billets de banque & pour faire convenir que tous Ces billets étant fupprimés, c'eftoit une efpece de confolation pour les particuliers de la province d'en pouvoir placer une partie, mefme au denier 50 — Je reviens au Sujet —

On lut enfuitte le cahier des très humbles remontrances faites aux Eftats de Dinan, où rien n'eftoit accordé qu'une promeffe vague de ne donner à Prefider la Nobleffe qu'une perfonne d'une illuftre naiffance. Continuation des États.

La Commiffion des fonds par eftime eftoit très portée à retrancher une infinité de depenfes inutiles, furtout les bourfes, & ce qui f'employoit pour les Eftalons. mais les fonds excedant, cette tenue, la depenfe. l'on ne fut pas fi ferme qu'on l'eut efté dans un autre temps, quoique cela deut eftre ainfy.

Le 27 Le treforier fe prefenta pour prefter le ferment de fidélité & fe faire recevoir avant de donner caution, affeurant qu'il f'executeroit tous huit jour — ceux qui le vouloient fervir, & qui eftoient en grand nombre difoient qu'il eftoit de grande conféquence d'avoir un treforier pour qu'on fcut à qui f'adreffer pour envoyer les billets de banque qu'on avoit deffein de placer, quoique le courrier qui alloit demander la permiffion de rembourfer le roy ne fut party que le même jour, mais toutes ces raifons euffent blanchis, fi deux Gentilfhommes riches & fort zelés pour

Bouëxiere, ne se fussent constitués ses cautions. C'estoit les sieurs de Bruc & Dornan? —

Autre difficulté, qu'on renouvela pour sçavoir de combien seroit la Caution. le trésorier representoit aux Estats d'un air trés tendre, car c'estoit un petit maitre du 1er ordre, qu'il seroit bien triste pour luy que la confiance parut s'evanouir dans sa personne; que le sr de Montaran n'avoit donné qu'une Caution de 10000 écus, & que cette somme était egale eu egard à sa gestion qui estoit de 7 à 8 millions, à celle de 100 mille ecus. L'eveque de Nantes appuyoit & vouloit faire passer Cette affaire avec sa vivacité ordinaire. mais ayant eu l'honneur de representer que Je croyois qu'une Caution de 100 mille ecus seroit plus attentif sur la Conduite du Sr de la Bouexiere qu'un qui ne craindrait de perdre que 10 mille ecus, l'on persista encore Cette fois la à ordonner qu'il en fourniroit une de 100 mille ecus.

Cette Contestation finie, il demanda la permission de parler & fit aux Estats un remerciment aussy poly & aussy bien prononcé que J'en ai Jamais entendu. —

Mr de Nantes acheva son rapport par le procés verbal des diminutions d'especes qu'il avoit fait dans la Caisse de Mr Montaran a Paris, & par une recapitulation ennuyeuse des peines qu'il s'étoit données pour la province pendant sa deputation, & des avantages qu'elle en avoit retirés qui se reduisoient tous à avoir empesché qu'on ne levast le doublement sur les octroys des villes. cependant ayant descendu de sa place de President afin de se faire louer par un de ses confreres, & ordonner le paiement de 15000 #, Mr L'Eveque de Léon qui prit sa place executa l'un & l'autre.

Mr le Senechal de Nantes representa que le roy avoit aliéné un droit de 40 sols par barrique d'eau de vie qui sortiroit du Comté Nantais, lequel droit avoit monté les dernieres années à 70000 livres de rente, quoique le traitant qui estoit Chollet n'en eut payé que 100 mille ecus; que rien ne pouvait être plus utile à la province que de reunir ce droit aux Estats en remboursant le traitant, puisque, s'il jugeoit à propos de le rendre, qu'on en tireroit plus de 800 mille livres, & que si les Estats le vouloient regir, ils en trouveroient au moins 60 mille livres de rente, tous frais faits.

Jamais propoſition n'avoit paru plus judicieuſe & plus intereſſante. Mais Mr de Nantes pour des raiſons qu'on n'ignore point, mais qu'on a honte de découvrir, ſ'opposa ſi fort à ce qu'on en eut fait dès le temps la demande, ce qui eſtoit cependant le ſeul moyen de la faire reuſſir, qu'il fait, à force de battre la Campagne pendant une demy heure, Croire aux deux tiers des Eſtats qu'il avoit dit quelque Choſe; Il ſ'appuya principalement ſur ce que, ſi l'on comprenoit cet article avec celuy du rembourſement qu'on demandoit la permiſſion de faire au roy, qu'il en retarderoit l'execution parce qu'il faudroit aſſembler le Conſeil de finances extraordinairement pour pouvoir entrer dans une aliénation faite par S: M:

L'on preſumoit ſi fort que le rembourſement de 8 millions ſeroit accordé que Mr L'Eveque de Nantes propoſa luy-même d'aller aux chambres pour décider de ce qui en reviendroit à chaque corps des dits huit millions.

L'ordre de l'Egliſe, qui ne comprend pas la Centieſme partie des deux autres ordres & qui ne contribuant en rien aux Subſides de la province ne devroit pas ſ'attribuer la plus grande portion des petites grâces qu'on luy accorde en cette Conſidération, promit à la Nobleſſe, eſtant encore ſur le theatre, de luy ceder un million de ce qui luy reviendroit —. Mais le St Eſprit n'avoit point encore parlé. ſitot qu'abandonnés à eux-meſmes ils en furent illuminés, Ils ſe retracterent de leurs paroles, & ne prirent ſur leur Compte que Ce que les hoſpitaux pourroient avoir de billets de banque.

Le tiers, contre l'uſage, fut d'avis & ſoutint qu'on devoit partager en trois portions égales la grace que le roy accordoit, quoiqu'ordinairement il n'ait que les 2/3 de ce qui ſe donne à l'Egliſe & au tiers (?) ſoit dans les deputations à la Cour; & à la Chambre, ſoit pour la preſidence. toutes ces difficultés engagerent les Eſtats à nommer une commiſſion pour faire le dit partage, qui ne put auſſy convenir de Ses faits, tellement qu'ils furent d'avis de Ceder 180 000 livres aux hopitaux & aux communautés religieuſes, & de preferer pour le ſurplus tous ceux des 3 ordres qui ſeroient preſens aux Eſtats, avec faculté à chaque particulier d'y mettre 100 mille livres.

C'eſtoit Mr de Piré qui avoit fait prendre Cet avis à la Commiſſion parce qu'il avoit juſte 100 mille livres à placer. mais il ne faut pas pour un interet particulier facrifier le general; f'il eut efté fuivy, il n'y eut eu que 50 perfonnes, encore euffent efté de ceux qui en avoient le moins befoin. Le Miciffipien eut trouvé dans le tiers peut-être & dans la Nobleffe des gens qui leur euffent prefté leur nom pour placer leurs billets & la province n'eut prefque point eu de part à Ce rembourfement; J'eus l'honneur de le reprefenter aux Eftats. Mais il n'y avoit pas moyen de faire venir Mr de Piré; & par la confideration qu'on avoit pour luy, qui ne laiffa pas de diminuer dans cette occafion, il entrainoit une partie de la Nobleffe. — il leur prefenta qu'il avoit deux fois efté exilé pour avoir pris le party de la province; que c'eftoit bien peu luy marquer de la reconnaiffance que de ne luy pas permettre de mettre aux Eftats ce qu'il avoit de billets, quoiqu'il y en eu plufieurs dans le mefme Cas que luy qui n'exigeoient point pour cela de preference.

Les Eftats determinerent de la luy donner pour l'appaifer & de ne laiffer de liberté aux autres que de placer 10000 ecus chacun, les prefens preferés.

M^r Le Marechal & M^r d'Ancenys furent exceptés de la regle generale; on accorda 50 mille ecus au premier, & 100 mille ecus au fecond. Les autres Commiffaires ne furent pas Contents de n'avoir pas efté diftingués. S'en eftant plaints, on repara la faute à l'égard du 1er prefident & de l'intendant qui eurent chacun 100000#. Le P: P: exceda fon droit parce que fon efpoufe avoit beaucoup gagné au Miciffipy. l'intendant ne f'en voulut jamais fervir quoiqu'il fut chargé de billets de banque de rembourfement de la maifon de Ville, ce qui luy fit beaucoup d'honneur.

M^r L'Eveque de St Malo fit le rapport de la Commiffion des fonds par eftime, où perfonne ne put rien Comprendre. Mais les ordres eftant allés aux Chambres, & f'eftant fait donner un memoire des depenfes dont Ils devaient faire fonds dans cette tenue, ils furent d'avis de rayer celle qui regardoit les bourfes de jetons; de ne plus payer que 3000# aux deux anciens generaux des finances, & de fupprimer le fonds qu'on faifoit pour les autres de nouvelle création.

La Nobleffe fut auffi d'avis de ne plus donner aux deputés à la chambre de l'Eglife & de la Nobleffe que chafcun 4 mille livres, & a celuy du tiers 2660 livres;

De ne plus auſſi faire le fond de dix mille eſcus pour les Eſtalons ny pour les grands chemins, à moins qu'il ne fut nommé des commiſſaires dans chaque eveſché qui euſſent la direction des travaux, & la diſpoſition des dits fonds.

Elle etoit auſſi d'avis de retrancher la moitié des pouvoirs & gratifications, & ſe fondoit ſur ce qu'il eſtoit injuſte que pendant que l'on oſtoi aux legitimes Creanciers des Eſtats la 3me partie de leurs revenus, de ne pas ſaire ſouffrir quelque reduction à ceux à qui ſans aucune juſtice on avoit accordé des penſions & gratifications. de ce nombre entre autres eſtoient Mr Do ecuyer de Mr Le Comte de Toulouſe, Valuicourt ſon ſecrétaire, Marbeuf & Lannion tous deux autrefois colonels des regimens levés & entretenus au depens de la province.

Mais Comme il n'en Couſtoit rien à l'Egliſe pour continuer toutes Ces depenſes, elle fit ſi bien qu'elle eluda de deliberer ſur le champ, & remit à le faire au lendemain, afin qu'on put engager à paſſer ces articles, ce qui ne manqua pas d'arriver.

Je n'ay Jamais eſté ſi eſtonné qu'en portant Cet avis aux Chambres d'y trouver Mme La Marechale preſidant à l'Egliſe. Mr L'Eveque de Nantes luy avait Cedé ſa place, & me dit qu'il luy falloit adreſſer la parole, ce que je ne Jugeai pas à propos de faire, ayant à traiter d'affaires de Conſequence, qui meriſtoient d'eſtre diſcutées plus ſerieuſement. on avoit fort blamé un des deux ordres qui avait agi de la ſorte; mais à notre mere l'Egliſe, tout luy eſt permis.

L'on nomma une Commiſſion qui ne fut pas la moins penible des Eſtats pour etre preſente à l'allocation & à l'emprunt de 800000# qu'on devoit rembourſer au roy pour empeſcher qu'aucun particulier ne colloquaſt plus de dix mille eſcus, & pour le faire affirmer que les deniers qu'il plaçoit luy appartenoit, & qu'il preſtoit ſon nom à perſonne. — Cette precaution n'empeſcha pas qu'il ne ſe fit pluſieurs faux ſermens.

Le 29, Mr Le Marechal fit dire par le procureur general Sindic que ſa majeſté permettoit aux Eſtats, de faire fonds de la ſomme de 30000# qu'ils avoient Coutume de donner au Commandant qui les tenoit la première fois, auſſy bien que Celle de 12 mille livres pour Mme La Marechale, laquelle fomme avait efté accordé a Mme fa belle-mére & a Mme La Comteffe de ChateauRenault —.

Les Eftats deliberérent fur les deux propofitions, fans aller aux Chambres. Ils accorderent les 30 mille Livres a M[r] Le Marechal, & par un *zele affez indifcret* 15000# à Mme La Marechale, quoiqu'elle n'en demanda que 13. *le tout en argent fonnant*, ce qui fervira d'exemple pour l'avenir.

Le P: gener. Syndic lut un autre memoire par lequel le roy donnoit la liberté aux Eftats d'abonner les Eftapes & les rations fur le pied de 150 mille Livres au temps de paix & de 200 cent mille livres au temps de guerre, promettant de leur tenir compte fur le don gratuit de la fomme de 330000# en vertu d'arrets du confeil & d'ordonnance de l'intendant l'année 1719 et 1720. Ce memoire Lu, Monfeigneur l'Eveque de Nantes fe leva pour affurer les Eftats que Cette grace eftoit Celle qui luy avoit le plus Coufté à obtenir; mais malgré fon ample difcours, il ne put perfuader la Nobleffe & le tiers. il y eut Cependant deux avis fort difcutés.

L'un qui n'eftoit point d'avis d'abonner difoit: qu'on ne pouvoit jamais faire de bons traités avec le roy, parce qu'il ne les tenoit pas c'eft-à-dire les miniftres, qu'autant qu'ils les trouvoient à leurs avantages; que celuy qui gouvernoit detruifoit prefque toujours ce qu'avoit fait fon predeceffeur; que l'abonnement de la Capitation avoit efté une des principales caufes de la ruine de la province; que de plus en abonnant, C'eftoit Convenir eftre fujet aux paiements des rations & des Eftapes, ce qui n'eftoit point.

L'autre foutenoit que ce n'eftoit pas fe lier d'avantage en f'abonnant qu'en ordonnant le paiement de ce qui avoit efté pris par le paffé & de ce qu'on leveroit à l'avenir; que Cependant pour 50 mille ecus, on gagnoit plus d'un million à la Province dont il fallait faire un fond actuel de fix cent mille Livres.

Le 1er avis qu'eftoit de Mr de Piré prevalut.

L'affaire de la propofition des 40 fols par barrique d'eau de vie ayant de rechef efté agitée, Mr de Nantes fut obligé de Confentir qu'on nommaft une Commiffion pour en adreffer le Memoire; de quoy il voulut un mal mortel au Senefchal de fa ville & qui fut l'origine de plufieurs querelles qu'ils eurent dans la fuite.

On accorda une penſion de 4000# à Mr l'intendant. ſelon les inſtructions de la Cour.

On remit à deliberer ſur d'autres propoſitions des Commiſſaires par les quels il eſtoit dit que le roy vouloit que les Eſtats fiſſent fonds de 6000# par an pour les deputés du commerce des villes de Nantes & de St Malo; de celle de 5000# par an pour la reparation des digues de Dol; de celle de 15000# par an pour l'entretien des haras & de Celle de 15150# pour les gratifications de la Cour.

Le lendemain Les Eſtats aſſembles, L'Eveque de Nantes voulut aller aux chambres tout d'abord ſans faire lire ny ſigner La deliberation du jour precedent au ſujet des Eſtapes & rations, eſperant toujours la faire changer. la Nobleſſe & le tiers ſ'y oppoſerent, mais ne voulant point trouver d'obſtacle à ſes volontés, il pourſuivit ſa pointe & alla aux chambres avec ſon corps — les deux autres ordres, piqués de cette manière d'agir demeurerent ſur le theâtre & forcerent l'Eveque d'y revenir — le tiers demeurant ferme à ne point aller dans ſa chambre, il arriva ecumant de rage, & ſ'en prenant à Mr Le Seneſchal de Nantes preſident du tiers, il luy dit : « Scavez vous, Monſieur, que Je ne trouve pas bon d'etre ballotté & que Je vous ferai bien obſerver les regles » — Si cela eſtoit, Monſeigneur, luy repondit hardiment le preſident du tiers, vous ne feriez pas ſi en fureur, puiſque vous n'etes irrité que parceque nous les avons obſervées; en agiſſant de la ſorte, vos menaces ne ſont pas capables de m'emouvoir ». L'eveque voulut repondre & en impoſer, mais comme ce n'eſt pas choſe facile dans une aſſemblée, telle que les Eſtats, il ſ'éleva un ſi grand bruit en forme de huée, que l'humble prelat fut obligé de ſ'aſſeoir & de ſe taire. — Je croy que le diable n'y perdit rien.

L'Égliſe revenue ſur le theâtre, on ſigna la deliberation au ſujet de l'Eſtappe, & les 3 ordres allerent aux chambres tant pour deliberer ſur les propoſitions de MMr les Commiſſaires que ſur l'etat du fond par eſtime, ſur quoy il n'avoit point eſté ſtatué, tout y fut accordé de l'avis de l'Egliſe & du tiers avec quelque reſtrictions, ſcavoir que l'argent pour l'entretien des haras ſeroit remis entre les mains des Commiſſaires qui ſeroient chargés de l'achat des Eſtalons, qu'on ne paieroit plus la

Marechauſſée que ſur l'ancien pied, & qu'au lieu de 33 000# dont on faiſait fond dans les precedentes tenues, il ne ſeroit employé dans celle-cy que 11 800# ſur la quelle ſomme ſeroit priſe une gratification pour leur aſſiſtance aux Eſtats. Les commiſſaires vouloient qu'on payat au roy Les 33 000#, & qu'il ſe fut chargé du payement de la Marechauſſée, & qu'elle fut à l'inſtar de toutes les autres du royaume auxquelles on avoit fait de grands changemens ſurtout à l'egard de la conduite des troupes.

On ordonna auſſi un fond pour le payement des deputés du commerce des villes de Nantes & de St Malo, parce qu'il en ſeroit fait article dans le Cahier des remontrances, du reſte Les penſions & gratifications qu'il eſtoit de la juſtice de reduire, furent continuées ſur le meſme pied, malgré MM[rs] de la Nobleſſe.

Ce qui les touſcha d'avantage, ce fut de voir l'ordre de l'Egliſe revenir à l'avis du tiers qui eſtoit de continuer ces bourſes, qu'il avoit eſté d'avis de ſupprimer la veille. L'experience avoit fait connoitre le mal que les bourſes avoient cauſé dans les Eſtats, les Preſidens qui ſ'eſtoient arrogés le droit de les donner ſe ſervant de cet appât pour ſe rendre maître de la plupart des voix. il falloit de plus, à cauſe de l'augmentation extraordinaire de l'argent faire un fond de 40 mille livres pour les bourſes qui ne couſtoient dans les autres tenues que 10 000#.

Ces raiſons engagerent MM[rs] de la Nobleſſe à ſ'oppoſer à ce que la déliberation eut paſſé, diſant que comme c'eſtoit gratification, il falloit que les trois ordres concouruſſent pour qu'elle fut juridique.

Mais l'Eveque de Nantes, ſans y avoir egard, & de ſa propre autorité, l'enonça et remit Les Eſtats au lendemain, 8 heures du matin.

La Nobleſſe outrée de cette hauteur, ſ'en plaignit à ſon preſident & le pria de vouloir bien, avant qu'on deliberat ſur aucune autre affaire, remettre celle-là ſur le tapis —. Il en parla à l'Eveque de Nantes qui n'y voulut point conſentir; & ſ'eſtant encore mis en colere; il dit à M[r] l'Eveque de St Brieuc de commencer ſon rapport de la commiſſion des baux.

MM[rs] de la Nobleſſe ſe leverent & dirent qu'on ne les traiteroit point ainſy; que l'Eveque de Nantes vouloit faire tout ſeul les Eſtats; mais qu'ils ne le ſouffriroient point; que ſi les bourſes eſtoient de la nature des gratifications, elles ne pouvoient eſtre accordées que de l'avis des trois ordres; que si elles etoient comprises dans le reglement, qu'on n'en pouvoit augmenter les fonds que d'un consentement unanime, & qu'enfin, on ne pouvoit refuser à la Noblesse de mettre cette affaire en deliberation.

L'eveque de Nantes fit de nouveaux efforts pour presser l'Eveque de St Brieuc de Commencer son rapport. la noblesse tint ferme. il fallut opiner sur sa demande, & il passa mesme de l'avis de son ordre qu'il ne seroit fait fonds dans Cette presente tenue que de la somme de 10000#, pour les bourses, ainsy que dans les precedentes, ce qui epargna 30000# aux pauvres peuples. —

M[r] L'eveque de St Brieuc fit son rapport de la commission des conditions des Baux, aux quelles Il ne fut presque rien changé, sinon à l'egard de Jaugeage & Courtage qu'on vouloit supprimer, mais dont les droits furent seulement moderés.

L'abbé de la Bourdonnaye fit son rapport de la deputation à la chambre, on ordonna qu'il seroit remercié de ses peines, & payé en argent sonnant. M[r] Le tresorier presenta un modele de procuration pour l'emprunt des 800000#, & un protocole de la maniere dont seroit conceus les recepissé — on nomma une commission pour les examiner.

Les deux ordres de la Noblesse & du Tiers prierent Mr de Nantes de vouloir bien donner des Estats l'après dinée, afin d'accelerer matiere; — il asseura qu'il ne le feroit jamais, & qu'il obtiendroit plus tot un ordre du roy pour l'empescher; ce qui estoit fort injurieux pour les Bretons qu'il pensoit n'estre pas en estat de travailler après avoir esté à table; quoique depuis plusieurs tenues d'Estats, il ne se soit presque pas vu un homme yvre en public.

Comme on estoit assez mecontent de la reponse de l'Eveque; il arriva que M[r] Le Marechal demanda à quelques Gentilshommes pourquoy les affaires n'avançoient pas. ils repondirent que c'estoit que Mr de Nantes ne vouloit point assembler les Estats l'après midy, & qu'il en avoit ordre du roy. — M[r] Le Marechal asseura qu'il en devoit estre mieux informé que luy, & que Cela n'estoit point vray —. il y a apparence qu'il en parla à L'Eveque; car des le même jour on eut des Estats l'après midy. —

Le 1er octobre, on lut la procuration pour l'emprunt des 800000# &

le protocole pour les recepiſſé, & les ayant mis au net, l'on deputa vers MM[rs] Les Commiſſaires pour les leur faire ſigner; mais ſoit qu'ils n'euſſent pas reçu les reponſes de la cour, ou qu'ils ne fuſſent pas contents de la deliberation des Eſtats qui n'accordoit aucune preference au 1er Preſident & à l'Intendant, ils demanderent à la voir. on voulut la leur lire; mais Ils dirent qu'ils la vouloient par extrait; ce qui fit prendre la reſolution aux Eſtats de la changer & de deputer vers eux pour leur faire honneſteté & leur demander combien ils vouloient placer ſur la province. la procuration & le protocole ne furent point ſignés ce jour-là —

Mr de la Guibourgère pere & fils procureurs generaux Syndics eſtant morts, & Mr de Coetlogon ſ'eſtant demis de ſa charge, Le Sieur Menage ſubſtitut rendit Compte à l'aſſemblée des affaires dont ils avaient eſté chargés, qui eſtoient preſque les meſmes dont l'Eveque de Nantes avoit longuement entretenu les Eſtats.

On ſe plaignit entre autres que le roy levaſt dans la province pluſieurs ſommes ſans le conſentement des Eſtats, comme la Capitation, les rations, l'eſtappe, & les milices.

Il fut reſolu aux Chambres, où on ſe retira, de renouveller les plaintes à ce ſujet, & d'en faire article dans les Contraventions.

Le roy avoit permis qu'on nommaſt une commiſſion pour faire compter de a moitié les engagiſtes des entrées. la commiſſion les avoit trouvés redevables de pluſieurs ſommes. mais les fermiers avoient trouvé le moyen d'evoquer Cette affaire au Conſeil, ſous le pretexte que les Eſtats ne pouvoient pas eſtre juge & party. — on continua cette meſme commiſſion; & de nouveaux commiſſaires dans la place de ceux qui eſtoient ſortis du royaume pour travailler à faire liquider ce qui pouvoit eſtre du par ces fermiers —.

On avoit accordé aux Eſtats de St Brieuc, la ſubrogation dans la ferme des francs-fiefs. le Conſeil avoit changé cette diſpoſition. Il fut ordonné qu'on ſuppliroit S: M: de vouloir bien accorder cette grâce aux Eſtats, tant pour les anciens baux que pour le courrant, en levant le droit à la maniere accoutumée.

Les Eſtats avoient pluſieurs conteſtations avec la chambre des Comptes, toutes pendantes au conſeil, mais ſur les quelles on n'avoit pu obtenir aucun Jugement. l'on nomma une commiſſion pour faire en ſorte de ſ'ajuſter avec elle & avec les deputés qu'elle avoit nommés.

La plus ſaine partie de la Nobleſſe ſouffroit impatiemment qu'on leur inſinuaſt tous les Jours que ce ſeroit faire une fauſſe demarche & qui ſeroit très deſagréable à la cour & aux commiſſaires que d'engager les Eſtats à demander leurs confrères renfermés dans des chaſteaux, ceux qui eſtoient exilés auſſy bien que MM^rs^ du parlement tant exilés qu'éloignés des fonctions de leurs charges — Ils penſoient, & ce n'eſtoit pas ſans raiſon, qu'on leur reprocheroit de n'avoir pas fait attention à des perſonnes qui la plupart ne ſ'eſtoit attirés ces ſouffrances que par rapport à eux & au bien public. Ils croyoient meſme qu'il eſtoit de leur honneur de demander grace pour ceux qui ſ'eſtoient peut-etre par legereté laiſſés entrainer dans l'affaire d'Eſpagne — toutes les promeſſes, que Les commiſſaires & L'eveque de Nantes faiſoient, ne ſatiſſoiſoient point l'interieur qui demandoit d'avantage; de ſorte qu'il n'y avoit point de jour où l'on ne vit quelqu'un murmurer de l'inaction où l'on demeuroit.

Les Commiſſaires en eſtant avertis par leurs créatures, dont il n'y a toujours que trop, & qui ne craignoient rien tant au monde qu'une deputation en forme ſur ce ſujet, manierent cette affaire avec tant de dexterité, en careſſant les uns, & menaçant les autres de perdre par la tout le fruit qu'on devoit retirer de la bonne volonté du regent, qu'on ſe laiſſa aller à la ſuggeſtion de ces meſmes créatures, à qui l'on avoit dit de taſcher de faire en ſorte que la Nobleſſe ne vint que par pelotons ſupplier Mme La Marechale de ſe joindre à eux, pour determiner M^r^ ſon mary à parler en leur faveur.

Se peut-il rien en comprendre de plus bas, pour un corps qui dans toutes ſes actions doit ſurtout conſerver la majeſté de ſon eſtat! —

On crut avoir beaucoup gagné que d'engager M^r^ le Marquis d'Ancenys de venir à la teſte de ceux qui ſe trouverent à diner chez luy faire les meſmes baſſeſſes; & Je dis au contraire, quoique Je fuſſe du nombre, que M^r^ d'Ancenys ne faiſoit que rendre la demarche qu'on faiſoit vers Mme La Marechale plus honteuſe —. car il ſembloit qu'on n'eut oſé en parler au marechal — & ce ſera une tache eternelle aux Eſtats d'Ancenys, quoique par ailleurs, ils aient fait de bonnes affaires, de ne point trouver ſur leurs regiſtres qu'ils aient fait la moindre tentative publique, pour ceux qui avoient ſoutenu les interets de la Province, & qui patiſſoient depuis ſi longtemps pour cette Cauſe.

Il fut ordonné que tous les particuliers qui façonneroient leurs vins & leur cidre à un preſſoir de leur village ne ſeroient point tenus d'en payer le droit de jaugeage, mais ſeulement Lorſqu'ils tranſporteroient leurs boiſſons hors de chez eux; Que les Commis aux devoirs continueroient d'eſtre crus sur leurs procès verbaux ſans qu'il fut beſoin de la deſcente du juge.

Les droits de courtage de jaugeage furent reduits à 4 ſols par tonneau, au lieu de 28 ſols qu'on payoit, & le droit annuel à la moitié moins.

M[s] & Meſdames de Cornulier & de Liré les jeunes arriverent ce jour à Ancenys.

Le 2 octobre, MM[s] de la Nobleſſe firent lire un memoire qui contenoit que, pour que les Eſtats puſſent eſtre au fait du produit de leurs fermes, il eſtoit neceſſaire non ſeulement qu'ils euſſent interet dans La ferme generale, mais meſme dans les Sous-fermes, parce que l'adjudicataire ſeroit tenu de faire les avances pour les dits Eſtats; qu'au ſurplus il ſeroit le maitre de toutes Les ſous-ſermes & employs, mais qu'il tiendroit compte aux Eſtats du produit de l'interet qu'ils prendroient dans ladite ferme. — Sur quoy deliberé, le tiers fut d'avis de prendre un interet de 4 ſols; & la nobleſſe de 1 ſol, ſeulement, afin de faire connaitre que ce n'eſtoit point le profit qui la faiſoit agir — ce qui paſſa.

Le deſſous des Cartes de cette propoſition n'eſtoit que parce que MM[s] Les Eveques de St Brieuc & de Rennes & Mr de Queraveon ſ'eſtoient mis en teſte de faire continuer la ferme à Bouret, leur grand ami, & qu'ils ſ'eſtoient aviſés de Cette ruſe, croyant que les autres fermiers qui ſe preſentoient en grand nombre ne la voudroient pas faire valoir à cette condition. — Ils faiſoient de plus courir pluſieurs mémoires & lettres ſoit vrayes ou ſuppoſées du Sieur Dupleix, par leſquelles il paraiſſoit que la Compagnie des Indes vouloit réunir la ferme generale de Bretagne aux fermes du roy, & que pour l'eviter, il n'y avoit d'autre moyen que de ſ'aſſocier dans ladite ferme.

Toutes ces conditions ajoutées à celles de precedens baux ayant eſté portées à MM^s Les Commiſſaires; ils ont refuſé de les approuver, diſant qu'il n'eſtoit pas de la dignité des Eſtats de ſ'intereſſer dans leurs fermes. Ils ne furent pas plus traitables ſur l'article des jaugeages, diſant qu'il y avoit un arreſt du Conſeil qui ordonnoit de percevoir le droit. —

M^r de St Brieuc rapporta aux Eſtats la reponſe de MM^s Les Commiſſaires. Ils ordonnerent que MM^s les meſmes deputés retourneroient vers eux, les Preſidents à la teſte pour les ſupplier de leur accorder les deux articles auxquels MM^s Les Commiſſaires conſentirent dans la crainte d'eloigner la publication des fermes ſous le bon plaiſir du roy à qui ils promettoient d'eſcrire & à S: A: R:, pour les demander. mais ils firent tout le contraire.

L'on pria auſſy MM^s Les Commiſſaires d'interpoſer leurs bons offices pour obtenir de S: M: que les eſtats rentraſſent dans l'alienation du droit de 45 ſols par barrique d'eau de vie, en leur faiſant connoitre l'enorme qu'il y avoit dans cette alienation, ce que M^r Le Marechal promit de faire malgré le premier P: qui ſ'oppoſoit parce qu'en cas que cette affaire ne ſe put conſommer pendant la tenue des Eſtats qu'elle ny pourroit apporter aucun retardement mais qu'on chargeroit les deputés à la cour de la pourſuivre —. C'eſtoit ne ſ'engager à rien, & Il eſtoit aiſé de voir qu'on ne vouloit que bruler toutes les affaires par des promeſſes vagues & congedier l'aſſemblée dont les commiſſaires avoient fait tout ce qu'ils avoient voulu.

Jamais on ne ſ'en aperçut d'avantage que le 3 octobre. Car les Eſtats ayant approuvé les conditions des baux telles que je l'ai dit, Il fut ordonné qu'elles ſeroient portées aux Commiſſaires pour etre ſignées, qui enſuite feroient publier les fermes, quoique la deliberation ne put & ne dut eſtre ſignée que le lendemain &, pour que les Eſtats ne puſſent plus eſtre les maitres de rien parce qu'ayant ordonné toutes les levées qui doivent ſervir à leurs depenſes, l'on n'a plus beſoing d'eux, Les Commiſſaires firent lire un memoire par le Procur. gener. Syndic, par lequel il eſtoit dit que le roy vouloit, terme inuſité juſqu'alors, que l'Aſſemblée ordonnat la levée des fouages extraordinaires doublement & triplement & droits ſur les dits fouages, permettant ſeulement de ſupprimer un ſupplement de 100 mille Livres impoſés par redoublement, & de ſuſpendre la Levée des droits d'inſpecteur aux boiſſons juſqu'aux prochains Eſtats, voulant en outre qu'il fut fait fonds d'une fomme de 14 000# pour l'année 1720 & de 28 mille livres pour les années 1721 & 1722 pour les droits amortis des infinuations laiques, droits d'ufage, etc.

Les ordres f'eftant retirés aux Chambre, MM[s] de l'Eglife & du tiers ont fur le champ apporté leur Confentement à la levée de toutes ces impofitions, fans fcavoir fi dans l'etat du fonds, la récepte excederoit les depenfes, ce qui les feroit auffy diminuer. —

La plus faine partie de MM[s] de la Nobleffe jugeoit de ne rien ftatuer fur ces impofitions que les Eftats n'euffent efté au fait de l'etat des fonds.

Lefcouet ouvrit un autre avis affez faugrenu qui fut fuivy — comme Il penfe creux, il dit que les peuples par fa bouche reprefentoient qu'ils paiyoient depuis longtemps le denier dix des fonds que les Eftats avoient empruntés pour payer Les charges créées par S: M: fur les fouages, qu'ils demandoient à prefent, que la province eftoit plus à fon aife, de ne payer que 2 p %, ce qui ne feroit plus que 200 000# par an fur le pied de trois millions de principal que la Province avoit rembourfé, ce qui eut apporté une diminution fur les fouages de 350 mille livres, par an; ce qu'il eftoit impoffible de pouvoir diminuer a moins de retrancher une partie du don gratuit.

Cependant la Requefte des peuples fut efcoutée, & la Nobleffe fut de cet avis. Le tiers mefme fur le théâtre, qui avait grand intereft à cette diminution fur les fouages, dit qu'il vouloit examiner l'avis de la Nobleffe avant de prendre fon party.

Voila l'eveque de Nantes au defefpoir; mais au lieu de fe mettre en colere à fon ordinaire, il caponna fi bien le tiers qu'il le fit confentir à ordonner la levée des impofitions fur les fouages, à la condition expreffe qu'en cas que les fonds excedaffent les depenfes, il en feroit autant diminué fur ce qui fe leve fur le revenu attribué aux offices créés fur les fouages, & quoique Ce fut mettre la Charrue avant les bœufs — cette reftriction ne laiffa pas d'avoir fon effet comme on le verra dans la fuite.

Le tiers Eftat & les peuples en durent toute l'obligation à la Nobleffe qui n'y avoit aucun intereft.

Lorfqu'on porta les Conditions des baux à figner à MM[s] Les Commiffaires, Ils trouverent à redire à la Claufe où l'on publioit les fermes à la

Condition que les Estats y auroient un sol d'interest. Ils voulurent y adjouter qu'en Cas que le roy n'y consentit pas, que les publications faites auroient toujours leur effet dans la crainte que les Estats ne se fussent portés à faire de nouvelles instances & à dire qu'ils n'avaient souffert la publication qu'en Considération de Cet article, le tout passa selon le desir de MM^s Les Commissaires.

Tous les gens qui fournissoient à M^r Le Marechal se plaignoient amérement qu'on ne leur payat leurs denrées qu'en billets de banque. Il les asseura que C'estoit la faute de son Maitre d'hôtel à qui il avoit donné de l'argent. Mais il ne reprit point ses billets. Comme il estoit d'ailleurs fort mécontent de Ce Maitre d'hotel qui avoit en 15 jours consommé toutes les provisions qui estoient immenses, & perdu beaucoup de vaissellеs d'argent, Il le chassa. Belle Consolation pour les pauvres malheureux pourvoyeurs!

M^r Le Marquis d'Ancenys fit une action à l'égard du prince de Léon, qui auroit augmenté l'Estime que l'on faisoit de luy, si cela avoit esté possible.

Il avoit demandé la grande deputation à M^r le Comte de Toulouse qui la luy avoit promise, & comme il ne l'avoit jamais eue & qu'il venait presider aux Estats, il s'en croyait asseuré. Cependant le prince de Léon, homme insatiable qui l'avoit deja eue une fois & dont assurement on n'a pas lieu d'estre Content, dans la Province, l'avoit obtenu on ne scait Comment de M^r Le Comte de Toulouse.

M^r D'ancenys ne laissait pas d'en estre piqué, & la Noblesse qui le Sçut Jugea qu'elle ne pouvoit trouver une meilleure occasion de rentrer dans un privilége qu'elle souffroit toujours patiemment qu'on lui eust osté, d'autant plus que le prince de Léon n'estoit point aux Estats, & que par une deliberation en forme de reglement, il estoit precisement dit que personne n'y pourroit pretendre aux deputations qu'ils n'eussent assister à l'assemblée, ou donné une excuse legitime. Mr de Léon en estant averty, envoya cette excuse à M^r d'Ancenys pour la presenter aux Estats, ce qu'il fit d'une maniere si forte & si engageante qu'on ne sçauroit assez l'en louer. D'autres que luy n'eussent pas perdu le moment de mortifier le Prince de Léon, qui non content des biens qu'il avoit gagné au Micissipy, luy ostoit Ce qui ly estoit de toute maniere legitimement deu.

Le 4 octobre, les Estats ouvrirent par une grande dispute, dans le Tiers au sujet de la presidence. Le Seneschal de Nantes sestant trouvé malade, Le Sieur de Quervasegan alloué de Quimper & homme de merite croyant qu'en l'absence du Senechal de Nantes personne ne pourroit luy disputer la place, se rendit de très bonne heure aux Estats, & prit la place de president. Le Seneschal de la Juridiction royale d'hennebon luy disputa Ce droit. il avoit de l'esprit & de la hardiesse. il battit l'alloué par mille plaisanteries aux quelles il crut que sa gravité ne devoit pas repondre; Il dit entre autres qu'il beuvoit mieux que luy & que Ce devoit estre un titre pour presider en Bretagne. Ces plaisanteries plurent à l'assemblée, & surtout à l'Eglise; tellement que ses bouffonneries rendirent sa cause presqu'indubitable; & il auroit emporté le prix sur le champ, tant les rieurs estoient de son Costé, si quelques personnes plus sensées n'avoient demandé les Chambres.

L'on y fut. Mais la victoire n'en esclata pas moins. car malgré les representations de M. de Piré, qui disoit que puisque les Estats appelant des Juridictions royales aux presidiaux, les premiers juges devoient presider aux Estats au prejudice de leurs subalternes, toute la Jeunesse se tourna du Costé de Celuy qui l'avoit fait rire, mesme dans le tiers où le p: de l'Eglise prit la voix parce que l'on eu exclut tous ceux qui pouvoient y avoir interest. Ainsy le Seneschal d'hennebont fut preferé, & par Ce jugement Les Estats donnerent le droit aux Seneschaux royaux de presider en l'absence des seneschaux ou presidents des presidiaux. Le Sieur de Quervasagan demanda aux Estats acte de son opposition & des protestations qu'il faisoit Contre le Jugement. Ce qui luy fut refusé —.

Mr L'Eveque de Léon fit le rapport de sa Commission pour l'examen de la Capitation de l'année 1717. l'on ordonna que les Comptes seroient deposes au greffe.

Il en fut ainsy au sujet du rapport de Mr L'Eveque de Rennes, au sujet de la vérification des emprunts faits pour rembourser ceux qui ne vouloient pas reduire leurs contrats sur la province au denier 25. l'abbé de La Bourdonnaye avait esté nommé avec des deputés de la Noblesse & du tiers pour faire procés-verbal des fonds qui se trouveroient chez Montaran, ancien treſorier. il fit rapport de ſa Commiſſion & l'on ordonna que ſon procés-verbal ſeroit egalement deposé au greffe.

Le ſieur de La Boucxiere, nouveau treſorier, fit preſenter une requeſte par le procureur general Syndic, par laquelle il expoſoit que les Etats luy ayant imposé la loy de fournir une Caution de 100 mille ecus, il repreſenta le ſieur Dei ſon commis qui offroit de placer aux Eſtats cette ſomme en billets de banque au denier 50, ce qui les mettoit en une entière Surete —. pluſieurs de MM[s] de la Nobleſſe pretendirent avec raiſon que ce n'eſtoit point la ſatiſfaire aux Clauſes de ſon obligation; qu'on avoit demandé une Caution qui eut cent mille ecus de biens & qui par la crainte de les perdre, put veiller à ſa conduite, & non de luy donner la preference de placer 100 mille ecus dans des Eſtats qui n'eſtoient de nulle valeur, & dont il demeuroit le depoſitaire, que les billets de banque de 2000# ne valant plus que 100 livres, c'eſtoit luy donner l'avantage avec 10 000# ecus de ſe faire Six mille Livres de rente au prejudice de vingt originaires de la province qui n'avoient la permiſſion de placer que dix mille ecus chacun; que d'ailleurs ſi l'on n'eſtoit pas content, de ſa geſtion, les Eſtats ne le pouvoient depoſer qu'en luy rembourſant les 300 mille Livres, & que par conſéquent bien loin que le Cautionnement fut utile à la province, Il ne ſervoit qu'à lier les Eſtats & qu'à donner le droit au treſorier de placer à ſes amis Cent mille ecus au detriment de vingt familles qui par la en ſeroient exclues.

Mais il ſuffit d'eſtre en place pour ne plus trouver de reſiſtance à tout ce qu'il y a de plus injuſte & de plus contraire à l'intereſt public — Le treſorier avoit fait venir, le Jour qu'il preſenta Cette requeſte, 40 Nantais soi-diſant Gentilſhommes qui diſoient hautement : nous avons obligation à Bouexiere; ainſy nous ſommes d'avis de luy accorder ce qu'il demande » — & comme ils n'eſcoutoient aucune raiſon, & que Mr de Piré eſtoit auſſy pour le treſorier, ils emporterent les voix. L'Egliſe & le tiers furent du meſme avis. Les honneſtes gens eſtoient au deſeſpoir de voir la Cabale l'emporter ſur la Juſtice et l'équité ; & comme ils voyoient beaucoup moins d'inconvenient à ne demander au treſorier qu'une Caution de 10 000#, Ils le propoſerent. Les ordres revinrent ſur le théâtre. La Cabale ne ſ'aperçut pas du tour qu'elle alloit faire à ſon amy & ne faiſant reflexion qu'à la difference de 10 mille ecus à 100 mille ecus, elle crut que c'estoit luy rendre le plus grand service du monde que de revenir à l'avis qu'on proposoit. L'Eglise s'y laissa aussy surprendre; & la deliberation passa : de quoi Bouexiere fut bien faché, quand Il l'apprit, quoique c'eut esté ce qu'il avoit demandé d'abord. mais par ses intrigues il avoit esperé d'avantage.

La Commission des fonds par estime fut envoyée pour conferer avec MMs Les Commissaires au sujet de la somme dont le roy vouloit qu'on fit fonds pour la Marechaussée. elle leur fit connoitre que les Estats ne payaient anciennement que 11 800#, & cela pour son assistance aux Estats; que s'il avoit plu au roi de creer de nouvelles charges dans la dite Marechaussée & d'attribuer de plus grands gages au grds prevosts, il en avoit reçu la finance, & qu'il n'estoit pas raisonnable d'en faire payer le revenu aux Estats. L'intendant repondit que S: M: entendoit qu'il fut fait fonds de 33 000# par an sur le plus haut pied; mais que si cependant les Estats vouloient luy donner un memoire, ils l'enverroient à la Cour —

La plupart des dames qui estoient venues aux Estats s'en retournerent très mecontentes de Mme La Marechale; il n'y eut que Mme de Montbert & Mme Dorvaux qui tinrent bon. elles disoient qu'elle estoit haute comme les monts, qu'elle ne parloit qu'aux hommes, qu'elle s'enfermoit avec eux dans sa chambre, & laissoit les dames s'ennuier seules dans Les antichambres & Les corridors, que des femmes de Condition ne devoient point estre traitées de la sorte. Les petits maistres estoient aussy très peu satisfaits de la preference qu'elle donnoit au Marquis de Retz. Elle ne s'entretenoit presque plus qu'avec luy. Ils avoient de quoy se dedomager avec les demoiselles & femmes de la suite de Mme La Marechale. Elles estoient toutes de très bonne composition. pour peu qu'on se promenat dans le dortoir, on voyoit sortir le galant des cellules & peu aprés un autre y rentrer. Jamais couvent ne fut plus pollué que celuy des Cordeliers d'ancenys —.

L'on avoit vendu les charges de receveur des fouages aux Estats 1718 & pour 400 000# que les estats en avoient reçeu, ils estoient obligés de payer 30 000 de rente, ce qui feroit le denier 15 de la finance. on proposa dans l'ordre de la noblesse de rembourser les dites charges; & quel avantage les Eſtats n'y trouvoient-ils pas puiſque pour 8000# par an il en eteignoit trente. mais de plus il ſe preſentoit un particulier qui offroit de rembourſer Les dites charges pour les Eſtats & qui ne demandoit qu'a Jouir douze (?) ans pour l'extinction de ce fonds que de la meſme ſomme de 30000# par an. Il ſemblait donc que l'une de ces deux propoſitions devoit paſſer.....

Mais Comme l'intereſt particulier eſt preſque toujours preferé au general, & que dans l'ordre du tiers il y avoit pluſieurs membres pourveus de ces charges, Ils formerent non ſeulement dans leur Corps mais dans celuy de l'Egliſe une brigue ſi forte qu'ils furent l'un & l'autre d'avis de ne point rembourſer les charges. après cela qu'on diſe : Les Eſtats n'ont rapporté aucun ſoulagement aux pauvres peuples. l'on ſ'en prend à la Nobleſſe, comme ſi c'eſtoit elle qui decidoit, au lieu que c'eſt toujours l'Egliſe. car comme c'eſt à elle que les deux autres ordres ſont obligés de porter l'avis, Le Coſté où elle penche forme la deliberation; & elle penche toujours du coſté qui la ſollicite, parce que ne contribuant point aux ſubſides, elle ne ſe foucie point que la Province ſoit oberée —.

Mr de St Malo fit rapport aux Eſtats de ce que Mr L'intendant luy avoit dit au ſujet de la Marechauſſée. Sur quoy deliberé. Ces ordres furent de trois avis differens. ils revinrent à celuy de la Nobleſſe qui fut de donner au roy 11 800# pour payer la marechauſſée, & d'y adjouter 8 000# pour eſtre payées en forme de gratification, ſcavoir aux grands provots par chaque tenue d'Eſtats 2 000#, à 2 lieutenant chacun 1 000#, à 24 gardes chacun 150#, au greffier 200#, & à l'exempt 200#. Meleſſe grand provot fut fort outré de Cette deliberation. il caſſa en pleins eſtats ſon baſton de Commandement, & dit qu'on ne luy marquoit guère de reconnaiſſance de ne luy donner que 2000#, aprés avoir rendu de ſi bons ſervices & conduit tant de Gentilſhommes au Chaſteau de Nantes —.

Les Eſtats ordonnerent que la Commiſſion des fonds par eſtime iroit prier MMs Les Commiſſaires d'en approuver l'état avec les reſtrictions qu'ils avoient Jugé à propos d'y faire; & pour leur faire part de la nouvelle deliberation au ſujet de la Marechauſſée. Ils en demanderent Copie afin d'en examiner Les differens arrangemens aux quels ils repondroient & à l'égard de la Marechauſſée Mr L'intendant que la plus grande grace que l'on pouvoit accorder eſtoit qu'ils fiſſent un fonds pareil aux derniers Eſtats dans lequel ſeroit compriſe la gratification qu'ils voudroient donner à la dite Marechauſſée. ainſy on remit à decider à cet egard Juſqu'à ce que Mr L'intendant ait reçu des lettres de la Cour.

MMs Les Commiſſaires pretendirent que ce n'eſtoit point aux Eſtats à decider ſur les preſidences, mais à eux, & ne voulant pas que la deliberation qui l'accordoit preferablement aux Juges royaux en l'abſence des Seneſchaux preſidiaux & preſidents, fut inſerée ſur le regiſtre, il n'y eut rien de decidé à Cet egard.

Le Courrier que MMs Les Commiſſaires avoient envoyé extraordinairement pour demander au roy la permiſſion de luy rembourſer Les 8 000 000# qui luy eſtoient dus, arriva avec un arreſt du Conſeil qui permettoit aux Eſtats d'en faire l'emprunt au denier 50, avec preference pour les originaires de la province. L'on avoit ſupplié le roy de permettre que les hopitaux placaſſent leurs billets au denier 33, ce qui fut refuſe. on louoit fort dans cet arreſt la bonne conduite des Eſtats dont il paroiſſoit que la Cour était fort contente. Mr le Pelletier Deforts dans ſa lettre à Mr Le Marechal n'epargnoit pas l'encens ny l'eau beniſte de Cour. Les Eſtats firent dreſſer une nouvelle procure conforme à Ceſt arreſt du Conſeil, qu'ils ordonnerent eſtre depoſée au Greffe, après avoir eſté ſignée de MMs Les Commiſſaires —

Mr L'Eveque de St Brieuc fit ſon rapport des conteſtations que les Eſtats avoient avec la Chambre des Comptes & de leurs pretentions — ſur quoy deliberé aux chambres, Les Eſtats furent d'avis de faire propoſer à leurs deputés ſans qu'il fut inſéré sur le regiſtre, crainte qu'il n'en tiraſſent à conſequence, de leur donner à commencer du 1er janvier 1720 une ſomme de 6000# par an, & celle de 30 000# pour le paſſé ; au moyen de quoy tous ceux qui poſſedoient des fiefs relevant du roy dans la province, ne ſeroient plus tenus de rien payer pour les hommages dus & à devoir ; pas meſme pour le droit de ſceaux non plus que pour les aveux.

On luy offroit de plus 11 000# pour la reddition des Comptes de chaque tenue d'Eſtats, ainſy qu'il avoit eſté ordonné par un arreſt du Conſeil, que le ſieur de Lezonet avoit fait rendre pour la reddition de deux comptes de Mr Davouy treſorier.

A l'egard du Compte des Communautés des villes, l'on chargea la Commiſſion de ſupplier MMs Les Commiſſaires de ſ'interpoſer pour faire moderer les ſommes exorbitantes que la dite chambre en exigeoit.

Mr le Seneſchal de Rennes eſtant venu à Ancenys preſida au tiers pendant une ſéance.

MMs Les Commiſſaires firent dire aux Eſtats de travailler aux conditions de la fourniture des Eſtapes, afin d'en pouvoir faire Les bannyes pour parvenir à l'adjudication.

Mr Fagon, eveque de Vannes fit ſon rapport de la Commiſſion des Contraventions, le plus pitoyablement du monde; & on n'y auroit pas Compris un mot, ſi on n'en avoit fait lire le memoire aux Chambres. l'on adjouta à tous les articles qui y eſtoient Compris de vouloir bien reduire la Capitation dont chaque particulier payoit dans cette province 1/3 de plus que dans le reſte du royaume.

Mr Le Marechal montra à MMs de la Nobleſſe une lettre qu'il avoit receue de la Cour par laquelle on lui mandoit que Mr Du lattay n'eſtoit plus renfermé & qu'il avoit la ville pour priſon. mais il n'eſtoit encore queſtion d'aucun rappel.

Mr l'eveque de Léon porta les conditions du bail des Eſtapes à ſigner à MMs Les Commiſſaires. comme tout le monde avoit envie que les Eſtats euſſent bientot fini, & ſurtout ceux qui tenoient des tables, on travailloit aux affaires du matin au ſoir.

Le 7 Mr le grand Provoſt en interpretation de la deliberation du Jour precedent qui ne luy accordoit que 8 mille livres, ſellé a tous chevaux, pour faire changer les deliberations du blanc au noir, preſenta une requeſte tendant à ce qu'il fut du moins payé pour l'année 1720, ſur l'ancien pied, ce qui luy fut accordé —.

Mr L'eveque de St Brieuc fit rapport de la conference que luy & ſes co-deputés avoient eue avec Ms de la Chambre des Comptes & dit de la Brunelége 1er preſident conſentoit aſſez à recevoir ſix mille Livres par an pour la reddition des aveux foy & hommage pour l'avenir; mais que par le paſſé il avoit rejeté avec un mépris extraordinaire l'offre que les Eſtats luy faiſoient de 30 000#, comme n'eſtant en nulle façon proportionnée à ce qu'il en devoit attendre; — que luy Mr de St Brieuc le voyant ſi indigné lui avoit demandé s'il se contenteroit de 40 - ou 50 mille francs, & qu'en ce cas Il le proposeroit aux Estats; qu'il avoit repondu qu'il ne pouvoit rien determiner pendant qu'on ne luy feroit pas de plus grandes offres, que la Commission croyoit avoir seulement decouvert qu'il pretendoit qu'on luy donnast le fonds de six mille livres de rente, ce qui fesoit 120 mille Livres. l'on ne prit pour lors aucune resolution sur cet article.

MMs Les Commissaires ont fait lire un memoire en forme de requeste des Eschevins de la ville de Nantes qui demandoient 60 000 # outre Celle 120000 # que Les Estats leur avoit accordée dans la tenue de St Brieuc pour achever de construire le pont de Pilmyl. auquel memoire Ils firent adjouter que S: M: desiroit qu'on fit fonds de cette somme.

L'eveque de Nantes & meme Mr d'Ancenys avoient fort à cœur que cette affaire passat. tous les Nantois s'estoient encore réunis à eux. mais Cette fois là ils ne purent l'emporter. il faut mesme convenir que les raisons qu'on leur dit en convainquirent une grande partie —. ces raisons estoient : que la province avoit deja donné 260 000 # pour le retablissement de ces ponts; qu'on avoit outre cela levé de grosses sommes surtout le comté Nantois & une partie du Poitou; qu'il estoit impossible qu'elles eussent esté toutes employées; qu'il estoit donc juste d'en faire rendre compte avant d'en donner de nouvelles; que d'ailleurs les ponts avoient esté raccommodés, & que si deux des nouvelles arches manquoient, c'estoit aux entrepreneurs à les retablir & à repondre de leur ouvrage; — de sorte que les 60 000 # furent refusés, Jusqu'à ce qu'on eut rendu compte des sommes qu'on avoit touchées, de l'avis de la Noblesse & du tiers. car l'Eglise, hors des Eveschés, donneroit toute la province si on la lui demandoit.

La commission des Contraventions est celle qui se fait avec plus de Majesté aux Estats. elle est chargée de faire representer à MMs les Commissaires les infractions faites aux traités. L'Eveque qui est à la teste leur prononce une harangue en forme de compliment avant d'entrer en matiére. celuy qui a la grande deputation est chargé de cette Commission ; — & elle estoit a ces etats en tres mauvaises mains, comme Je l'ai deja dit.

C'eſtoit l'Eveque de Vannes, qui ne laiſſa pas de dire aſſez bien ſa harangue, mais qui, comme aux Eſtats, ne put jamais dire un mot des Contraventions.

MM[rs] Les Commiſſaires a qui les memoires ſont communiqués repondirent à chaque article à leur ordinaire, c'eſt-à-dire en imaginant toute ſorte de detour pour affaiblir ceux ſur leſquels on ſe plaint d'avantage.

Le 7, la Commiſſion ſ'aſſembla & le bureau ſ'ouvrit par recevoir l'emprunt des 800 000# & en delivrer des recépiſſés, en conformité des deliberations des Eſtats. Il en fut placé dés cette 1ere ſéance pour prés de deux millions.

Quoique par le reglement des Eſtats Il ſoit trés expreſſément defendu de preſenter une requeſte, qui une fois a été rejetée, Le Sieur de Coetlogon p: g: ſyndic, ayant Cabalé dans le tiers & dans la Nobleſſe pour faire paſſer la penſion du Marquis de Coetlogon, qui avoit eſté refuſée, revint à la charge & pris ſi bien ſon temps que la penſion de 3 000# fut accordée, Les 2/3 au marquis de Coetlogon l'ainé, & l'autre tiers au Cadet.

L'eveque de Rennes fit rapport aux Eſtats, c'eſt-à-dire on lut un mémoire des reponſes de MM[rs] Les Commiſſaires aux Contraventions, qui aſſurement eſtoient bien dures & bien ſéches.

Les Eſtats delibererent de renvoyer la Commiſſion, le Preſident à la teſte, faire de nouvelles inſtances ſur 3 articles principalement :

1° qu'il plut à S: M: , ſ'il ne vouloit pas eteindre tout à fait la capitation, du moins de la modérer & de faire un tarif ou chacun put ſavoir la taxe qu'il devoit porter, & qu'elle ne fut pas impoſée arbitrairement par l'intendant.

2° de ne pas diſtinguer la Province du reſte du royaume où on ne payait plus les Eſtapes aux troupes.

3° de vouloir bien preferer Les Eſtats dans la ferme des frans-fiefs, offrant meſme d'engager 50 mille livres, quoi que les fermiers n'en donnaſſent que 25.

L'on n'oſa ſe plaindre des horribles deſordres qu'avoit fait dans la province la quantité prodigieuſe de gens de toute eſpéces qu'on envoyoit au Miſſiſſipy, parce que comme une des plus grandes parties appartenoient à Mr Le Blanc miniſtre de la guerre, on craignit qu'il n'eut envoyé des troupes extraordinaires dans La province —

Le Preſident à la teſte de la Commiſſion des Contraventions ſ'eſtant rendu chez MMrs Les Commiſſaires Ils inſiſterent vivement ſur les 3 articles cy-deſſus. Mr L'intendant repondit avec la dureté des gens de ſon metier; mais le Marechal dit qu'il avoit eſté touché de leurs raiſons, & qu'il ecriroit très ſortement à la cour pour obtenir ce qu'ils déſiroient — c'eſtoit les congedier un peu plus honneſtement —

Le Marechal des Logis preſenta une requeſte pour demander main levée de ſes gages & gratifications arretes par ſes créanciers chez le Sr de Montaran ancien tréſorier. les Eſtats la luy accordèrent & defendirent à l'avenir de faire de pareils arretes.

Mr de La haye-St hilaire preſenta une requeſte aux Eſtats par laquelle Il les prioit de vouloir bien prendre ſait & cauſe pour luy dans une inſtance qu'il avoit au conſeil contre les officiers de la Gabelle qui eſtoient venus chez luy à main armée en Bretagne ſous prétexte de faire âge, avoient enfoncé les portes & volé ſon bled. les Eſtats ordonnerent au p: g: ſyndic d'intervenir dans cette affaire aux depens de la province —

Le P: q: ſindic dit que le courrier qu'on avoit envoyé à la cour pour demander que les Eſtats fuſſent intereſſés dans la ferme & ſubrogés dans l'alienation des 45 ſols par barrique d'eau de vie eſtoit de retour; que le roy ne permettroit point que les Eſtats priſſent interet dans leurs fermes; — qu'à l'égard de l'alienation, ſa majeſté eſtoit très diſpoſée à permettre d'y rentrer; mais qu'il falloit avant que l'adjudicataire eut eſté appelé & entendu. ſur quoy Les Eſtats retirés aux chambres Ils ont eſté d'avis de rayer de la condition des baux l'article qui portoit qu'ils auroient un ſol d'interet dans la ferme; & ſur le ſecond, Ils ont prié & chargé Mr L'Eveque de Nantes de pourſuivre au Conſeil le reſiliement de l'alienation, & de forcer le Sieur Chalet à compter de , & luy ont a cet effet donné procuration d'emprunter les ſommes néceſſaires pour ledit remboursement. en vérité, pouvait-on mettre entre les mains de Mr L'Eveque de Nantes une affaire dont luy ſeul avoit empeſché La réuſſite, & avoit donné de ſi fortes preuves de l'intereſt qu'il prenoit dans les fermiers!

— mais on se mocquoit des reprefentations que l'on faifoit fur les matieres les plus de confequence pourvu que les Préfidents et les Commiffaires fe fuffent communiqués tout ce qu'ils devoient faire les uns aux autres, & eftudier des reponfes qui puffent tromper en éblouiffant, les Eftats fuivoient aveuglement toutes leurs volontées.

Sur la reprefentation qui fut faite qu'il eftoit neceffaire de prendre des mefures pour garantir Cette province de la pefte qui eftoit à Marfeille, l'on a chargé Mr L'Eveque de Rennes de convenir avec Mr le Marechal de la fomme qu'il falloit pour etablir des Corvettes & des barques fur les Côtes, afin d'empefcher les vaiffeaux venant de Marfeille d'entrer dans nos ports. plufieurs perfonnes penferent que les barques & les Corvettes ne ferviroient qu'à empefcher la fraude du tabac, & que ce n'eftoit qu'un preliminaire pour engager Les Eftats à fond pour faire un l'établiffement des Cafernes.

Toutes les lettres de la cour n'eftoient remplies que du contentement qu'elle avoit de l'affemblée; mais pour des graces effentielles, elle n'en accordoit aucune. on la fatiffaifoit par de petits objets & elle croyoit avoir tout gagné, en refufant aux Jefuites de Breft une penfion de 2 mille livres pour l'hydrographie. Les Eftats furent occupés tout le jour de cette belle affaire. par la pofte du douze, il arriva plus de 20 millions de billets de banque pour placer aux Eftats, & le bureau ayant efté ouvert depuis le 7, Il ne reftoit plus que 800 000 #.

Cependant le 13, il y avoit un fi furieux concours de perfonnes à la porte qui vouloient y entrer qu'ils penferent f'ecrafer, dès qu'elle fut ouverte. Les commiffaires ne purent travailler. on prit les noms de tous ceux qui demandoient à placer, & le lendemain on f'enferma pour choifir ceux qu'on crut qu'il y avoit juftice de preferer. il n'y eut que le 1er prefident auquel on ne la rendit pas, en luy permettant de placer 200.000 # mille livres que fa femme avait gagné au Miciffipy, contre la promeffe que MMs Les commiffaires avoient faite de n'y rien mettre, & qui ne fut gardée que par l'intendant, & au prejudice de malheureux à qui il falloit refufer, tout eftant remply, dix mille livres qui eftoient leur feul patrimoine, qui leur avoient efté rembourfé. — J'ai encore la fatiffaction de m'y eftre tout feul oppofé de toutes mes forces. Le P: P: me l'a bien fait fentir depuis, & ce n'eſt pas le moyen de bien faire ſes affaires; mais d'un autre coſté c'eſt une choſe bien agreable de n'avoir rien à ſe reprocher.

Le 12, on lut aux Eſtats un memoire de MMˢ Les Commiſſaires par lequel Ils diſoient eſtre fort ſurpris d'avoir remarqué dans l'etat des fonds par eſtime que l'on avoit obmis d'y remployer pluſieurs ſommes & entre autres celle attribuée aux nouveaux généraux des finances, dont les Eſtats avoient toujours fait fonds depuis qu'ils eſtoient créés; que la ſomme qu'ils avoient deſtinés pour payer les Eſtapes n'eſtoit pas à beaucoup prés ſuffiſante, non plus que pour la Marechauſſée, & qu'en ce qui concernoit les grands chemins, Mˢ Les Commiſſaires deſiroient qu'on ſuivit ce qui avoit eſté ordonné par un arreſt du conſeil rendu en 1701 ſur la requeſte du Procʳ. genᵃˡ ſindic, où Mʳ L'intendant etoit nommé pour recevoir Les enchères, faire les adjudications & ordonner des reparations des dites grandes routes.

Les Eſtats chargerent la commiſſion des fonds par eſtime de prier MMˢ les Commiſſaires de ne les point contraindre à faire fonds des ſuſdites ſommes, promettant d'en donner une pour la reparation des grands chemins à des conditions qui leur ſeroient agréables.

Pour y parvenir, Le 13, Ils allerent aux chambres où, apres pluſieurs diſcuſſions, dans les trois ordres, il fut ordonné qu'il ſeroit nommé 3 deputés par chaque dioceſe pour rapporter un procés verbal des endroits où il y auroit dans les chemins urgente neceſſité de reparation; que ces procés-verbaux envoyés à Rennes à MMˢ Les deputés nommés pour aſſiſter à l'adjudication qu'on feroit, Le commandant ou l'Intendant, laquelle adjudication ne pourroit eſtre faite qu'aprés avoir publié ſur les lieux à qui pour moins Les dites reparations.

Les eſtats ſe roidirent tout à fait au ſujet des 4 nouveaux generaux des finances, & renvoyerent la Commiſſion des fonds par eſtime prier MMˢ les Commiſſaires de ne point les obliger de faire fonds des attributions qu'on leur avoit données. Les Commiſſaires & Les Eſtats convenoient que ces charges n'eſtoient d'aucune utilité au roy & à la Province, & qu'elles euſſent eſté ſans contredit rembourſées ſi leur revenu euſt eſté aſſigné ſur le treſor royal — Mais l'Intendant ſoutenoit & le p: preſident qui les vouloient favoriſer qu'ils ne pouvoient Conſentir à leur ſuppreſſion, parce qu'ils avaient esté creés par edit du roy. mais que si l'assemblée en vouloit faire article dans le cahier de remontrance, qu'il appuyeroit nos justes raisons — c'estoit renvoyer au calendrier grec — aussy cette reponse ayant esté rapportée aux Estats, ils persisterent à ne point faire fonds pour les 4 nouveaux generaux des finances.

La difference des Estats de Dinan à ceux-cy c'est que le Marechal de Montesquiou sur une pareille deliberation auroit fait le diable, &, la force à la main, l'auroit peut-estre fait rayer de dessus les registres; au lieu que le Marechal d'Estrées dit toujours que les Estats avoient raison, bien asseuré d'en venir à bout, en temporisant, & en ne les menant point la verge à la main. —

Le 13, les commissaires entrerent aux estats pour recevoir les premieres enchères tant de la ferme generale que du bail des Estappes & de la charge de receveur des fouages de l'Evesché de Quimper, qui n'avoit point este Levée à Dinan —

M[r] le Marechal Commença par un avertissement qui plut infiniment aux Estats, en disant de la part du roy que les fermiers qui avoient dessein de faire valoir ne conceussent aucune esperance d'avoir jamais d'indemnite pour quelque sujet & pretexte que ce puisse estre —.

M[r] Le marechal sorty, Les Estats eurent la precaution de faire rapporter Cette declaration sur les registres & ajouter aux conditions des baux.

Le Sieur Banel fit une soumission de 3 millions, 700 mille livres, les frais en dehors pour la ferme des devoirs avec promesse de diminuer 1/4 du tiers en sus du grand devoir. ce Banel n'agissoit que pour le Sieur André homme qui avoit gagné 40 millions au Micissipy, & qui ne prenait cette ferme que pour estre maitre des employs & placer deux ou trois cents miserables. — Il estoit fort protegé du marechal. plusieurs disoient que non seulement luy Marechal mais M[r] Le duc, & plusieurs autres Seigneurs avoient pris Cette ferme sous le nom dudit André. deux autres compagnies qui s'estoient aussy formees, l'une par le sieur Bouret, & l'autre de St Malo n'en perdirent point Courage. la charge de receveur des fouages de Quimper fut portée à 45 000 # par le sieur Mottais —.

Personne ne se presenta pour les Estapes, parce que l'intendant qui avoit en teste d'engager les Estats à en faire l'abonnement & qui les avoit vu se bigarrer en plusieurs occasions, avoit defendu aux Compagnies qui s'estoient presentées d'agir qu'il ne leur eut donné la permission.

Le 14, la commission de remboursement des 800 000# vers le roy se rassembla à 7 heures du matin, & après avoir rayé ce qu'elle jugea avoir passé dans la foule injustement & remplacé par ceux qui avoient le droit de placer leurs billets, la somme s'estant trouvee remploye, ils en arresterent le finito —. L'on menaça beaucoup de se plaindre aux Estats; mais personne ne l'osa, car hors Le p: p:, il ne s'estoit fait aucune injustice Il est Vray que plusieurs membres du tiers, quelques uns de l'Eglise & de la noblesse avoient presté leurs noms, mais on leur avoit à tous fait affirmer que c'estoit de leurs fonds. cette precaution prise, quel reproche pouvoit-on faire qui ne retombast sur eux?

Les Estats donnerent à leur tresorier une procuration à l'effet d'emprunter toutes les sommes pour rembourser Ceux de leurs créanciers qui voudroient l'estre.

(15) MM[rs] Les Commissaires firent demander le 15 par le P: gener. sindic, une somme de 8 000# sur les 48 000# dont les Estats ont la disposition pour en gratifier le Comte de la Rivière, gouverneur de St Brieuc. MM[rs] de la Noblesse furent d'avis de les refuser.

Et MM[rs] du tiers furent d'avis de rejeter les requestes presentées par les Cordeliers & hospitaliers d'Ancenys, tendant à ce qu'on leur eut donné chacun 500#.

Un grand party formé pour conserver Les fermes à Bouret representa que pour eviter d'avoir des fermiers sans nom et sans aveu, il estoit à propos de deputer vers MM[rs] Les Commissaires pour les prier de permettre aux Estats d'examiner les Cautions de ceux qui se presenteroient avec les noms de leurs associés. L'Église & le tiers rejeta cette proposition —

L'arrest du Conseil qui anéantissoit generalement tous les billets fit retirer deux Compagnies à la teste desquelles estoit Cranat —

J'ai dit que la Noblesse avoit refusé d'accorder au Comte de la Rivière 8 000# sur les 48 mille livres laissées à la disposition des Estats. quoique sa majesté eut fait dire par les Commissaires qu'elle le desiroit.

Le marquis de la Rivière arriva une heure après cette deliberation à ancenys. il crut la pouvoir faire changer par sa presence, comme il avoit efté fait en plufieurs autres occafions, d'autant plus que la deliberation n'eftoit point fignée. on voulut donc remettre l'affaire fur le tapis. Mais MM[rs] de la Nobleffe f'y oppoferent, difant qu'il y avoit Jugement, & qu'on n'en pouvoit revenir —. M[r] Le Marquis d'Ancenys qui eftoit porté à faire plaifir à tout le monde dit : « Mais on en eft bien revenu pour le marquis de Coetlogon, quoique l'on l'eut refufé 8 jours auparavant, & que la deliberation fut fignée » —. Lefcouet le fils lui repondit très ridiculement : « Cela eft vray, Monfieur, parce que vous ne priftes ni n'anonçates l'avis de la Nobleffe » — Cette hardieffe eut efté approuvée fi elle avoit efte bien fondé ; mais comme M[r] Le Marquis d'ancenys ne meritoit point ce reproche, & que Jamais prefident n'avoit efte fi attentif à rendre l'avis de la Nobleffe tel qu'il eftoit, il fortit de fon naturel & luy dit les larmes aux yeux & outré de depit que ce qu'il difoit eftoit faux & qu'il n'oferoit le luy foutenir tefte à tefte.

La Nobleffe ne fut pas moins fcandalifée & elle alloit l'exclure des Eftats & luy ofter la voix, fi quelques Gentilfhommes qui connaiffoient les bonnes intentions du fieur de Lefcouet n'avoient prié M[r] le Marquis d'ancenys de luy pardonner. — il le fit de la meilleure grace du monde en confideration du Corps ; & Lefcouët luy demanda fur le champ pardon de fa bevue il alla chez luy après les Eftats le luy reiterer. le Marquis d'Ancenys ne put f'empefcher de luy dire que fon père n'avoit pas eu tort lorfqu'il l'avoit affeuré que fon fils n'eftoit capable que de tenir de mauvais difcours ; mais qu'il oublioit tout le paffé.

MM[rs] Les Commiffaires firent dire par M[r] Le P: g[al] findic que fa majefté vouloit que les Eftats fiffent fonds de 19 500# par an pour la Marechauffée, ainfy que dans la derniere tenue, promettant de leur donner ce qui conviendroit pour leur affiftance. les 3 ordres furent d'avis d'accorder ce que S: M: demandoit, parceque conformement au reglement de 1687 approuvé du roy, il en feroit diftrait 11 800# pour l'affiftance de la marechauffée aux Eftats. le grand Prevot eut lieu d'eftre content, & du faire raccommoder fon bafton —

Les ordres fe retirerent aux Chambres pour faire entre eux le partage des 48 mille francs laiffés à leur difpofition. MM[rs] de l'Eglife & de la Nobleffe demandoient qu'on eut accordée fur le total à MM[rs] de Grenedan

& de Renot, & comte de Beauvais chacun 800#; a Mr de Queringar de la Ferronnaye, anciens officiers, chacun 500#, au grand Prevot 2000#, & 400# à son lieutenant Griollaye. 1500# a Mme de Talhouet Lemoyne dont le mary avoit esté executé à Nantes & qui l'avoit laissée chargée d'une famille nombreuse, sans aucuns biens, les 1500# sous le nom du cher de Boisjolan parce qu'on n'osoit y employer le sien. Mais le tiers refusa tout, hors les 1500# de Mme Talhouet, & 500# au doyen de la Noblesse quoi qu'il ne fut pas present.

MMrs Les Commissaires entrerent aux Estats pour recevoir les secondes encheres. il n'y eut aucune des 1eres de couvertes. au contraire le sieur de La Moltaye voulut se dedire de celle qu'il avoit faite de receveur des fouages de l'Evesché de Quimper, disant qu'il ne l'avoit portée si haut que dans l'espérance de payer moitié en billets de banque, ainsy que le portait sa soumission, mais que puisque le roy les anéantissoit, qu'il ne vouloit plus de la charge. Les Estats trouvoient le raisonnement juste. Mais l'Intendant & le 1er president n'estoient pas de Ce sentiment. ils disoient que toutes ces offres de payer en une espece estoient nulles, dés qu'elles n'estoient pas authorisées du roy, & que cependant on demeuroit dans les engagemens. Un nommé Mercier de la Fosse qui avoit deja fait 2 fois banqueroute mit fin à cette contestation, en mettant 500# au dessus de Moltais. Comme MMrs les Commissaires pretendent que tous ceux qui font valoir aux Estats, sont obligés de venir leur faire leur soumission, & que celui-cy ne s'estoit point Conformé à Cette regle; Mr L'intendant luy dit qu'il estoit estonné de luy voir mettre aux enchères, sans luy avoir parlé. Cet homme qui estoit ivre, luy repondit : parbleu! monsieur, mon argent parle pour moy » — Comme cette sugestion n'estoit pas du gout des Estats & que l'intendant s'en aperçut par un petit murmure qui s'éleva, Il jugea à propos de rire de la réponse de Mercier.

La nouvelle arriva qu'on avoit donné a Mr Du Bouexiere Becdelievre La ville de Lyon pour prison au lieu du chateau de pierre ancise où il estoit renfermé —. la Noblesse vouloit deputer pour en aller remercier Mr Le Marechal, L'Eveque de Nantes s'y opposa & dit que si apres les Estats on vouloit le suivre sans deputation, il se chargeroit du remerciment; — ce qui fut accepté —

MM^s Les Presidens des ordres s'estant joints à la Commission nommée pour conferer avec M^s Les deputés de la Chambre des Comptes, rendirent Compte, Le 17, des propositions de Ces MM^s. Ils demandoient aux Estats 30000# pour la reddition de leur Comptes, ou 5000# par million; pour l'abonnement des aveux & hommages 8300#, — 107000# pour le passé. — Sur quoy estant allé aux Chambres aussy bien que sur la proposition de donner de quoy faire graver une Carte de Bretagne en general, & de tous Les Eveschés en particulier, & pour partager Ce qui restoit à chaque Corps des 48000#, Les Estats revenus sur le theâtre ordonnerent que pour la derniere fois il seroit offert à MM^r de la Chambre, sans qu'il fut inseré sur le registre 3000# par million, pour la reddition des Comptes des Estats, 6000# par an pour les aveux & hommages & droits de sceaux, & 50000# pour le passé : ce qui ayant esté refusé par leurs deputés, Les Estats enjoignirent à leurs deputés à la Cour & aux procureurs gen^x sindics de poursuivre vivement toutes les contestations que l'on avoit avec la Chambre des Comptes, afin d'en pouvoir obtenir le jugement —

Sur l'article des Cartes l'on chargea aussy MM^s les deputés à la Cour de Chercher à Paris les plus habiles gens pour former le plan des Cartes, qui seroit envoyé à d'autres deputés nommés dans chaque diocese qui donneront leur soin pour dresser des memoires Justes de toutes & que le tresorier payeroit ce qu'il en cousteroit pour faire faire les dites Cartes.

Au sujet des gratifications, MM^s de la Noblesse voyant que l'Eglise & le tiers vouloient garder pour eux toute leur portion, ont demandé à M^r d'ancenys 500# pour donner encore à Mme Talhouet Lemoyne sous le nom de Chambellay; 300# Livres pour l'huissier que le Marechal de Montesquiou avoit fait mettre dans un cul-de basse fosse pour avoir signifié le greffier des Estats sans sa permission. Sur ce qui revenoit à la noblesse & du reste Il fut rendu le maitre de partager entre tous les officiers ce qu'il restoit, ce qui ne fait que 220# à chacun.

Les Eveques eurent chacun 1000#, 1000# qu'ils ont pour leur assistance aux Estats, & 1000# qu'on leur donnoit pour les pauvres de leur diocese & dont Ils devoient apporter les quittances : cela fait 3000#, qu'ils touchent pour venir pendant un mois vendre la province!

Les abbés & les Capitulaires eurent chacun 500# outre ce qui leur estoit donné par les chapitres; & il resta encore 1400# a partager entre les agrégés.

L'on fit une queste pour Mme de Montlouis renfermée dans le Chateau de Caen qui monta à 600#, & le Comte de Beauvais luy donna de plus ce qui luy revenoit Comme officier.

Le Marechal de Montesquiou avoit fait donner aux Estats de Dinan un arrest du Conseil très injurieux au parlement par lequel toutes les Causes de Ms de l'ordre de l'Eglise, de celui du tiers & de quelques indignes Gentilhommes qui l'auroient demandé estoient evoqués au grand Conseil, sous pretexte qu'autant bons serviteurs du roy, ils ne pouvoient avoir justice au parlement. la plupart de Ceux qui avoient esté nommés dans cet arrest avoient donné des declarations comme ils y avoient esté compris à leur inscu. Il estoit de l'honneur des Estats de souhaiter la revocation de Cet arrest, puisqu'il n'avoit esté rendu que pour punir Ms du Parlement d'avoir soutenu les interets de la Province.

J'en avois plusieurs fois parlé à l'assemblée; mais l'Eveque de Nantes avoit toujours eludé par de mauvaises raisons les demarches qu'on estoit obligé de faire à Cet egard. enfin on obligea Le p: general Sindic Bedée de representer à l'assemblée le derangement que Cet arrest Causait dans les familles, & les estats ordonnerent qu'il en seroit fait article dans leur cahier de remontrance & chargerent leurs deputés d'en obtenir la revocation.

MMs Les Commissaires entrerent pour recevoir Les dernieres enchères tant de la ferme generale, de la fourniture des estapes, que de la charge de receveur des fouages de L'Evesché de Quimper.

Cette charge fut adjugée au Sieur Gazon à 60 000#.

J'ai dit que MMs Les Commissaires, voulant forcer les Estats d'abonner les Estapes, avoient empesché les compagnies qui y pensoient de les faire valoir. la Noblesse l'ayant appris resolut de rompre le Coup, & pour y parvenir determina de la faire valoir, quitte à la faire regir par un homme qui s'y estoit offert au peril des evenemens.

Le Sieur de Chambellay, homme qui par ses services & son merite reparoit ce qui manquoit à fa Condition, quoique fon pere eut efté Marechal de Camp des armées du roy, & luy employé dans toutes les Commiffions fur le pied de Gentilhomme, fut chargé avec Mr de Cogneft de mettre les enchéres. Sitôt qu'il fut queftion des Eftapes, il fe leva & dit « Mr Le Marechal, J'ai longtemps fervy le roy dans fes armées, Je veux encore avec votre permiffion le fervir dans la nourriture de fes troupes, ce qui m'a engagé à faire valoir Les Eftappes » —. M. l'intendant fe leva & luy demanda qui eftoient fes Cautions : « tous Meffieurs de la nobleffe » — dit-il, & J'ai pour intereffé Mr le Marquis d'Ancenys, & tout de fuite fe tournant vers le herauft public : pour Chambelley la place de fouage a 30 fol & Celle de bouche à 20 fols! » !!

L'intendant, voyant que fa rufe eftoit decouverte, & qu'il n'y avoit plus rien à faire, envoya dire par le grand Prevot aux Compagnies qu'il avoit empefché de parler, de faire valoir les eftappes — Sitot qu'ils eurent debouté Chambellay il dit tout haut avec fermeté : voilà tout ce que nous voulions. nous ne ferons point de tort à Ces Meffieurs. Cependant, fi ces eftappes m'avoient efté adjugées, dit-il à Mr l'intendant, vous euffiez efté fi Content de moy que vous n'euffiez point voulu d'autre fermier. »

Elles furent adjugées à La Roche Lemoine, la place de fouage à 19 fols fix deniers & la place de bouche à 12 fols — la ferme des grds devoirs fut enfuite publiee. le Sieur Bouret la porta à 4 millions, les frais en dehors avec la condition de payer argent fonnant 170000#. Ceux de Ms de la Nobleffe qui eftoient de fon party, eftoient convenu de fe lever & de demander à Mr Le Marechal qu'on la luy adjugeaft, ce qu'ils firent, & ce qui ne plut pas au Marechal qui leur dit affez en colere « Si vous me voyiez, Meffieurs avoir de la predilection pour quelqu'un, vous vous en plaindriez. il faut f'il vous plait vous tenir dans la mefme regle & laiffer la liberté & le temps marqué à un Chacun de faire valoir. Je ne veux point de parangonants, mais auffy Je ne veux pas que les autres en prennent : ce qui eftoit trés picquant pour ceux qui f'eftoient levé. L'enchère de Bouret fut auffitot couverte de 10 000# par André. Bouret la Couvrit de dix autres. André la porta à 4 millions 80 mille livres, fur quoy les chandelles f'eftant efteintes, il demanda à M. Le

Marechal que la ferme luy fut adjugé. Mais les Eſtats l'ayiant ſupplié de leur accorder encore une bougie. Le Marechal le fit avec peine, parce que cela n'eſtoit pas juſte. Bouret fit encore une enchère qui ayant eſté de rechef Couverte par André, la ferme luy fut adjugée a 4 millions 230 mille livres les frais en dehors, ce qui produiſit une augmentation ſur la dite ferme de 840000#.

Mr de Beaucour fils de Mr de Beaulieu colonel de dragons fort eſtimé eut un derangement dans l'eſprit qui devint public & qui toucha infiniment tous ſes amis.

Il ſe fit pluſieurs chanſons ſur Mme La Marechale, trop mauvaiſes pour eſtre placées dans ce memoire.

Mr L'Eveque de Nantes pria les Eſtats de la part de Mr Le Marechal de vouloir bien faire revivre la penſion du pere Lobineau, qui lui avoit eſté rayée à Dinan, ce que les Eſtats accorderent. mais l'Eveque ayant oublié de demander pour le paſſé, il fallut retourner aux voix. MMs du tiers dirent qu'ils n'eſtoient d'avis de la donner que pour l'avenir & non ſur le paſſé. ſur quoy l'Eveque entra dans une fureur horrible diſant : Je ferai ſcavoir à Mr Le Marechal que vous vous oppoſez à ſes volontés » — & ſans avoir egard à l'avis du tiers enonça pour le paſſé comme pour l'avenir. Mr Le Seneſchal de Nantes ſ'y oppoſa d'abord avec fermeté ; mais enfin ils conſentirent avec deliberation.

L'on augmenta d'un tiers la gratification des Courriers, qui avoient eſté à la Cour eu egard à l'augmentation des poſtes ſans tirer à conſequence pour l'avenir —

L'abbé de Marbeuf fit rapport de la Commiſſion dont il avoit eſté chargé à St Brieuc de verifier par les livres ſommiers du treſorier ſi les diminutions d'eſpeces qui montoient à 370000# eſtoient veritablement dues, & ayant faire lire le procès-verbal que luy & ſes deputés avoient fait du refus que Montaran avoit fait de repreſenter les dits livres, il fut ordonné qu'a la diligence du Pr: genal Sindic le dit ſieur de Montaran ſeroit ſommé de remettre à la meſme Commiſſion les dits Livres, & qu'en cas d'un ſecond refus, qu'il ſ'adreſſeroit au conſeil pour l'y obliger —.

Le meſme abbé de Marbeuf fit un rapport imparfait de la commiſſion dont il avoit efté chargé aux Eftats de Dinan, d'examiner les comptes du P: de Lezonet & de Montaran. il eftoit trop de leurs amis pour y avoir travaillé.

Le fieur de Bertou fit auffy lire un memoire au fujet de trois de ces comptes; mais le tout eftoit fi confus & fi peu en ordre que les Eftats Jugérent à propos d'ordonner qu'il feroit procedé à un plus exact examen, & pour y parvenir d'adjouter à la Commiffion dont on ne paraiffoit pas content deux deputés de chaque ordre.

L'on accorda une penfion de 4000# à Mr de Coetquen fur les hors fonds.

Meleffe, grand prevot prefenta une requefte au nom de Bellangeraye fon beau pere, par laquelle il demandoit qu'il fut payé de la fomme de 8000# qui luy avoient efté rayés aux Eftats de Dinan. la requefte fut rejetée —. Le mefme grand prevot demanda que l'Eftape luy fut fournye, Lorfqu'il marcheroit dans la province fur le pied de capitaine de gendarmerie —. Les Eftats ordonnerent qu'il feroit payé conformement aux ordonnances du roy.

Les Eftats firent fonds de 6000#, qu'ils ordonnerent eftre remis aux deputés de la Cour pour eftre employés à faire faire un plan général de toute la province, & de celle de 8000# pour ceux qui travailleroient aux Cartes particulieres des diocefes.

M[r] L'abbé de tremyon reprefenta qu'il avoit un procès au fujet de fon canonicat pour favoir qui auroit la preference du joyeux avenement à la Couronne ou du ferment de fidelité; que fon competiteur l'avoit fait appeler au grand Confeil contre les privileges de la Province, qu'il avoit fait caffer Cet appel au parlement, qu'il prioit les Eftats de vouloir bien prendre fait de caufe pour luy, ce qu'ils ne Jugerent pas à propos.

M[r] l'intendant fit fonder les Efprits afin d'obtenir un fonds pour l'établiffement des Cafernes dans cette province. mais les Eftats n'y voulurent point confentir —.

M[r] L'Eveque de Nantes fe mit dans une colere horrible fur la propofition que firent Mrs de la Nobleffe de demander au roy que la confifcation enonçée dans l'arreft de la Chambre royale, contre les particuliers auxquels elle avoit fait le procés, euſt eſte revoqué comme eſtant contraire aux privilèges de la province & à la coutume du pays — il declara que l'aſſemblée alloit perdre par là la bienveillance de S: A: R:. il alla pluſieurs fois au greffe pour changer les termes de la requeſte & pour empeſcher Le P. general ſindic Bedée d'expliquer Cette affaire aux Eſtats. mais la nobleſſe l'ayant forcé de parler il expliqua ſi nettement les droits de la province par une infinité d'exemples qu'elle alloit voter tout d'une voix, ſi l'éveque ne ſ'eſtoit aviſé, pour demander l'avis à ſon ordre de lui faire demander Juſqu'au lendemain à deliberer, comme il avoit eſté ordonné, Lorſqu'il ſ'agiroit dans l'Aſſemblée de quelque matiere importante. c'eſt ainſi qu'il eludoit les propoſitions les plus ſenſées, quand elles ne luy plaiſoient pas —

S'il mit tout en uſage pour empeſcher les Eſtats de decider ſur la confiſcation, Il ne fit pas de moindres efforts auſſy bien que L'Eveque de Rennes pour faire paſſer une ſomme de 160,000# que le Sieur de Montaran vouloit exiger pour taxation de celle de 12 millions qu'il avoit empruntés afin de rembourſer les charges des Eſtats, & ceux qui ne voudroient pas reduire leurs rentes au denier 25 —.

L'eveque de Rennes qui faiſoit le rapport de la commiſſion de la verification de l'etat du fonds de 1715 où cette ſomme de 160.000# eſtoit employée, dit que ſes co-deputés n'ayant pas eſté d'avis de la paſſer il avoit envoyé chercher Montaran, lequel avoit paru fort eſtonné de la difficulté qu'on luy faiſoit — Le ſuſdit Eveque n'omit aucune des raiſons du treſorier; Il exagera les ſervices qu'il avoit rendus à la province, & la reconnaiſſance qu'elle en devoit avoir. L'eveque de Nantes dans la recapitulation du rapport de ſon confrere encherit encore ſur ce qu'il avoit dit —

Mr de Piré à la teſte de pluſieurs amis de cet infidele treſorier ſoutenoit qu'il valoit mieux luy accorder cette ſomme que d'y eſtre forcé par un arreſt du conſeil, diſcours qui ne devoit pas ſortir de la bouche d'un homme auſſy ſenſé que luy, puiſqu'on ne doit jamais faire le mal pour en eviter un plus grand qui ne vient point de nous.

Ce fut ſans doute ce motif qui engagea pluſieurs Gentilſhommes dont j'avais l'honneur d'eſtre du nombre de repreſenter que, par le reglement de 1687, il n'estoit accordé de taxation au tresorier que sur ce qui estoit compris dans la recepte actuelle de l'etat du fond, mais qu'il n'en devoit point avoir sur les emprunts qui se faisoient, à moins que les emprunts ne fussent entrés dans les depenses du dit etat de fonds; que pour le prouver les Estats avoient accordé un p % au dit Montaran, quoiqu'ils sçeussent qu'il n'en coustoit qu'un quart & un demy pour l'engager comme il l'avoit demandé à faire ledit emprunt & luy tenir lieu de recompense, ce qui avoit monté dans les deux dernieres années à 216.000#, que si on luy devoit des taxations pour les 12 millions, il en exigeroit pour tous les changemens anciens dans la derniere année, ce qui monteroit à plus de 2 millions.

Le tresorier, quelqu' avide qu'il fut, eut plus de bonne foi que les deux Eveques, avouant que les Estats avoient raison & se renferma à demander une gratification pour toutes les peines que luy avoient causées les conversions, ce qu'on luy accorda. Les Eveques vouloient qu'elle fut de 100.000#; mais les Estats ne la luy donnerent que de 25.000#. encore etoit-ce agir bien contre leurs interets & contre la justice : contre leurs interets, de donner une gratification à celuy qui avoit esté cause de tous les malheurs de la Province pour avoir voulu reviser ses comptes & qu'on vouloit encore poursuivre comme s'estant approprié une infinité de millions qui ne lui appartenoient point par la fraude & par la ruse; — contre la justice, d'arracher à des peuples accablés 25.000# pour en faire present à un homme qui regorgeoit de biens, & de richesse. cela s'appeloit adorer le veau d'or —.

Mr L'eveque de Nantes vouloit aussy que les Estats eussent fait fonds d'une somme considerable pour placer la statue equestre du feu roy à Nantes, qui avoit esté construite au depens de la province. Mais comme aux Estats de St Brieuc, Il y avoit eu une deliberation qui l'accordoit à la ville de Rennes, il ne reussit point encore dans ce projet —.

Enfin la quatrieme luy reussit il fit entendre aux Estats que s'ils le vouloient charger personnellement de demander à S: M: qu'on ne payat point l'interet des sommes qu'on luy avoit remboursés. qu'il se flattait d'estre escouté aussy bien que pour la suppression des restants du dixieme. on le chargea avec plaisir de poursuivre ces deux affaires.

J'ai dit que le P: general S: Bedée avoit ſi bien fait connoitre que les confiſcations ne pouvoient avoir lieu en Bretagne que dans le crime de Leze-majeſté au 1er chef. l'eveque de Nantes voyant que l'aſſemblée en eſtoit emue & reſolue de ſe plaindre de l'arreſt de la Chambre royale, ſe mit au lendemain à deliberer. l'aprés midy il avertit 4 ou 5 gentilſhommes qui ne viennent à toutes Les tenues d'Eſtats que pour ſe livrer, pour quelque argent ou mince recompenſe, à tout ce qu'il y a de plus bas & de plus pervers, de ſe trouver ſur le theâtre une demye heure avant celle qu'il indiqueroit publiquement. Il en engagea autant dans l'Egliſe & dans le tiers, & leur dit que c'eſtoit pour empeſcher qu'on ne parlaſt des confiſcations dans le cahier des remontrances. Ils ſ'y rendirent & firent ce que l'Eveque ſouhaitoit, de ſorte que quand les Eſtats furent tous aſſemblés, & qu'on voulut parler de cette affaire, L'eveque dit qu'il falloit venir plus matin & qu'elle eſtoit decidée par une deliberation de l'avis des 3 ordres — c'eſt ainſy qu'on eſtoit traité à ces Eſtats. la crainte avoit ſi fort ſaiſy les eſprits que la plupart craignoient que c'euſt eſté un crime meſme de ſe plaindre des infractions faites à nos privilèges —

M[r] L'eveque de Rennes acheva ſon rapport de la verification du comte du treſorier ; L'eveque de Leon de celuy des hors fonds, & l'Abbé de Marbeuf de celuy de l'ordinaire. Il fut ordonné qu'ils ſeroient ſignés, portés a approuver a MM[s] Les commiſſaires & depoſés au Greffe —.

M[r] Le Marechal d'Eſtrées entra ſans garde & ſans ſuite comme il ſ'eſtoit pratiqué depuis 10 ou 12 tenues d'Eſtats pour indiquer de la part de M[r] Le Comte de toulouſe les perſonnes qu'il deſiroit qu'on eut nommées pour les deputations à la cour & à la chambre. La nobleſſe fit ce qu'elle put pour engager L'Egliſe & le tiers à n'avoir plus d'egard à ces recommandations, qu'on nous faiſoit regarder comme des ordres & à rentrer dans le droit de les nommer; & pour prouver que Ce qu'elle diſoit n'eſtoit pas des chanſons, elle nomma, au lieu de M[r] Le Prince de Léon recommandé par la cour, M[r] d'ancenys, au lieu de l'Eveque de Vannes L'eveque de Léon, & au lieu du Seneſchal de Pontivy, celui de Nantes — Mais ſes efforts furent inutiles. les deux autres ordres n'y eurent aucun egard —

On lut le contrat qui ſe paſſa avec MMs Les Commiſſaires de la part du roy & les eſtats — Mr L'eveque de Nantes vouloit abſolument qu'on le leur portat à ſigner ſur le champ —. la Nobleſſe ſoutenoit qu'il falloit nommer avant à la Commiſſion de l'Etat du fonds. chacun avoit ſes vues. L'eveque de Nantes voyoit que l'intention de la Nobleſſe eſtoit qu'en cas qu'il ſe trouva des fonds excedant la depenſe, de les diminuer ſur les fouages; — & le Prelat, à qui les commiſſaires avoient dit qu'ils n'y conſentiroient pas, ſoutenoit que l'on n'avoit point employé dans les hors fonds les ſommes neceſſaires & qu'il falloit laiſſer l'excedant pour y ſubvenir; — mais le tiers qui ſeul y avoit intereſt ſ'eſtant rangé du coſté de la Nobleſſe, Ils inſiſterent fortement à ce qu'on eut nommé la Commiſſion de l'etat du fonds, ce qui ayant faſché l'Eveque de Nantes, il remit les Eſtats au lendemain, & ſortit bruſquement de l'aſſemblée —

Le nouveau treſorier preſenta une requeſte afin d'eſtre payé de ſes gages de l'année 1720, expoſant qu'il en faiſoit toute la recette & en payoit la depenſe. Ces ſortes de gens ſont toujours eſcoutés, tellement qu'on luy alloit accorder 15 000#, ce qui fait connaitre combien l'argent des peuples couſte peu à donner, ſi l'on n'avoit pas repréſenté que les Eſtats avoient dejà ordonné qu'il ſeroit payé du jour qu'il avoit reçu juſqu'au 1er janvier; ce qui comprenoit une partie de l'année 1720. les ſindics qui ſ'entendent toujours avec le treſorier niaient fortement qu'il eut eſté ainſy enoncé. mais le fait ſ'étant trouvé juſte, on n'accorda au treſorier que 7500# pour avoir aſſiſté à l'emprunt des huit millions —.

Les Eſtats accorderent 50000# pour la reparation des grds chemins et 8000# pour la depenſe de faire faire des procés-verbaux des lieux où il était plus neceſſaire de travailler, & pour faire planter des poteaux aux carrefours des grands chemins qui indiquaſſent la ville ou le bourg où chaque chemin conduiſoit. & Il ſut ordonné que leſdits procés verbaux ſeroient faits par MMrs Les Commiſſaires dans le mois de Mars prochain —.

Il fut ordonné qu'il ſeroit fait un fonds de 200 000# pour les depenſes des Eſtapes de l'année 1720, & de 120 000# pour 1721.

MMrs Les Commiffaires firent lire un memoire par lequel S: M: vouloit que la fomme deftinée pour l'entretien des haras fut employée felon le projet de M. Le Marquis de Brancas, directeur genal de tous les haras du royaume. fur quoy deliberé aux chambres, il fut ordonné que la fomme de 45 000# feroy repartye par Evefché, c'est-à-dire 10000# pour Léon, autant pour Treguier, 9000# pour Nantes, & 3000# pour chacun des autres Evefche, lefquelles fommes ne pourroient eftres payées par le treforier que fur les quittances des Commiffaires qui furent nommés par chaque Evefché, & fur les ordonnances de Mr le Marquis de Brancas, parce que f'il demeuroit quelque fomme en fouffrance, elles feroient reprifes & employées dans l'état du fonds de la 1ere affemblée —

Toutes Ces affaires eftant terminées, l'on nomma la commiffion pour figner l'etat & approuver l'etat du fonds, où l'on vit pour la 1ere fois le prefident de la Nobleffe y employer des perfonnes qui avoient travaillé pendant la tenue & qui ne l'avoient point demandé, & en exclure tous Ceux qui avoient fait mille baffeffes pour obtenir d'y eftres, parce qu'il y avoit une bourfe de jetons attachée à cette Commiffion.

Il ne fut pas difficile de f'apercevoir de la différence; car cette Commiffion f'eftant affemblée dés le foir & ayant trouvé que la recette excedoit la depenfe de 314000#, malgré tous les efforts de Mr l'eveque de Nantes qui affiftoit de droit à cette commiffion comme prefident, & qui vouloit que cette fomme demeuraft entre les mains du treforier, pour des neceffités, difoit-il, qu'on n'avoit pu prevoir, quoi qu'il fit entrevoir à la Nobleffe & au tiers qu'on deftinoit au moins 200000# a rembourfer les contrats de conftituts qui ne produifoient d'intérêt qu'au denier 50, & que ceux qui avoient affifté aux Eftats en auroit la preference, il ne put trouver mefme dans fon ordre cette fois la que le petit abbé de la Bretonniere de fon avis. tout le refte convint de la néceffité qu'il y avoit de foulager les peuples au depens mefme de leurs propres interefts, & de fuivre de point en point la deliberation qui ordonnoit, qu'en cas qu'il fe trouvaft quelqu'excedent dans l'etat du fonds, il ferait diminué fur les fouages — toutes les harangues de l'Eveque de Nantes furent inutiles — la Commiffion tint ferme, & l'on depufta Mrs Les Prefidens pour aller fur le champ, quoi qu'il fut dix heures du ſoir, prier Mrs Les Commiſſaires d'y Conſentir, en leur repreſentant vivement qu'aprés avoir donné pendant toute la tenue des preuves d'un zele toujours infatigable pour S: M: & d'une complaiſance aveugle pour les volontés des Commiſſaires, qu'il ſeroit bien rude à l'aſſemblée qu'on leur refuſoit de ſoulager les peuples ſur un excédent qui ne provenoit que de la perte du revenu de la nobleſſe, puiſque la reduction du denier 20 au denier 50 l'avait ſeule cauſé, qu'enfin elle eſtoit reſolue de ne ſe point ſeparer qu'elle n'eut obtenu cette grace.

Le bon prelat Nantais ſ'aperçut à la façon dont on le chargea de parler aux Commiſſaires qu'il tenteroit inutilement de faire changer de reſolution aux Eſtats, parce que le tiers y eſtant trés fort intéreſſé, il ſoutiendrait la nobleſſe qui agiſſoit avec d'autant plus de hardieſſe qu'elle ſe ſacrifioit pour le bien public, de ſorte que ne voulant point perdre le fruit de tout ce qu'on avoit fait à cette tenue pour contenter S: à r:, dont Il ſ'eſtoit attribué tout l'honneur, il parla aux commiſſaires avec autant de force pour leur faire accepter cette diminution ſur les fouages qu'il avait insiſté dans la Commiſſion à la faire rejeter —

L'exemple de ce qui eſtoit arrivé au Marechal de Monteſquiou pour en avoir trop voulu exiger, & porté juſqu'au deſeſpoir le pouvoir abſolu, la crainte d'être obligé de demeurer plus longtemps à Ancenys & de renouveler des tables dont en eſtoit trés ennuyé, toutes les raiſons enſemble firent conſentir avec bien de la peine à MMrs Les Commiſſaires que l'excédent de la recette de l'etat du fond ſeroit diminué ſur les fouages aux conditions auſſy, que les Eſtats donneroient 30 000# pour le retabliſſement du pont de Pilmy.

Les Eſtats le lendemain aſſemblés apprirent avec grande ſatiſfaction tout ce que leurs deputés à l'etat des fonds avoient fait la veille & les en remercierent. Ils accorderent de la meilleure grâce du monde les 30 000# que les Commiſſaires demandoient pour le retabliſſement des ponts de Pilmy. Ils pouſſerent leur largeſſe juſqu'à donner 10 000# pour aider à demolir & retablir l'Egliſe Cathédrale de Rennes, malgré la repugnance qu'ils avoient à rien faire pour l'Eveque de Rennes, qui l'avait propoſé; mais oubliant les juſtes ſujets que l'on avoit de le mepriſer, & on ne regarda alors que le bien général. ces deux affaires finies, on ordonna qu'il feroit diminué fur les fouages de la fomme de 280000# dans les années 1721, & 1722 qui eftoit l'excédent de la recette. on ordonna qu'il feroit fignée par les deputés des Eftats auffy bien que le contrat & porté auffy à figner & à approuver à MM[rs] Les Commiffaires, ce qui ayant efté fait, M[r] Le Marechal entra aux eftats pour remercier & congedier l'affemblée — Le Procureur général Sindic Coetlogon repondit à fon compliment pour les Eftats & puis, l'on fe fepara —

Pour copie conforme :

D[r] DE CLOSMADEUC.

INCENDIE DE LA VILLE DE RENNES

(1720)

IL ne ſe paſſa rien de mémorable dans la province, entre les deux tenues d'Eſtats d'Ancenis & de Nantes, que l'épouvantable incendie de la ville de Rennes, & le retabliſſement de pluſieurs droits, éteints par la déclaration du roy de 1715.

Le 22 décembre de l'année 1720, le feu prit chez un menuiſier, dans la rue Triſtin, ſur les onze heures du ſoir; on ignore de quelle maniere. la femme de Cet homme vendoit de la chandelle & avoit dans ſa maiſon une grande quantité de ſuif, où le feu ayant gagné, Il embraſa ſi fort toute la maiſon que cette pauvre miſérable, ayant voulu ſauver quelque argent, fut conſumée par les flammes.

Les Maiſons, dans ce quartier là, eſtant Conſtruites en bois, toutes jointes les unes aux autres, ſans aucun intervalle, & la rue ſi eſtroite que le feu ſe communiqua bientôt & aux maiſons voiſines & à Celles qui eſtoient vis à vis; de ſorte que dans cette nuit, une moitié de la rue fut entiérement brulée, & toute employée, non point à prevenir le mal en faiſant la part au feu; mais Chacun ne penſa qu'à ſauver la meilleure partie de ſes meubles. la rue en fut ſi fort embarraſſée que perſonne ne put ſ'emploier à eſteindre le feu.

Il ne se trouva d'ailleur pas un sceau dans la maison de ville. Le Jour qui devoit apporter quelque remède à un si grand mal, ne fit qu'augmenter la confusion & le désordre parce qu'on ne prit aucune des mesures necessaires pour le faire cesser.

Le regiment d'Auvergne, qui etait en quartier à Rennes, eut ordre de Mr l'Intendant d'aller au secours des bourgeois. mais comme Il y fut confusément & sans discipline, au lieu d'éteindre le feu, Ils ne cherchèrent qu'à le perpetuer & à piller ce qu'il y avait de plus precieux dans les maisons. Les manœuvres & gens de metier, qui estoient en grand nombre dans cette ville, suivirent leur exemple, ce qui acheva de mettre la desolation partout. ceux qui ne volaient pas, etant attirés & tentés par de si grosses sommes pour transporter les meubles des particuliers d'un lieu dans un autre, ce qui arriva à quelques uns jusqu'à trois fois, que tous abandonnérent l'endroit où etoit le feu, dont Ils ne se souciaient guère, pour satisfaire leur avidité, ce qui fit que dans le jour tout un coté de la rue Tristin & la rue Neuve furent entierement brulés.

Le feu aprés cela se partagea en quatre endroits & fit de si grands progrès que, Les trois jours & les trois nuits suivantes, c'est-a-dire jusqu'au 26, Il mit en cendres Les puits du Mesnie, le grand & le petit bout de la hue, Les porches qui furent brulés pour avoir voulu épargner la maison du Procureur Morfouace, La Mortrie, la rue St Michel, la Cour de Rennes, une grande partie du Champ Jacquet, la rue des Prones, la Felandrye, une partie de la rue aux Foulons, la rue de la Charbonnerie, de la Cinne, de St François, un coté de la rue St Germain & de la Basse Baudrairie, toute la Haute Baudrairie, les deux tiers de la Poissonnerie, partie de la rue du Four du Chapitre, Les deux tiers de la rue de la Nonnerie, L'église de St Sauveur, qui venait d'être achevée, & le gros horloge, qui était un des plus beaux morceaux qu'il y eut en France. Il est certain qu'il ne fut pas resté une maison de Cette ville infortunée, si des particuliers moins attentifs à leurs intérêts & à la crainte de perdre leurs maisons, que ne le furent les principaux magistrats au bien public, n'etaient sortis de cet assoupissement où Il semblait qu'eux & tout le monde etaient ensevelis, depuis que le feu avait commencé.

Car si dés le lundy matin, voyant qu'on n'avoit aucune des choses neceſſaires pour eſteindre le ſeu, ny aucune eſperance de ſauver la Ville qu'en ſacrifiant quelques maiſons, Mr L'Intendant eut ordonné aux officiers de mener eux mêmes leurs ſoldats, & aux entrepreneurs de conduire les ouvriers pour abattre, tout autour du lieu où le feu etoit le plus epris, une douzaine de maiſons, Il eſt ſur qu'il ſe fut arreté là, au lieu de laiſſer les uns & les autres ſe repandre ſans ordre dans toute la Ville & Commettre les dernières abominations.

Elles allérent ſi loin qu'on fut obligé à la fin de deſarmer les ſoldats & de les faire Camper ſur le mur des Carmes avec une garde de bourgeois d'un coté & de l'autre, pour les empecher de rentrer dans la Ville.

Mais Il n'en etoit plus temps, puiſqu'on aſſure qu'eux mêmes avaient mis le feu dans pluſieurs quartiers, où Il n'eſtoit point, afin de faire durer plus longtemps le pillage.

Il ne fut fait nulle recherche. au contraire, un mois aprés, quand Ils ſ'en allérent, Ils eurent la liberté de charger pluſieurs Charrettes ſans qu'on ſe mit en peine de les fouiller & Ils enrichirent la Ville d'Angers des dépouilles de notre malheureuſe Ville.

Il n'y eut qu'un ſeul ſoldat de puni, qui laiſſa tomber la patenne d'un calice qu'il avoit dérobé aux Cordeliers.

Tout le menu peuple & les ouvriers, dont cette ville eſtoit remplie, ne furent pas plus ſcrupuleux que les ſoldats; Ils ne ſe donnérent aucun ſouci d'éteindre le feu. Ils ſe partagérent les uns à voler, Les autres à exiger des ſommes exorbitantes, pour le tranſport des meubles.

Il fallut donc avoir recours aux gens de la Campagne pour ſauver le reſte de la Ville. Mr de Maſne & le Comte de Guer (?) en amenerent de leurs terres un aſſez grand nombre pour arreter le feu à la Trinité où la maiſon du premier touchait.

Mr de Cintré ſauva de la ſorte ſa maiſon & empecha par là le feu de gagner l'Egliſe St Pierre.

Mr des Netumiéres, en ſauvant la ſienne, garantit tout le plus grand coſté du champ Jacquet.

Mr Fournier, avec une troupe de Comediens, preſerva ſa maiſon qui eſtoit toute de bois & en même temps tout un Coſté de la Baſſe Baudrairie.

MMs Les Prefidents de Cucé & de Robien arretérent l'effet du feu dans la rue aux Foulons, où leurs maifons etoient fituées.

Mr Dubois de la Motte, dans la rue du Four du Chapitre, quoique l'Intendant logeât dans fa maifon où Il ne f'etait donné aucun mouvement pour la preferver.

La quantité de fumier que l'on porta dans les portes aux Foulons & St Michel empecherent le feu de penetrer hors ville.

Le Palais fe garantit par fa hauteur & par la quantité d'eau qu'on tranfporta dans les plombs, avec laquelle on éteignait la flamme, dès que le vent l'y portait.

La maifon du commandant, nommée hotel de Briffac, fut preférvée, fans aucun fecours, au milieu des flammes.

Le trifte détail, qui fut envoyé à la Cour de cette affreufe incendie, parut d'abord la toucher infiniment. Le Roy donna aux pauvres incendiés —. Mr Le comte de Toulouse 30000# & Le Marechal d'Eftré 6000#. Les Miniftres, par ordre de Mr Le Duc d'Orléans, écrivirent dans tous les diocéfes pour engager MMs Les Evéques & Curés à faire une quefte. toutes les fommes n'apportérent qu'un faible foulagement, foit que le nombre des malheureux fut trop grand, foit que cet argent fut mal diftribué, comme Il arrive prefque toujours dans ces fortes d'occafions, où la faveur decide de la repartition & où la veritable mifére n'eft jamais foulagée.

La Cour promit de grands fecours & beaucoup de facilités pour contribuer au prompt retabliffement de cette capitale, & afin d'engager les habitants à ne point fortir de la ville, elle exempta de la Capitation pendant 4 ans tous ceux qui avoient eté incendiés & qui y demeureroient. Il eft vray que le préfent fut mediocre, puifque l'Intendant eut ordre de reporter cette fomme fur tous les autres contribuables de la Province

Le Roy vendit une partie de fes forêts aux conditions à l'acquéreur de donner le pied de bois cube à dix fols rendu dans la ville de Rennes.

L'on fit faire un procés verbal, par des députés choifis dans tous les ordres, de la fituation & de la grandeur des maifons que chacun avoit perdues. en attendant que l'on put former un plan pour rebatir une nouvelle ville & préparer Les matériaux, on permit aux habitants de fe conftruire des barraques dans les places publiques, comme fur la Liffe, ſur les douves & autres lieux, ce qui fit bientôt connaitre le pillage immenſe que les ouvriers avoient fait dans l'incendie, puiſqu'il n'y en eu preſque pas un, même de ceux qui avoient peine à ſubſiſter avant le feu, qui n'entreprit de ſe bâtir une barraque à deux ou trois étages, malgré la chereté & le grand prix des matériaux, de ſorte qu'au bout d'un an Il y en eut autant qu'il y avait eu de maiſons brulées; ce qui a mis un grand obſtacle au retabliſſement de la ville; chacun ſ'eſtant logé ſelon ſon eſtat & ſa commodité & y ayant employé tout ſon argent, Il ne ſ'embarraſſa plus que la ville fut rebatie; ſi bien que, depuis trois ans, on n'a encore vu perſonne entreprendre ni commencer aucun batiment.

Il eſt vray que les conteſtations qui ſ'elevérent entre le ſieur Robelain ingenieur que le Roy nomma pour dreſſer un plan de la nouvelle ville & MM[rs] de la Communauté ne contribuerent pas peu à l'éloignement que chacun avoit de batir.

Cet ingenieur n'enviſagea, dans l'emploi qui lui était confié, que faire une prompte & groſſe fortune, & que ſe rendre maitre de toutes les graces pour en tirer de l'argent.

Il ne ſ'embarraſſa point que la Ville fut rebatie, pourvu que ſon emploi ſubſiſtât & qu'il put diſpoſer des deniers publics, pour ſ'en approprier une partie.

Pour cela Il forma le plan le plus chimerique dont on ait ouy parler. Il trouva le ſecret de le faire approuver à la Cour, malgré les oppoſitions & les plaintes de la Maiſon de Ville.

Rien de plus beau que le plan dans la ſpéculation, de larges & longues rues, quantité de places publiques, un quai ſuperbe des deux coſtés de la rivière, dont on changeait le lit; un edifice pour le Préſidial, qui repondait à la munificence de Celui du Palais, auquel une même rue, d'une longueur prodigieuſe, aboutiſſait. Mais, pour l'execution d'un projet ſi magique, Il fallait abattre ce qui reſtoit des plus beaux hotels de cette malheureuſe ville, comme ceux de Cucé, de Robien & de Lezonnet, prendre la plus grande partie du terrain d'une Communauté religieuſe, batir des rues entières qui n'avoient point eté incendiées & faire perdre plus d'une moitié du terrain à tous les particuliers qui avaient brulé leur maiſon. d'ailleurs nul égard à la ſituation où elles eſtoient placées, à moins de financer. Celui qui, ſuppoſé, avait vingt pieds de face dans la place du on lui en remplaçoit dix dans la Baſſe Baudrairie & dix autres à trois rues au-delà. a quelque autre on ne donnait que deux pieds de face ſur la rue & l'on en donnait trente dans l'enfoncement, ce qui ne pouvait faire qu'une allée très étroite, & mettait tout le monde hors d'état de bâtir. & afin de ne donner aucune eſperance de reformer ce plan extraordinaire, Il fit fixer l'alignement de toutes les rues & ſ'en fit adjuger le decombrement, ſous un nom emprunté, pour la ſomme de 40000#, ce qui ne lui en couſta pas dix, parce que chaque particulier ſur lequel ces rues paſſaient, fut contraint pour avoir des matériaux, de faire décombrer à ſes frais, on eſpérait que la gloire du Roy & l'utilité de la Province eſtant intereſſées au retabliſſement de la Ville, qu'ils l'autoriſeraient, aux Eſtats, à luy donner les moyens de ſe retablir, mais ni l'un ni l'autre n'arriva.

Une paix dejà de longue durée ne faiſait pas preſumer que la Cour dut exiger de plus groſſes ſommes que lors que la guerre etait la plus allumée & l'Etat à deux doigts de ſa perte.

La diminution du revenu des particuliers, qui avaient preté leur argent à la Province ayant eſté reduits du denier 20 au denier 50, la recepte de ſes fonds excedoit de beaucoup ſa depenſe.

Les fermiers des Devoirs bien loin de ſe plaindre d'avoir rehauſſé les fermes avouaient qu'ils y avaient gagné plus de 140000#, & la quantité de Compagnies qui ſe preſentait ne laiſſait point douter qu'elles n'euſſent encore monté plus haut, & ſur le pied qu'elles etaient Il y avait près de douze cent mille livres depaſſé de la recepte à la depenſe.

Les perſonnes qui ſ'intereſſaient au retabliſſement de la Ville de Rennes avaient trouvé un moyen d'eteindre en même temps le capital des dettes des Eſtats & de l'employer à rebatir la Cité. on aima mieux ſ'en ſervir à faire des demolitions qui ne lui eſtoient d'aucune utilité.

Ce moyen etait de rembourſer juſqu'à la concurrence de l'excedant ceux qui voudroient bâtir de paier un tiers du rembourſement, Lorſque les fondements ſortiroient de terre, un tiers Lorſque l'edifice ſerait à moitié batie, & l'autre tiers Lorſqu'elle ſerait achevée. ſur ce projet pluſieurs ſ'offraient à commencer des batiments & le particulier qui avait perdu les deux tiers de ſon revenu par le brutal ſyſtême, ſe voyait au moins quelque eſperance de rentrer dans ſes fonds.

Ces projets devinrent inutiles par l'edit du ...... qui retabliſſait dans le royaume tous les nouveaux droits, ſupprimés par la déclaration de 1715. Ce qu'il y eut de plus ſurprenant c'eſt que l'on comprit dans les nouveaux droits les Inſpecteurs aux boucheries & aux boiſſons, que la Province avait achetés à perpetuité, dont le premier n'avait eté eteint qu'en ſ'impoſant ſur la capitation qui ſubſiſtait toujours & au profit du Roy, ſeulement pour eviter les deſordres que cette impoſition avait cauſé en Bretagne —.

Malgré tant de juſtes motifs de repreſenter à S: M: qu'il n'etait pas de ſa juſtice de faire prelever un droit qui ne luy appartenait plus, puiſqu'il l'avait vendu aux Eſtats à perpetuité, Le Parlement enregiſtra l'edit; Il ne ſuivit pas l'exemple des autres du Royaume qui firent tous des remontrances, ſans y etre auſſi autoriſés. Il eut eté Levé ſi la Cour n'avait dés lors penſé à ſ'emparer de l'excedant du revenu de la Province ou la forcant de racheter encore ce droit.

Ce deſſein etant pris, Elle n'eut pas de peine à conſentir ſur les memoires que les deputés à la Cour luy preſentérent de ſurſeoir juſqu'à la prochaine tenue des Eſtats, la levée de ces deux droits, parce que la perception des autres avait ſon execution.

ÉTATS DE NANTES

(1722-23)

PRÉAMBULE

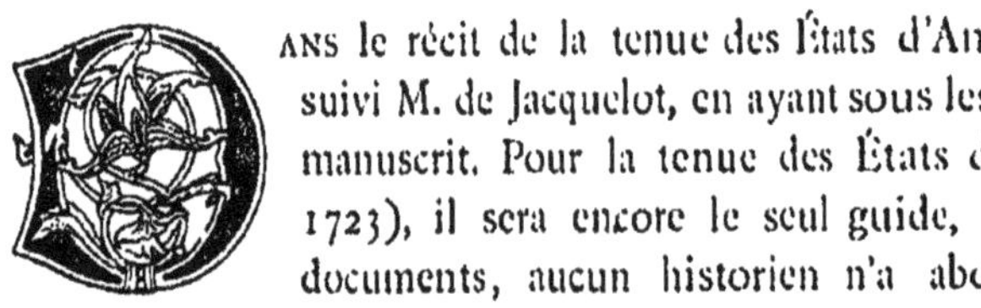

Dans le récit de la tenue des États d'Ancenis, nous avons suivi M. de Jacquelot, en ayant sous les yeux son journal manuscrit. Pour la tenue des États de Nantes (1722-1723), il sera encore le seul guide, puisque, faute de documents, aucun historien n'a abordé le sujet. Et cependant, comme on va le voir, les séances en furent singulièrement intéressantes.

De même qu'à Ancenis, on allait avoir affaire avec MM. les Commissaires du roi, à la tête desquels était toujours le Maréchal d'Estrées. Notre journaliste passe en revue les divers personnages qui figurent à ces États de Nantes, acteurs officiels dans la pièce qui se joue devant une Assemblée de députés Bretons qui auront à lutter contre mille embûches, et, en fin de compte, à subir des volontés qui deviendront des ordres.

Nous appelons particulièrement l'attention sur les portraits crayonnés d'après nature : Le Maréchal « *qui repondait aux remontrances avec assez de hauteur* » ; — La Maréchale « *uniquement occupée d'eblouir par l'éclat & la magnificence de sa maison, Joignant des manieres assez gracieuses à un air de grandeur qui imposait & ne laissait pas d'engager les Cœurs* » ; — Les Commissaires, MM^s de Brilhac et l'intendant De Brou ; — Monsr de Tressan, Évêque de Nantes, Président de l'Église, « *aumonier du Duc d'Orléans, toujours auprès de sa personne, sans s'inquieter beaucoup de son diocese* » ; — Le corps des Abbés commandataires, pépinière des Prélats et des Évêques, nommés par le Roi ; — Le marquis d'Ancenis, président de la Noblesse, qui, aux États précédents, s'était acquis « *la reputation de l'homme le plus juste & le plus droit qui eut eté à la tête de son ordre* », et changea d'allure aux Etats de Nantes ; — Madame d'Ancenis, « *indolente, froide, & par dessus cela, dévote, à la condition de faire cinq parties de quadrille par jour & de ne manquer aucun bal* » ; — Mr de la Gascherie, Président du Tiers, qui avait « *de bonnes intentions & de la fermeté, mais n'avait pas le talent de faire mouvoir son ordre* » ; — puis Les deux Procureurs syndics, de Coetlogon et de Bédée. — A signaler encore l'esquisse de la physionomie des trois ordres, Église, Noblesse et Tiers. Si on veut porter un jugement, il faut lire in extenso tout le texte.

Les plaisirs mondains tenaient nécessairement une grande place dans ces assemblées d'États. A Nantes, on dépassa la mesure. Les Commissaires du roi étalèrent un luxe inouï, recevant à leurs tables les députés provinciaux, et donnant des soirées où se pressaient surtout les membres de la Noblesse. C'était à elle qu'on tendait des appâts ; car c'était de son sein que partaient presque toujours les clameurs et les mouvements d'opposition. Ces festins et ces bals, où les Gentilshommes, jeunes et vieux, étaient traités avec une prodigalité et des prévenances calculées, servaient aux Commissaires de moyens de domination. Comment se livrer au travail, lorsqu'on avait passé une partie de la nuit à danser ou à jouer ? On brûlait les affaires les plus sérieuses. — On lira les révélations piquantes que donne notre auteur sur le rôle des faux nobles qui s'étaient faufilés en grand nombre aux États et troublaient les séances par leurs sourdes intrigues. « *Ils se tenaient, tete baissée, crainte d'etre apostrophés par le President, & qui, lorsqu'il ouvrait la bouche,* le prévenaient par de fades adulations & l'acquiescement à ses désirs. »

On lira également avec fruit les détails ignorés d'une réunion de quelques députés de la Noblesse, appelée *la Soupe aux choux*, sorte de conciliabule, sous forme de coulisse, où les opposants s'entretenaient, le soir, des affaires du jour et de celles du lendemain, et dressaient leurs batteries pour contrecarrer les menées des Commissaires. — Les tableaux, par endroits, sont-ils poussés au noir? ont-ils des aigreurs au bout de la plume, suivant l'expression de Madame de Sévigné? Cela est possible. En tout cas, l'auteur du Journal en assume la responsabilité avec une honnêteté courageuse.

Tout est à noter dans ces mémoires de Mr de Jacquelot. Il y a là matière à des rapprochements curieux avec le temps présent. Il eût été fâcheux qu'ils restassent inédits plus longtemps.

D^r DE CLOSMADEUC.

ÉTATS DE NANTES

(1722)

Ces etats dont je me ſuis determiné avec peine à faire le recit, ne furent indiqués dans la ville de Nantes que le 15 décembre 1722, ſoit pour empecher les Gentilſhommes des villes eloignées de ſ'y trouver dans une ſaiſon auſſi difficile, ſoit que l'on voulut attendre après le ſacre du roi à les commencer; ſoit, ce qui eſt plus probable, que l'argent que l'on avait promis aux Commiſſaires, aux Preſidents des ordres de l'egliſe & de la nobleſſe pour les venir tenir, ce qui ne ſ'etait point encore pratiqué, ne fut pas pret, & qu'ils refuſaſſent, comme le bruit en courut, de partir, qu'ils ne fuſſent nantis —. Ce qu'il y a de vrai c'eſt qu'ils n'arrivèrent que le 17 ſeptembre.

C'etait à la verité Les mêmes Commiſſaires & les mêmes preſidents qu'à Ancenis; mais on ne reconnut en eux ni le même eſprit ni le même caractere.

Mr le Marechal D'eſtrées ſe communiqua d'avantage au dehors, mais il ne chercha point, comme à Ancenis, à laiſſer l'aſſemblée ſe flatter de quelque ombre de liberté, & repondit aux remontrances & aux demandes, qu'on lui fit, avec aſſez de hauteur.

Mme la marechale ne fut uniquement occupée pendant toute la tenue des Eſtats, qu'à eblouir par l'eclat & la magnificence de ſa maiſon tous ceux qui ſe laiſſaient attirer par la grande chére, par la danſe, & par la muſique. Elle joignit des manieres aſſez gracieuſes à un air de grandeur qui en impoſant ne laiſſe pas de gagner les cœurs. auſſy doit-on attribuer à la complaiſance qu'on eut pour elle, & au peu d'attention que les plaiſirs multipliés qu'on goutait dans ſa maiſon, empechant de ſe donner aux affaires les plus importantes, une partie des fauſſes demarches de cette aſſemblée.

Mr Le P: Preſident de Brilhac & Mr de Brou intendant, ſuivirent le train ordinaire de faire leur Cour au depens de la Province, & ſe chargerent de ſeduire le tiers qui depend entièrement d'eux. Cependant le P: Preſident obtint une penſion de ſix mille Livres par an, quoiqu'il n'en demandait que ſix mille par tenue d'Etats, qu'il eut beaucoup d'ennemis & trés peu de partiſans. mais comme Le Scrutin n'etait point encore etabli, Les Preſidens Lui rendirent Ce ſervice.

Il n'eſt point etonnant que MM. Les Commiſſaires tiennent le parti de la Cour. le roi leur remet ſes interets entre Les mains; Ils ſont depoſitaires de ſes volontés, & ſi dans leurs inſtructions particulières on les rend maitres de traiter de quelques affaires aux Eſtats & de ſe rendre facile à quelqu'une de leurs demandes, ce n'eſt qu'aprés avoir fait leurs efforts pour faire paſſer le tout au plus fort —. on a ſu par exemple que ſi on avait refuſé d'abonner le droit des inſpecteurs aux boucheries & aux boiſſons pour une ſomme auſſi forte que Celle qui fut demandée d'abord, que MM. les Commiſſaires avaient ordre d'entrer en negociation. Ils avaient auſſi permiſſion d'accorder aux originaires de la province, de remettre en faveur de ce don leur contrat au denier 30; mais lorſqu'ils ſe virent maitres abſolus de l'Egliſe & du Tiers, & que la Nobleſſe ne prenait aucun bon parti, Ils tinrent ferme à exiger beaucoup au dela de ce que le droit eut produit, ſi on l'avait levé.

Quelques efforts que l'eveque de Nantes fit pour perſuader qu'il etait un des plus zelés partiſans de la province, il avait trop donné de preuves de ſa dependance aux volontés de la Cour, & ſe contraignait trop peu lorſqu'il ſ'agiſſait de la ſervir, pour qu'on en fut la dupe. Il etait aumônier de Monſr Le duc d'Orléans, toujours auprés de ſa perſonne ſans ſ'inquieter beaucoup de ſon diocéſe, & n'avait, je penſe, d'autre occaſion de ſe faire valoir auprés de lui, qu'en lui faiſant accroire qu'il le ſervait utilement en Bretagne.

Il n'en etait pas ainſi de Mr Le M: d'Ancenis. il ſ'etait acquis aux precedens Etats la reputation de l'homme le plus juſte & le plus droit qui eut eté à la tête de la nobleſſe. Il ne voulut jamais etre que l'organe de ſes ſentimens. la pluralité des voix etait toujours ſon avis; & perſonne ne put demeler du quel il etait. Sa politeſſe & ſes maniéres prevenantes repondaient à la droiture de ſon cœur. enfin l'on n'avait point vu encore preſider dans aucune aſſemblée, avec tant de grandeur, de douceur, & de juſtice.

Mais ſoit que les 80.000 # qu'il avait reçus de la Cour pour venir preſider aux etats l'en euſſent rendu eſclave, ſoit que la place de gouverneur du roi que Mr ſon pere occupait depuis la diſgrace de Mr de Villeroy, lui euſſent changé les mœurs; Soit que Mr L'Eveque de Nantes qui voulait preſider avec empire, lui eut fait entendre que la façon dont Il le faiſait ne le rendait que le vil eſclave de ſon Corps, ſans qu'il fut en etat de rendre aucun ſervice à ceux qu'il jugeait en etre digne; ſoit enfin qu'il fut tenté par les mémes objets qui avaient corrompu ſes predeceſſeurs, on le vit dans cette tenue toujours partial dans les affaires génèrales & particuliéres, énoncer hardiment ſon avis quoique ce ne fut point celui de ſon ordre, ne le prendre que pour la forme, bruſquer ceux qui voulaient ſ'oppoſer à ſes deſirs & à ſes volontés, les exclure des Commiſſions, & en accabler ſi fort cinq ou ſix de ſes créatures dont quelques uns ſ'etaient deſhonorés aux precedens etats, & dont la nobleſſe etait fort équivoque, que ne pouvant ſuffire à toutes, aucune ne fut ni travaillée ni examinée. — Ce qu'il y eut de plus mal, c'eſt qu'il fomenta la deſunion parmi la nobleſſe par des manœuvres tres peu dignes du rang qu'il tenait.

Toutes ces choſes ne ſe developperent que peu à peu & ne devinrent certaines que ſur la fin des etats. ce qui fit que la prevention que l'on avait pour lui & l'amitié reſpectueuſe qu'on lui portait furent en partie cauſe du deſhonneur que la nobleſſe acquit à cette tenue d'etats, dont il faut convenir que la plus faine partie ne fut pas exempte. tant Il eft dangereux de fe laiffer trop entrainer même par L'apparence des bonnes qualités.

Ce qui Contribua cependant le plus à rendre le prefident de la Nobleffe independant de fon corps, ce fut la trop grande & la premiere marque de confiance qu'elle lui donna.

On fe plaignait à tous Les etats de ce qu'il fe faufilait dans le Corps de la Nobleffe beaucoup de perfonnes qui n'etaient pas Gentilfhommes & qui n'avaient pas le droit de donner leur voix. Ces Cris redoublerent à Nantes, où entre plufieurs maifons d'une nobleffe epurée, il y en a une quantité prodigieufe qui ne prennant leur fource que de la cire ou de la mairie & Chambre des Comptes de Cette Ville, & qui cependant pretendaient avoir le droit d'entrer aux etats, quoiqu'ils n'euffent pas même partagé Noblement. le reglement que l'on avait fait aux precedens etats pour remedier à ce defordre, en nommant des Gentilfhommes par eveché pour faire par le grand Prevot fortir Ceux qui n'avaient pas le droit d'y entrer parut à Nantes un trop faible expedient. on en chercha une infinité qui tous ne furent point jugés affez forts. Celui qui menait le plus de bruit etait Celui qui fûrement eut forty le lendemain de deffus le théâtre, fi quelqu'un en avait ete exclu.

L'on donna tout au long dans le panneau prémédité que tendit l'eveque de Nantes: parce qu'il ne Convenait pas à Mr d'Ancenis de le propofer, qui etait d'en rendre le prefident abfolument le maitre avec un petit Confeil privé bien choifi dans la Nobleffe, dont Il ne nommerait point les noms, crainte de les commettre, de la recherche de tous les faux Nobles qui f'etaient fait infcrire fur le regiftre des Etats, avec le droit de les obliger à lui reprefenter leurs titres, fitôt qu'il les requererait, faute de quoy ils feraient profcrits par affiche à la porte des etats.

On alla même dans le premier mouvement Jufqu'a vouloir exclure de l'Affemblée Ceux qui ne prouveraient pas 4 générations depuis leur enobliffement; quoique par le reglement de St Brieuc elle fut fixée à 3 & au premier partage noble, ce qui etait Chaffer des Etats plufieurs perfonnes à qui la nobleffe avait donné entrée pendant trois termes.

Les fages reflexions que quelques uns de MMs les Gentilfhommes firent faire fur cet article; en faifant voir que l'on allait affaiblir le Corps, qui ne tire sa force que du grand nombre de gentilshommes qui ont droit d'entrer aux etats, firent changer Cette deliberation. mais quoiqu'ils eussent aussi representé avec force les dangereuses Consequences de laisser au president, homme presque toujours devoué à la Cour, le droit d'inquieter tous les gentilshommes qu'il croyait à propos, sous pretexte qu'il n'avait point vu leurs titres ou de les obliger à Les representer, Ils ne purent rien obtenir à Cet egard.

On ne peut mieux profiter de Cette bevue que le fit Mr d'Ancenis. dés le lendemain, il envoya 30 ou 40 lettres par Le grand Prevot à 30 personnes qui voulaient etre gentilshommes à quelque prix que ce fut, ce qui intimida si fort une grande partie de la noblesse Nantaise & beaucoup d'autres des autres diocéses qu'ils furent entierement soumis, toute la tenue, à ses volontés, & qu'ils se tinrent sur leur banc sans oser ouvrir la bouche, la tête baissée, crainte d'être apostrophé par le president, ainsi que des écoliers qui tremblent qu'un regent ne leur fasse dire leur leçon. quelques trés bons gentilshommes ne furent pas exempts de Cette recherche; ce qui etait toujours trés triste pour eux d'etre forcé de deployer leurs titres devant une personne qui n'avait nul droit de les reviser, car il n'appartient qu'au roy d'autoriser une reformation. les Commissaires ne l'eussent pas soufferte, si elle n'avait eté utile à leurs desseins.

Cette recherche produisit l'effet qu'on s'en etait promis. Les deux Boisjolan parens de Mme d'Ancenis, & à qui on s'adressait pour obtenir grâce devant le reformateur, aprés avoir fait les difficiles, en tranquilliserent la plus grande partie, en les assurant que s'ils se tournaient toujours de l'avis du President, qu'il declarerait leur noblesse, noblesse aussi ancienne que Celle des Rohans & des De Rieux, ou au moins qu'il ne les inquieterait point pendant toute la tenue, ny qu'il ne rayerait point leurs inscriptions de dessus les registres. ainsi Les nuits que Mr Le marquis d'Ancenis disait avoir passées à examiner des titres furent un sommeil perdu inutilement. Il n'en fit point le rapport, quoique l'on pressat tous Les Jours —. Il est vrai qu'il a promis de Commencer par là son entrée aux prochains etats.

La voix des faux nobles qu'il avait si bien menagés ne lui fut pas infructueuse. à peine ouvrait-il la bouche qu'ils le prevenaient ou par l'acquiescement de ses desirs ou par de fades adulations. aussi Cette nouvelle secte qu'il detestait si fort au commencement des etats, parce que, disait-il, Ils se sentaient toujours de la bassesse de leur extraction, devinrent ses favoris —. Plusieurs furent honorès des plus importantes Commissions, entre l'intervalle des Etats, & les seuls dont Il parut avoir regret de se separer.

Mme sa femme quoique d'une assez belle figure, ne plut pas davantage; elle etait indolente, froide & par dessus cela devote, à la condition de faire Cinq parties de quadrilles par Jour, & de ne manquer aucun bal. il y avait quelque chose de géné dans les honnétetés qu'elle faisait; c'etait toujours les mêmes, elle les prodiguait également à tout le monde sans distinction. il s'emblait qu'elle n'en sut faire que d'une espece; ses actions n'etaient accompagnées ni de grandeur ni de grâce, ce qui donnait sur elle un grand avantage à Mme la Marechale —. elle n'etait propre qu'a tenir un bon ménage bourgeois —.

Mr de la Gacherie, president du Tiers, avait de bonnes intentions & de la fermeté; mais il n'avait pas le talent de faire mouvoir son ordre. il ne se pretait point assez, ny n'etait pas aussi liant qu'il eut ete à desirer.

MMs de Coetlogon & de Bedée, procureurs genl scindics, etaient Capables de remplir dignement leurs charges, si l'un n'avait pas eté toute sa vie trop esclave des grandeurs, & trop devoué à leurs volontés, & l'autre trop imposant, trop entêté dans son sens, & trop rempli de lui-même.

L'on a dit cent fois que l'ordre de L'eglise qui etait à cette tenue composé de 8 eveques, deux abbès, 9 capitulans, & quelques agregés ne semble depuis plusieurs années venir aux etats que pour decider entre la Noblesse & le tiers sur le parti que l'un de ces deux Corps prend le plus prejudiciable à la province —. l'on peut dire qu'il se surpassa à cette tenue; mais en recompense aucun de entreux tous eux, surtout nosseigneurs les Eveques, ne manquerent aux Concerts & autres amusemens que leur procurait Mme la Marechale. à peine pouvaient-ils trouver une demi heure par Jour pour travailler aux commissions dont Ils etaient chargés, & où ils sont toujours à la teste; tant elle avait de soin de leur multiplier les plaisirs —.

Ce serait s'ecarter de la plus exacte verité qui seule fait le fondement de tous ces memoires, que d'accuser la noblesse d'avoir suivi la même route que Ceux de l'Eglise; mais aussi ce serait la trahir que de vouloir ſoutenir qu'elle eut conſervé, à cette tenue d'Etats, l'union, la fermeté, & le deſintereſſement dont elle avait donné de ſi honorables preuves aux aſſemblées de St Brieuc, de Dinan & d'Ancenis —.

La Nobleſſe de Nantes, bonne & mauvaiſe, qui jamais n'avait été aux etats, pas même à ceux d'Ancenis, crut qu'il etait de leur honneur dans leur ville de faire toujours prevaloir leurs avis, ce qui fit que ſans être au fait ni des ruſes des commiſſaires, ni de ce qui concernait leurs propres interets, c'etait aſſez que quelqu'un de leurs compatriotes prit un avis pour le voir ſoutenu par tous les autres avec une opiniatreté, dont ce qu'il y avait de plus ſenſé ne les pouvait faire revenir. que quelqu'un inſtruit à fond de ce dont Il ſ'agiſſait voulut le faire connaitre & parler, Il etait hué d'une ſi terrible façon qu'il ſe promettait de tout ſon cœur de n'ouvrir jamais la bouche en pareille occaſion —. ainſi une partie des plus honnetes gens ſe rebuterent dés le Commencement des Etats —. qu'en arriva-t-il? C'eſt que chacun ſe mepriſa, ne chercha ni à lier ſociété, ni à ſ'inſtruire ; Les Bretons des autres Diocéſes & les Nantais paſſerent ſix ſemaines enſemble ſans ſe connaitre. la quantité de tables qui ſe tenaient dans la ville ne laiſſait aucuns jours vides, pour pouvoir diſſiper les preventions que l'on ſ'etait formées les uns des autres —.

J'ai honte d'être forcé de convenir que c'eſt à la multiplicité de ces tables que la Cour a ſoin d'entretenir par ſes largeſſes, qu'elle eſt le plus redevable de ſes ſuccès, & qu'elle prend ſi fort le deſſus ſur un corps qu'on ne croirait Jamais qu'il put ſe laiſſer prendre à de tels appats. là ſe tendent les piéges dans leſquels MM[rs] les Commiſſaires veulent qu'on donne. là Ils inſinuent ſous des apparences trompeuſes, les ſentimens les plus contraires au bien public. Ceux qui ne ſ'en laiſſent pas préoccuper n'oſent les combattre par reſpect pour le maitre de la maiſon, & on ne ſort Jamais de ſa maiſon que quelqu'un ne ſoit attiré par ſon diſcours ſeduiſant, ou intimidé par ſes menaces.

Ce fut M[r] Le Duc de Chaulnes gouverneur de la Province qui par la magnificence de ſa maiſon ſut le premier ſ'aſſujetir la nation. elle excita la Jalouſie du frere du roi, qui ne contribua pas peu à lui faire perdre ce gouvernement, quoi qu'elle ne fut pas Comparable à celle du Marechal d'Eſtrées.

Ce fut par la qu'il ſe rendit maitre des deputations de la cour & de la chambre, ce qu'il obtint par une molle complaiſance & par reconnaiſſance de ſes politeſſes & de ſa bonne chére. Son ſucceſſeur ſ'etait arrogé comme un droit attaché au gouvernement, ſource de la plus grande partie des malheurs de cette province, puiſque les emplois de confiance n'ont plus été remplis que par des ſeigneurs de la Cour, avides des ſommes qu'ils produiſent, ſans etre inſtruits de ſes droits ni de ſes interets, ni ſans avoir le deſir de les ſoutenir, & on en a exclu totalement les gentilſhommes, qui par leur aſſiduité à toutes les tenues des etats, & par leur exactitude à remplir leurs devoirs ſe flattaient de meriter cette recompenſe qui etait la ſeule qu'ils pouvaient avec honneur deſirer —.

Quéravéon dont Je ne pretends point attaquer la probité, mais qui ſ'etait mis en tête d'acquerir la reputation d'homme important & de gouverner tout l'ordre de la nobleſſe, crut n'y pouvoir mieux parvenir qu'en ſe liant avec 8 ou 10 gentilſhommes ou ſoi diſant tels dont il ſ'aſſura & de la complaiſance & de la vivacité à ſoutenir ſes ſentimens. Ils ſe promirent de n'aller point le ſoir aux tables, & etablirent un ſouper à frais communs qui fut nommé *la ſouppe aux choux*, parce qu'elle etait de fondation. on y faiſait aſſez bonne chére pour pouvoir prier 3 ou 4 etrangers dont Ils croyaient avoir beſoin. on y traitait avec grande ſolemnité les affaires qu'on jugeait qui devaient ſ'agiter le lendemain. on prenait l'avis de tous les convives, qui etait toujours celui de Queravéon ; & chacun avait ordre de partager ſur le theâtre pour ſouffler cet avis à tous ceux auprès de qui Ils ſe trouveraient. on avait eu ſoin d'admettre dans ce Conciliabule des gentilſhommes de tous les Diocéſes, afin d'attirer dans leur party & leurs amis & leurs Connaiſſances.

Ils trouverent le ſecret, au commencement des Etats, de ſ'emparer ſi fort de l'eſprit de Mr D'Ancenis, qu'il n'y eut qu'eux & les perſonnes qu'ils honoraient de leur bienveillance à eſtre nommées aux Commiſſions honorables.

Mr D'Ancenys aſſeura, quand Il ſe fut brouillé avec eux au ſujet du ſcrutin, qu'ils avoient calomnyé une infinité de gens d'honneur, afin de les en exclure. J'ai peine à croire un trait auſſy honteux. Ce qu'il y a de vray c'eſt que pluſieurs Gentilſhommes, quoi qu'ils ne recherchaſſent pas ces honneurs, ne laiſſerent pas dans leur interieur de ſe croire dignes de les poſſeder, & de murmurer ſecretement de voir un meſme homme nommé à 4 ou 5 Commiſſions, & de ſ'en voir entièrement exclus, comme ſ'ils ſ'en etaient rendus indignes —. Ces mouvemens allerent encore plus loin, quand ces MM[rs] pour augmenter leur domination propoſerent d'examiner la Conduite de leurs Confreres qui avoient eté chargés des affaires pendant l'intervalle des Eſtats, & qui ſ'en eſtoient acquittés avec tout l'honneur & le deſintereſſement imaginables, & quand pour occuper leurs places Ils ſoutinrent qu'il les falloit tous changer —.

Cet eſtrange procedé excita la jalouſie & la vengeance, & forma un troiſiéme party dans la Nobleſſe, qui toujours oppoſé à leurs avis, donna une furieuſe atteinte au pouvoir abſolu auquel Ils avaient eſperé d'atteindre.

MM[s] Les Commiſſaires & Preſidents profiterent de Cette déſunion pour ſe rendre maitres du ſeul Corps qu'ils redoutoient. Ils ſurent l'entretenir, en flattant les uns par des promeſſes dont Ils n'eſtoient point avares, & en animant les autres par le point d'honneur, & par la honte de ſe voir terraſſés par un nouveau party, aprés ſ'eſtre attiré aux autres eſtats l'eſtime générale.

Ce fut Ce qui enhardit auſſy pluſieurs particuliers à demander des ſommes qui ne leur euſſent Jamais eſté accordées, ſi la nobleſſe avait eſté plus unie & plus attentive à ſes devoirs, mais Il ſemblait qu'on les eut tous oubliés, pour ne penſer qu'à ſe dechirer les uns les autres —. ſi l'on Joint à ces trois partis une infinité de perſonnes gagnées par des penſions, par des bourſes de Jetons & par mille autres interets inconnus & cachés; un nombre infini d'officiers qui ne viennent aux Eſtats que pour partager les gratifications que la nobleſſe par une mauvaiſe Coutume leur diſtribue à la fin des etats, & qui croient etre obligés, pour l'avancer, d'oublier ce qu'ils doivent à leur patrie, en ſe jetant toujours du Coté du plus mauvais avis, L'on ne doit plus etre ſurpris de tout ce qui ſeſt paſſé à Ces Eſtats —.

Le Tiers-etat qui autrefois, par une plus grande Connaiſſance des affaires & par une ſage liberté deconcertait les deſſeins des Commiſſaires les plus deliés, en fut, à Cette tenue, ſi dépendant qu'il n'agit que Conformément à leurs ordres.

Je ne puis m'empecher d'en raconter un trait qui en donnera une idée generale.

Allant à Nantes, Je trouvai le Deputé de Hedé. nous dinafmes enfemble. la Converfation tomba fur les eftats. j'appris qu'il n'y avait Jamais efté, ce qui me donna lieu de faire en forte de l'engager à foutenir les interets de la province avec zele & fermeté —. Je lui dis que par là Il f'attirerait l'eftime de tous les honnétes gens. Ce bon député me repondit naïvement qu'il n'aurait garde de faire aucune faute, puifque tous les matins, avant d'aller aux eftats, Il ne manquerait pas de recevoir des ordres de Mr l'Intendant & de Mr de Bloffac fecond Commiffaire du roy qui l'avait fait nommer dans fa Communauté malgré une infinité de Competiteurs —. Cette reponfe naturelle, fi éloignée des fentimens que Je voulais luy infpirer me divertit fort. Je ne pus m'empefcher de la dire à Mr L'intendant & à Mr de Bloffac, qui lui en firent une rude mercuriale, parce qu'il ne faut pas que ces complaifances foient fi publiques —

Il eft temps de finir ce préambule pour paffer au Journal de ce qui fe paffa aux Eftats de Nantes, par lequel on verra fi J'en ai trop ou peu dit —.

***

Le 17 du mois de décembre Les trois ordres f'affemblerent felon la coutume fur le théâtre, & nommerent une Commiffion de fix deputés de chaque Corps pour aller prier MMs Les Commiffaires de venir faire L'ouverture des Eftats. y etant venus, Mr Le Marechal prononça un difcours majeftueux, poli & honnête —. tout ce qu'on y trouva à redire, c'eft qu'il f'etendit trop fur la malheureufe affaire de la Chambre de Juftice, en faifant valoir la clémence du roy d'avoir rappelé tous ceux qui eftoient renfermés dans des chateaux ou exilés, rendu les biens confifqués aux familles; & fi les refugiés en Efpagne, dit-il, ne font pas chez eux, c'eft peut-etre qu'ils ne l'ont pas demandé —. Il voulait par la infinuer aux etats de le faire pour leur tenir lieu d'une grâce, qui etait deja accordée au roi d'Efpagne comme on l'a vu dans la fuite. mais MMs de la nobleffe, aprés leur en avoir fait ecrire, ne Jugerent pas à propos d'en parler. Mr Le P: Prefident fit un difcours bas & le prononça d'une maniére trop impofante.

Mr de Coetlogon Pr genal findic parla d'un ton aſſéz aſſuré. ſon diſcours etait trop chargé de louanges & de lieux communs. il adreſſa même la parole à Mme la Marechale, qui etait dans la tribune, ce qui ne convenait pas.

Le Lendemain de l'ouverture il dina chez Mr Le Marechal 150 perſonnes, toutes les tables ſervies magnifiquement. on ne vit Jamais tant de faſte, quoique ſa maiſon fut mieux reglée qu'à Ancenis.

Le 18 MMs les Commiſſaires entrérent aux etats. Mr l'Intendant fit ſon diſcours, & ſ'etendit ſuivant l'uſage ſur les ſoulagemens & les grâces que cette province avait reçus du roy, & prouva le bonheur dont elle Jouit, par la comparaiſon de l'etat ou elle etait avant les Eſtats d'Ancenis & par rapport aux charges dont les autres provinces etaient accablées, tandis qu'on n'exigeait rien de plus de celle-ci. Il ne dit pas que ce qui avait produit ce bonheur avait cauſé la ruine de pluſieurs familles qui avaient preté leur bien aux Eſtats, & que le roi n'y avait rien mis du ſien; qu'au contraire non ſeulement on levait les mêmes ſubſides depuis une paix dejà de longue durée, mais que l'on voulait encore etablir de nouveaux droits, qui avaient eté eſteints dés le commencement de la paix. enfin Il conclut par une demande de 2 millions de don gratuit.

Mr de Bedée, Pr génal ſindic lui repondit par un diſcours qui attira, avec Juſtice, l'applaudiſſement de toute l'Aſſemblée. Il y avait des endroits trés recherchés, & trés délicatement touchés. Il fit ſentir que la ſeule bonne volonté des Bretons pour les roys de france leur avait acquis cette belle province. Il loua Mr L'intendant de ce qu'il avait le cœur droit & les mains nettes, eloge trés particulier pour ceux qui tiennent de pareilles places —.

MMs Les Commiſſaires ſ'etant retirés, MMs de la Nobleſſe demandérent les Chambres & furent d'avis d'accorder Les 2 millions, & de prier en même temps MMs Les Commiſſaires d'interpoſer leurs bons offices pour qu'il plut à ſa majeſté ne rien exiger de plus pendant la tenue des etats, & Juſqu'aux prochains: c'etait pour faire en ſorte d'eluder la demande qu'on prevoyait, qu'on devait faire pour cacheter une feconde fois Le pied fourché. MM[s] de la Nobleffe furent feuls de leur avis, quoiqu'il parut fort fage. MM[s] de l'Eglife & du Tiers accorderent Les 2 millions, fans aucune reftriction ; & ce fut avec peine qu'on les engagea à ordonner que l'on ne paierait au roy cette fomme qu'au fur & à mefure que les fonds de la province rentreraient dans les coffres de leur Treforier, afin d'eviter l'interet des avances qui avaient tant coute à La province, & de prier MM[s] Les Commiffaires de demander au roy qu'il lui plut recevoir en deduction du premier paiement 80.000# en billets de banque qui reftaient fur le compte de la province —. Ces deux derniers articles ayant paffé, MM[s] Les Deputés des Eftats allerent chez MM[s] Les Commiffaires leur faire part de leurs deliberations. M[r] Le Marechal pretendit que le don gratuit fe devait accorder purement & fimplement & parut fort piqué de ce qu'on avait ftatué fur le temps des paiemens. Il voulut même dans le premier mouvement faire changer aux etats leurs deliberations; mais mieux confulté. Il l'envoya comme elle etait à la Cour, refolu de n'y avoir aucun egard dans la fuite, comme il arriva.

Cette principale affaire etant terminée, le 19, Les etats nommerent deux Commiffions pour aller complimenter Mme La Marechale & Mme d'Ancenys. Il ne le devaient point à la premiere qui l'avait deja eté à Ancenys ; & ce font toujours des planches dangereufes, parce que ces complimens font fuivis d'un prefent confidérable. on ne l'avait Jamais fait pas même à Mme De Chaulnes. mais il n'y eut perfonne qui eut affez de hardieffe pout f'y oppofer, quoique tous penfâffent que l'exemple tirait à confequence, quand Mr de Coetlogon en fit la propofition par un prelude de louanges qui ne penfa jamais finir —.

Tout le refte de la féance fe paffa à former le beau reglement qu'il fallut aranger le lendemain, par lequel aucun Gentilhomme ne pouvait avoir voix deliberative qu'il n'ait prouvé 4 generations de Nobleffe, cela fut reduit à la 3eme, comme il l'avait eté ordonné à St Brieuc.

Mais on ne changea rien au droit que l'on donna à M[r] d'Ancenys prefident de la Nobleffe d'examiner, avec quelques Gentilfhommes à fon choix, les titres de ceux dont Ils croiraient la nobleffe equivoque, & qu'en cas qu'il les trouvaffent tels, & f'obftinâffent à ne les pas reprefenter, qu'ils feraient chaffés de l'Affemblée & leurs noms attachés à la porte des etats —.

Ce fut par cette deliberation prife dans la chaleur d'un premier mouvement, fans faire attention aux confequences, qu'on rendit toute la Nobleffe douteufe entierement foumife à Mr d'Ancenys, & qu'on f'otait le droit de l'empecher foi-même de deliberer comme aux autres etats. Mr d'Ancenys fe donna bien de garde d'en chaffer aucun, & f'en fervait trop utilement pour faire paffer tout ce qu'il Jugeait à propos —. Dieu veuille que cela n'ait point encore de plus facheufes fuites, & que fur ce fondement La Cour f'arroge point le droit d'exclure des etats tous ceux qu'elle voudra & qu'elle croira ne lui etre pas favorables !

Le 20 La Nobleffe la plus epurée ayant fait reflexion au danger qu'il y avait de reftreindre le droit d'entrer aux etats à la 4e génération, & de laiffer un prefidt maitre de rayer de deffus les regiftres tous ceux qui ne lui avaient point montré leurs titres, f'oppoferent à ce que la deliberation du jour precedent eut efté fignée. Ils reprefenterent qu'elle etait contraire à la coutume de cette province, aux ordonnances des roys qui donnent droit de partager noblement à la 3e generation; qu'il etait hors de raifon de chaffer de l'affemblée des perfonnes qui avaient donné leurs voix à trois tenues en vertu de reglement de St Brieuc; que fur la moindre plainte au confeil, cette deliberation ferait caffée, ce qui ferait très défagréable —. Monfr L'Eveque de Nantes qui avait ouvert cet avis, & fait connaitre a Mr d'Ancenys combien il lui ferait avantageux pendant toute la tenue, dit qu'il y avait arreft, & que la deliberation ne ferait point changée, — mais le tiers Etat f'etant joint à la Nobleffe, quant à la troifième generation feulement, après bien des Conteftations, Il fallut à L'eglife en paffer par là.

MM Dandigné & de Boiféon oncle, eftant nommés à une même députation, eurent difpute à qui marcherait le premier & ferait à la tefte; ce qui fit qu'on decida que ce ferait le plus ancien fans avoir egard à l'infcription, ce qui apparut à beaucoup de perfonnes très injufte & très mal Jugé.

L'on nomma Les commiffions des fonds par eftime, des Contraventions, de l'etappe & des hors fonds, des procés & de la verification des comptes du treforier.

Mr L'Eveque de Nantes commença un plus long & plus ennuyeux rapport qu'à l'ordinaire de toutes les affaires dont Il avait esté chargé, & dans lesquels il avait bien voulu entrer par bienveillance pour la province. tout ce pompeux etalage, après avoir donné de fades louanges à Mr Le Prince de Léon qui etait deputé, & rendu à Mr de Coëtlogon celles qu'il lui avait prodiguées, se termina à l'accomodement difficile & laborieux qu'il avait fait avec Mr Le Prince Charles, par lequel il engageait les Estats à luy payer 3 000# de rente, pour un droit imaginaire qu'il pretendait avoir sur les Littieres de la province, & qui avait eté eteint par edit de 1715, droit si honteux pour un prince de cette maison qui se confondait avec les plus vils traitans que Je pense qu'il l'eut bien donné pour 100l de rente sur la province —

La remise des restans du dixieme, grâce accordée depuis plus de deux ans à tous les sujets du roy, fut pompeusement etalée, comme quelque chose qui ne pouvait etre accordé qu'à ce mauvais harangueur —

Mais sur quoy Il s'etendit le plus fut sur la permission que le roy accordait aux Estats de rembourser les engagistes des 45 sols par barrique d'eau de vie qui sortait du Comté Nantais —. Ce fut un verbiage qui ne pensa Jamais finir Jusqu'à la Conclusion sur laquelle il ne fut pas tout à fait si diffus; c'est que toute la faveur se terminait à permettre aux etats de rembourser Les engagistes en empruntant 35 000l au denier le plus favorable, tandis qu'ils etaient sur d'avoir 1 400 000 d'excedent dans leur etat de recette & de depense. on remit à deliberer, (ce recit avait duré trois grosses heures), au lendemain —.

Le même Jour Commencerent les concerts chez Mme la Marechale. tous les Eveques y furent priés solennellement, & pas un n'y manqua que l'Eveque de Treguier. Ils commençaient à 5 heures & finissaient à 7 ou 8 pour la commodité des bienheureux ecclésiastiques qui avaient déclaré ne vouloir point veiller crainte de deranger leur santé Comme avait fait feu Mr L'Eveque de St Brieuc —. il y avait aussi à ces Concerts vis a vis de nosseigneurs les Prelats plus de 50 dames toutes bien parées & quelques unes fort jolies. Ces amusemens qui furent reiterés & multipliés à ces etats à l'infini fut une des principales cause qu'on ne pensa point aux affaires les plus serieuses & les plus utiles. tous les repas que MM les

Commiſſaires & Preſidens ont coutume de donner les premiers jours des etats furent chacun les plus recherchés & les plus ſomptueux.

21 & 22, on a commencé la ſéance par nommer une deputation à MM de Menou & l'abbé Boueraux, l'un lieutenant du roy du chateau de Nantes en la place de S^r De Mianne, l'autre Complaiſant eſpion ou divertiſſant, tout comme on le voudra de M^r & Mme La Marechale, pour les prier de venir prendre place aux Eſtats. cette deputation fut fort improuvée parce que il n'avait jamais eté d'uſage de deputer 2 fois à la même perſonne, & que cependant on l'avait fait à Mr de Menou à Dinan, & à M^r L'abbé Bouexière à Ancenys —.

Mr de Coetlogon fit un rapport des affaires dont il avait eté chargé aux etats d'Ancenys & qu'il avait pourſuivies à Paris, dont Il donna à l'aſſemblée une trés mediocre Connaiſſance, & encore de plus mauvais reſultats — mais en recompenſe, il paſſa bien une bonne heure à louer toutes les grandeurs qui etaient à Nantes. on n'a Jamais vu avec quel zele, quel deſintereſſement, quelle activité, quel abandon de leurs propres affaires, Ils ſ'etaient tous employés pour faire perdre à la province tous ſes procès, & pour n'obtenir pas une ſeule grâce. où Il excella davantage ce fut dans l'eloge de l'eveque de Nantes. il le força d'oter plus de dix fois ſon bonnet d'un air de complaiſance qui faiſait connaitre tout le ridicule de la ſade adulation. Ils ont continué ainſy l'un & l'autre toute la tenue, à ſe donner de l'encens à tort & à travers, & ont eſté les ſeuls —. Ils reſſemblaient aux deux ânes de la fable qui ſe grattaient continuellement pour ſe faire braire —.

Les principales affaires dont le Sr de Coetlogon entretint l'aſſemblée regardait les francs fiefs. Le procès avec la chambre des Comptes au ſujet des aveux, les lettres patentes obtenues par Mr de la Tremouille qui renvoyait les appellations de la reformation des terres de Vitré & de Montfort au grand Conſeil, & la revocation que les etats demandaient des greffiers des experts —. Le franc fief eſt un droit que le roy leve de vingt ans à vingt ans, & à toutes les mutations de perſonnes ſur les roturiers qui poſſedent des terres nobles. Ce droit qui ne produiſait que 25 000^l à ſa majeſté avait eſte abonné a 50 000 aux etats de St Brieuc. afin d'eviter les frais immenſes que les traitans faiſaient dans la perception de ce droit.

Il etait trop aimé de ces sangsues pour qu'ils n'eussent pas tentés les ministres afin de faire revoquer cet abonnement. Il le fut en effet, ce qui engagea les Etats d'Ancenys de charger les deputés à la cour & Le P[r] general sindic de demander la continuation, ou du moins un tarif qui apprit à un chacun ce qu'il devait payer. mais malgre le zele & le soin de ces MM[rs], Sa Majesté ne leur accorda rien, sinon quelque esperance de revoquer les 2 sols pour cent accordés à l'ordre militaire de St Louis — La chambre des comptes ne mettait point de bornes aux epices qu'elle exigeait pour les aveux & hommages. on avait tenté inutilement à trois tenues d'etats de traiter avec elle; de sorte que les etats furent obligés de se pourvoir au Conseil —. On lut une infinité de memoires ecrits par MM[rs] de Coetlogon & Bedée, & un par Le sieur Bruno avocat au Conseil —

— Jugement etait intervenu par lequel on renvoyait les parties aux estats pour tacher de se concerter, faute de quoy Ils remettraient à MM. les Commissaires chacun leurs memoires pour etre fait droit. Il avait esté accordé par un autre arrest que les fiefs au dessous de 100# relevant du roy donneraient leur aveu dans la juridiction royale d'où Ils relevaient.

M[r] Le Prince de Talmont, tuteur de M[r] Le duc de La Tremouille, avait résolu de faire faire une reformation à la Baronie de Vitré & du Comté de Montfort, soit qu'il ne fut pas content du Parlement dont Il n'avait pu avoir raison Lorsqu'il eut decreté son Senechal pour avoir disputé à un Conseiller de se mettre dans le banc du Seigneur de Vitré, & qu'il Se fut pourvu en cassation d'arret; soit qu'il crut rendre plus maitre l'ancien Senechal de Vitré qu'il avait nommé pour faire cette reformation par la difficulté d'etre appelant de ses ordonnances à un tribunal aussi eloigné, obtint des lettres patentes qui evoquaient au grand Conseil les appellations de la reformation de Vitré & de Montfort —. Ces lettres patentes etaient entiérement contraires aux privileges de la province, par lesquels il est accordé qu'aucun naturel du pays ne pourra etre traduit dans aucun tribunal hors de la province. elles etaient d'une dangereuse consequence, toutes les grosses terres etant possedees par des Seigneurs de la Cour qui ne manqueraient pas de suivre Cet exemple pour vexer leurs sujets —. Les Presidiaux de Rennes & le Parlement en porterent leurs plaintes, comme d'une chofe qui leur etait tres prejudiciable. Les deputes de la Cour & le Proc[r] general findic crurent devoir etre obligés d'intervenir au nom des etats, & de f'oppofer aux lettres patentes. tout cela ne rendit que plus complete la victoire du prince de Talmont, qui gagna fon proces tout au long. & on a cru accorder une grande grace aux etats de les recevoir une feconde fois oppofant aux dites lettres patentes : Cela fondé fur ce qu'ils n'avaient point donné de pouvoir d'agir à leurs deputés.

On lut un arret du confeil qui permettait de rembourfer les greffiers des experts à la condition de leur payer leurs finances avec les interets leurs loyaux cout frays & mifes —.

Les Etats avaient fait à Ancenys un fonds de 45 000[l] pour acheter des étalons, & nommé des Commiffaires pour en faire l'emplette. Ils avaient diftribué cette fomme par Eveché, & ordonné qu'elle ne pourrait etre payée qu'aux fufdits Commiffaires fur l'ordonnance de M[r] le Marquis de Brancas infpecteur général des haras du royaume. cette deliberation lui était fort défagreable. Il voulait abfolument toucher l'argent, & la plupart de MM[s] les Commiffaires tenant ferme à n'y point confentir, Il refufait de donner des ordonnances, quand Ils trouvaient des chevaux, de forte qu'on n'en achetait point. Il avait propofé à M[r] le Prince de Leon & à M. le procureur gen[al] Sindic mille expedients mais qui tous tendaient à fe rendre maitre de la fomme.

Quoique ces Meffieurs en ecriviffent aux Commiffaires, Ils ne voulaient point donner dans le piège. Ils favaient comme on avait été traité, fous Mr de Pont Chartrain, & quelque utiles que fuffent les haras dans la province, Ils jugeaient qu'il valait autant les abandonner, & laiffer la liberté, que de donner de groffes fommes pour n'avoir que des roffes. Mr de Brancas ou pour mieux dire le fieur Bonfils qui lui fervait de , crut avoir trouvé un moyen pour furprendre les Commiffaires. pour cela il ecrivit & fit ecrire par le Proc[r] general Sindic Coetlogon, qui eft toujours devoué à toutes les grandeurs, que M[r] le Marquis de Brancas ne voulait point toucher l'argent, mais que faifant venir des chevaux pour tout le royaume, il convenait que la Bretagne n'en fut pas exemptée, & que pour prouver que ce n'etait que pour luy faire plaifir, & f'arranger enfemble que MM[s] les Commiffaires, charmans fur toute la nature, mais qu'il etait neceſſaire qu'ils envoyaſſent des ſignalemens de l'eſpece des chevaux qu'ils voulaient. quelques uns donnerent dans le panneau, mais ceux qui ſ'aperçurent qu'on ne leur demandait le ſignalement que pour ſervir d'une eſpece de procure pour acheter des chevaux qu'on forcerait bien après de recevoir, mandèrent qu'on ſerait ravi de prendre des etalons de Mr Le Marquis de Brancas, pourvu qu'ils fuſſent beaux ; qu'ils avaient prié MM. de Lamarche & de Goyon en qui la province avait beaucoup de confiance de les examiner, & d'en donner tout le prix qu'ils pouvaient valoir, qu'ils diraient d'ailleurs l'eſpece de chevaux qui conviendrait à chaque dioceſe —. Cette reponſe ne plut pas. cependant Mr de Brancas pouſſa la choſe Juſqu'au bout. il etait arrive beaucoup de chevaux entiers à un marchand de Paris. il les fit conduire à 2 lieues de cette ville, & feignit que ſa voiture y etait, qu'il avouait n'etre pas grande par la difficulté qu'il y avait de trouver des chevaux ; il pria MM. de Goyon & de la Marche de venir choiſir ceux qu'ils trouveroient les plus parfaits. Ils y allerent avec Mr Debrou & Ms de Rays & Dulac, commiſſaires de Vannes & de Quimper. on leur avoit preparé un magnifique repas. Ces deux meſſieurs mirent 130 chevaux à part, qui de leur propre aveu ne valoient pas 400# . ils en demanderent le prix à Mr de Brancas qui les aſſeura qu'ils lui revenoient à 1 500#. — Ces Meſſieurs dirent à Mr de Brancas qu'ils ne pouvoient en honneur & en conſcience conſentir à les achepter Le prix ; que ce ſeroit ſe perdre dans la province où on ne manqueroit point de croire qu'ils avoient fixé une ſomme conſiderable de leur complaiſance ; qu'ils etoient ſeurs qu'il y avait des commiſſaires qui ne les recevroient pas.

Je ne ſcay comme, apres ce qu'avoit dit Mr de Brancas que les chevaux lui couſtoient 1 500#, il ne ſe facha pas de la propoſition qu'on luy fit, à la priere de Mr l'intendant, de lui en donner 1 000#. il eſt encore plus eſtonnant qu'il les envoyat offrir le lendemain à 1 200 #. Mais MMs de Goyon & De La Marche, qui ſe repentoient d'avoir été ſi loing & qui craignaient qu'on ne les eut pris au mot, dirent qu'ils n'eſtoient plus les maîtres d'agir parce que ſur le refus de Mr de Brancas ils avaient renvoyé les procures aux Commiſſaires ; —

Cette affaire mena grand bruit & fut portée à Mr le duc d'Orléans, qui ayant eté prevenu, trouva le procedé de Mr Le Marquis de Brancas & trop indigne & trop eclatant, ce qui fit que lorſqu'il vint ſe plaindre à luy il le receut aſſez mal & luy dit fort ſagement qu'il ne pouvoit forcer les commiſſaires de Bretagne a achepter des Chevaux plus Cher qu'ils ne vouloient, pour ne pas dire qu'ils ne valoient.

Cependant Comme L. A. R., à l'exemple de tous les grands, ſoutiennent preſque toujours les perſonnes qu'ils ont placées, il dit à MMs Les Commiſſaires qu'il falloit qu'on ne fit plus de fonds pour les haras dans la province, ou que Mr de Brancas en fut le maitre Comme dans le reſte du royaume; c'eſt de quoi rendit encore compte Mr de Coetlogon —. on verra dans la ſuite qu'on aima mieux n'avoir plus d'etalons que de donner 30 000# à l'inſpecteur general —. Il faut que les Seigneurs de la Cour ſoient bien reduits pour ſe comporter de la ſorte dans leurs employs. —

Il y avoit deux Charges vacantes des Eſtats, L'une de Marechal des Logis, l'autre de herault —. Mr Le Comte de Toulouſe avoit declaré vouloir nommer à la Ire, & en avoir le droit ainſy que l'avait fait Mr de Chaulnes. Cela eſtoit tout different. Cette charge du temps de Mr de Chaulnes n'etait point en titre. Il nommait une de ſes Creatures pour marquer les logis, & les Eſtats ordinairement luy faiſoient préſent de 4 ou 5 cent livres —. Mais depuis que Cette Charge eſtoit devenue permanente, & qu'on luy avoit aſſigné des gages fixes, Les eſtats en devoient avoir la nomination comme des autres. MMs de la Nobleſſe eſtoient d'autant plus reſolus à ne point mollir ſur Cet article que pluſieurs gentilſhommes mal à leur aiſe demandaient hautement Cet employ, & que Mr Le Comte de Toulouſe y avoit nommé un frere de ſon valet de Chambre, qui tenoit academie a Nantes & qui ſ'y eſtoit tres fort fait hair de tous les habitants —

Cependant Les Preſidents ſelon leur bonne Couſtume tournèrent cette affaire de tant de differente façon, ſoit en eludant la nomination que l'on vouloit faire en même temps que celle de heraut, ſoit en menaçant de la diſgrâce de Mr Le Comte de Toulouſe, ſoit en n'énoncant pas l'avis de la nobleſſe tel qu'il eſtoit, qu'enfin ſon homme fut receu pour deux ans —

La charge de heraut reſtait donc à la diſpoſition des Eſtats, & comme il doit marcher à la teſte de la Commiſſion qui va prier MMs les Commiſſaires d'entrer, c'etait par cette nomination que l'aſſemblée devoit commencer; mais Les presidents qui n'avoient pu faire leur brigue, trouvérent encore le moyen de l'eloigner, en proposant de nommer un archer pour faire les fonctions de cet employ, jusqu'à ce qu'on put faire l'election —

Ils la remirent sous differens pretextes jusqu'au vingt & deux où on s'assembla extraordinairement Le soir pour parvenir a cet election, seulement sans pouvoir traiter d'aucune autre affaire, car Mr L'eveque de Nantes avoit declaré qu'il ne donneroit jamais d'estats le soir d'un ton aussy imperieux que s'il avait ete le maitre, & sous un pretexte trés injurieux à la noblesse, parce qu'il pretendoit qu'ayant bu on en estoit plus hardy à prendre de fermes resolutions, quoiqu'on n'en eut pas veu deux yvres pendant les cinq dernieres tenues d'Estats,

Il y avait plusieurs pretendants à cette charge parmy lesquels estoit le sieur Dessalles Gentilhomme qui, longtemps avant l'ouverture des Estats, avait engagé Mr de La Garays à parler a tous ses amys en sa faveur. La difficulté estoit de scavoir si cet employ convenait à un Gentilhomme. Ceux qui tenoient le party du nommé Lardier gendre du defunt heraut & qui avoit des lettres de sollicitations de toute la cour & par consequent les presidents dans son party, aussy bien que plusieurs gentilshommes Nantois qui vouloient y mettre un nommé Blain qui estoit assez consideré des Estats parce qu'il avoit travaillé pour eux dans l'affaire des controles soutenoient que cette charge etoit indigne d'un Gentilhomme. Mais voyant que le plus grand nombre ne pensoit pas de la sorte, & l'Evêque de Nantes s'apercevant que son ordre se joindroit a celui de la noblesse, il se tourna du coté de la brigue que formerent le Sieur de Boisjolan du hery & Madailland contre le pauvre Dessalles pour faire nommer le sieur Villier de Boisgacheneuf aussy Gentilhomme de bonne maison; le premier de ces messieurs parce que Dessalles pendant qu'il avait eté dans les devoirs avoit descendu dans un chateau où ces messieurs estant allé faire une partie de chasse sous pretexte que leur gens vendaient à boire; — ce jour-là etait le repos de Commissaires de Mr L'intendant où estoient plus de 50 gentilshommes, qu'il engagea tous à estre pour Villier. On repandit une infinité de calomnies contre Dessalles, de sorte que ce pauvre diable qui se croyait absolument sur de cet employ s'en vit dans deux heures entierement exclu; car ſitot qu'on ſe fut aſſemblé & que les 3 ordres eurent connu qu'un gentilhomme pouvoit poſſeder cet employ, ils nommérent dans le moment d'un commun conſentement Le Sieur de La Villeon — cette charge vaut 3 000# de rente & n'a de fonction que pendant un mois dans deux ans. Cela ne vaut-il pas mieux que d'eſtre ambulant dans les devoirs comme ſont plus de 100 gentilſhommes de cette province à 700# de gage & eſtre oblige d'etre à cheval du matin au ſoir. Les fonctions n'en ſont ſeurement pas ſi deſhonorantes. Je n'ay entré dans ce grand detail que pour faire voir comme tout ſe paſſe aux Eſtats dans les choſes meme où Il y a de la liberté.

Le 23 Mr de Coetlogon finit ſon rapport, Mr L'eveque de Vannes deputé à la Cour commença le ſien où l'on ne put rien comprendre. Mr L'eveque de Nantes qui n'avoit fait que rire & hauſſer les epaules pendant tout Ce rapport, parla pendant deux heures pour l'expliquer mais il ne fit que barbouiller. il faut cependant que Ces longs diſcours & ſon Verbiage eſtoient le plus ſouvent cauſés tantot pour empecher de deliberer ſur une choſe qui paroit ne pas tourner à ſa fantaiſie, tantót pour ennuyer afin de bruler quelque affaire où il jugeoit que la reflexion eſt trop dangereuſe, & enfin toujours pour faire quelque mal & quelque prejudice à la province —

On alla aux Chambres ſur tous Ces rapports; & il fut ordonné que la plus part des affaires en queſtion ſeroient renvoyées à des Commiſſions pour les examiner; on en nomma une particuliere, tous gens doux & paiſibles, diſoit-on, pour faire en ſorte de traiter avec la Chambre des Comptes.

On ſe mit à deliberer ſur l'emprûnt que la Cour permettoit de faire pour rembourſer les angagiſtes des 45 ſols par barique d'eau de vie, que la Commiſſion de l'etat du fond par eſtime eut fait ſon rapport contre l'avis de l'Egliſe qui voulait à cauſe que c'eſtoit un ouvrage de ſon preſident, qu'on fit cet emprunt ſur le champ.

La Nobleſſe ne vouloit point recevoir le traité qu'avait fait Mr de Nantes avec le prince Charles, ce qui le picqua au vif; mais il lui fallut bien appaſſer par là, parce que Les Eſtats d'Ancenys lui avaient donné pouvoir de faire ce traité.

Les Procureurs du roy des Juridictions royales ayant voulu engager les Estats à demander la permission de rembourser Les nouvelles charges d'avocats du roy dans les Juridictions, en Jouissant des mêmes droits jusqu'à leurs remboursemens, Il fut ordonné qu'ils mettroient leur soumission à la Commission des procès qui en rendrait compte.

On nomma aussy une Commission pour les francs fiefs qui ne s'assemble qu'une fois & dont on n'a Jamais fait le rapport. toutes Les autres ont eté à peu près aussy bien discutés.

Sur ce qui fut representé qu'il estoit necessaire de prendre un arrangement au sujet des devoirs dont la ferme finissait au 1er janvier, Il fut ordonné que les fermiers actuels feroient la regie de la ferme jusqu'à l'adjudication prochaine, & mesme toute la trevee si les nouveaux administrateurs le requerait, pour leur en tenir compte.....

On commença à s'apercevoir que Mr & Mme La Marechale & L'eveque de Nantes n'estoient pas tres bien ensemble par les discours qu'ils tenoient les uns des autres. il y eut un grand Concert au Chateau, Mr de Couetquen y battait la mesure & Mr d'Ancenys accompagnait de la basse de violle ; — il y avait toutes sortes de rafraîchissements pour les Eveques & pour les Dames, & ensuite 4 grandes tables au souper. jamais on ne vit une si grande maison. on ne peut se lasser de le rapporter.

Mr & Madame d'Ancenys ne donnoient qu'à diner où il y avait dix ou douze dames priées —. Les Eveques se plaignirent fort de ne l'avoir pas esté —

La séance du 24 ne fut employée qu'à chercher quelque expedient pour faire revoquer les lettres patentes de Mr de la Tremouille. MMs de la Noblesse vouloient que l'ordre deputtat à la cour, & qu'on exclut Mr de la Tremouille de Jamais presider à la Noblesse pour avoir enfreint les privilèges de la province —

Mr d'Ancenys commença à brusquer Mr de Begasson qui estoit avec plusieurs autres de Cet avis là. MMs de l'eglise & du tiers furent d'avis de nommer une Commission pour voir quelle mesure on prendroit, ce qui fut ordonné —

— Le 25 — & 26, Les fermiers firent quelques difficultés aux etats au sujet de la representation de leur portatif, ce qui ne les empescha pas cependant de ſigner l'ordonnance qui leur enjoignait de regir la ferme juſqu'a l'adjudication & même toute la trève, ce qui les mettoit en eſtat de donner 300000# de la ferme plus qu'aucune autre Compagnie. elles etoient en grand nombre à Cette tenue par la Crainte de la domination des eſpeces; Croiſat & les fermiers du tabac en compoſant une; pluſieurs riches bourgeois de St Malo une autre, Le ſ[r] Bouret appuyé de la protection du Miniſtre une troiſième, & les fermiers actuels à la tête des quels eſtoient Querdrain & Lenan une quatrième. Mr de Queravéon qui, avec tous ces Meſſieurs de la ſoupe aux choux, voulait à quelque prix que ce fut que Bouret rentrât dans La ferme, repandait un mémoire dans l'aſſemblée par lequel il faiſait un profit conſiderable à la province, ſi l'on voulait faire regir les devoirs par le dit Bouret, ſous la direction de deux Gentilſhommes par Eveſché. on eut peut-être fait plus d'attention à ce memoire, ſi M[r] Le Marechal n'avait déclaré publiquement que c'eſtoit ce Bouret qui avait donné tous les memoires à Mr Dodun contrôleur général, pour faire remettre les nouveaux droits dans la province —. Cette idée vraye ou fauſſe, que Queravéon ne put jamais detruire, le rendit l'horreur des Eſtats après en avoir eſté deux ans auparavant le Coryphée — C'est ainſi qu'il n'y a rien de ſtable dans cette vie —. Le Marechal adjoutait qu'il eſtoit inſolvable, & qu'il ne ſervait que de faux au Miniſtre pour diſpoſer de la ferme de Bretagne auſſy bien que des autres du royaume qu'il devait 13000# à l'eveque de Rennes pour un petit interet qu'il avait eu dans la ferme dont Il n'avait jamais pu ſe faire payer — ſi tous ces diſcours n'eſtoient que pour faire plaiſir à Querdrain que le Marechal & Mr Les autres Commiſſaires, hors M[r] l'intendant, protegeaient, ils ne laiſſerent pas d'avoir Leur effet & de perſuader.

MM[s] Les Commiſſaires Commencerent à parler en general & en particulier de la propoſition qu'ils avoient à faire aux Eſtats d'abonner Le pied fourché, & les inſpecteurs aux boiſſons. ils convenaient qu'il n'y avait rien de ſi injuſte que de retablir des droits que la province avait racheptés à perpetuité, mais que tous les efforts qu'on ferait pour L'empecher ſeroient inutiles; qu'ils avaient des ordres precis de les faire lever au nom du roy dés le 1er Janvier, ſi les Eſtats ne ſe pretaient pas à l'abonnement; qu'il n'y avait donc de choix ſur l'alternative, & que le fait certain il n'y avait aucune comparaifon à laiffer lever les droits ou à Les abonner ; que puifque la province avait affez de fonds au dela de befoings ; qu'il ne pourroit eftre mieux employés qu'à empefcher la levée de droits tres onereux aux particuliers, dont la perception Couterait des troubles qui attireroient une infinité de troupes pour les faire ceffer ; qu'il etoit toujours dangereux de laiffer la Cour mettre des impofitions arbitraires fans le confentement des Eftats ; que Celles-là pourroient bien en attirer d'autres; ces deux differents fentimens qu'on pouffoit à toute outrance de part & d'autre furent le fujet des converfations de tout le monde. mais comme elles etaient faites fans attention elles f'évaporérent de mefme.

Il etait Cependant néceffaire, pendant que les Commiffaires preparaient Cette matiere, d'amufer les Eftats. le procureur g^al^ findic le Bedée le fit par un rapport des mémes affaires dont Mr de Vannes & fon confrere de Nantes avaient ennuyé l'affemblée.

L'on mit auffy en deliberation fur lequel tomberait la depenfe du theâtre de l'ancien ou du nouveau heraut & l'on determina très folidement de fuivre l'ancien ufage —

MM^rs^ de la nobleffe fe trouvant fort defeuvrés, quelques uns f'avifèrent de demander la lecture de l'arret du Confeil que le Marechal de Montefquiou avait obtenu aux etats de Dinan, pour evoquer toutes les caufes de l'eglife Complaifante & du tiers foumis au grand confeil, quelques Gentilfhommes avaient demandé à jouir de ce honteux privilége, & l'on était bien aife d'en rendre les noms publics, afin comme on le difoit hautement, de les avoir en horreur ; —. Je Croy que ce fut une grande mortification pour Le mod. d'Affigné de f'entendre nommer le premier dans cet arreft aprés avoir perdu fon procés tout au long ; Lefcouët etoit Le fecond ; — ils effuyerent un moment difgracieux, mais il n'empécha point le premier d'avoir la grande deputation, ce qui l'a, Je fuis fur, affez confolé, de l'avis que prirent à la chambre MM^rs^ de la nobleffe de les exclure pour jamais d'affifter aux Eftats comme en ayant enfreint les privilèges. Les Prefidents trouverent encore Le fujet d'Eluder ce premier mouvement, en renvoyant Cette affaire à La Commiffion qui etait chargée de Celle de Mr de Latremouille —

On avait projeté de faire faire, aux etats d'Ancenys, une carte géographique générale & particulière pour tous les diocèses, pour laquelle on avait fait un fonds de 8000#; mais comme on demandait 50000# de plus pour remplir le deſſin, on ne jugea pas à propos de faire Cette dépenſe —

Pour donner une idée de la dépenſe qu'on faiſait chez Mr Le Marechal il ſuffira de dire qu'il lui en couſta en poiſſon pour 3 Jours maigres 3600# & qu'il ſ'y Conſommoit tous les jours gras 1800000# de viande. cependant, outre Ces tables, celles de Mr d'Ancenys & de Nantes, il y en avait une infinité d'autres comme chez Mr Le 1er preſident de la chambre des Comptes, Mr Le 1er Preſident du Parlement, & l'Intendant, Chez Mr de Vol var —.

Chez le Treſorier Bouexière, chez les deux Procureurs generaux ſyndics, & chez pluſieurs particuliers qui avoient maiſon dans la ville; chez l'Eveſque de Leon, de ſorte qu'on etait obligé d'inviter ceux qu'on vouloit avoir huit Jour auparavant. Tant de diſſipation ne laiſſait aucun vide pour penſer aux affaires.

On avoit chargé, aux eſtats d'Ancenys, Mr L'Eveſque de Nantes de faire chercher de Montaran La verification des anciens contrats que le roy avait fait revivre en faveur de ceux qui eſtoient porteurs de recepiſſé ſur la province. on reduiſit la rente au denier 50. Mr de Nantes fit ſon rapport de cette verification qui montait à 22 millions. il dit que le tout eſtoit dans la régle & qu'on ne devait pas plus de Capitaux que par le paſſé, non une ſomme de 13000# pour fin de compte du ſieur de Montaran, dont Il avait cru devoir paſſer un contrat au denier 50 egalement que les autres.

Mr Le Senechal de Nantes Lui repreſenta qu'il n'auroit pas deu lui paſſer le comptrat puiſque le ſr de Montaran devoit ſe rembourſer de ce qui lui étoit du ſur les 80000# en billets de banque qu'il avait remis aux eſtats d'Ancenis. Cette ſage repréſentation irrita fort Mr L'eveque de Nantes qui pretendoit qu'on ne lui devoit que des remerciments de ſes peines au lieu de blamer ſa conduite. Le Sénéchal de Nantes tint ferme, & demanda qu'on lut le procés verbal des fonds que Montaran avait remis aux Eſtats d'Ancenis; ce qui fit ſortir le bon Eveque hors de ſes gonds. Il dit qu'il n'y avait que deux parties à prendre, ou de nommer une Commiſſion pour examiner ſon ouvrage, ou le remercier de ſes ſoings, & ſans ſ'embarraſſer de ce que demandait le preſident du Tiers, Il demanda à Mr d'Ancenys l'avis de la Nobleſſe, qui ſans conſulter ſon ordre mais ſeulement dix ou douze perſonnes complaiſantes qui depuis le Commencement des Eſtats eſtoient toujours autour de luy, & decidaient ſouverainement ſur toutes Les affaires, il dit que l'avis de la Nobleſſe eſtoit de recevoir le compte tel que Mr de Nantes l'avait arreté, & de le remercier. Ce Prelat, ſans auſſy demander l'avis de ſon ordre, enonca (?) de la ſorte, remit les Eſtats au lendemain & ſ'en alla.

Les 3 ordres furent egalement piqués de cette deliberation formée par les ſeuls preſidents de l'Égliſe & de la nobleſſe contre l'avis unanime. Le Preſident du tiers ſoutint qu'elle ne pouvoit avoir lieu, dès qu'il n'avoit point enoncé le ſien. La plus grande partie de MMrs de la Nobleſſe qui n'eſtoit pas encor revenue des preventions qu'ils avoient pour Mr d'Ancenys, commencerent à ouvrir les yeux & à ſ'apercevoir que l'Eveque de Nantes l'avait entierement changé, depuis qu'il ſe gouvernoit par les Conſeils. On ſoutint à Mr de Nantes qu'il n'avait pu enoncer ny prendre les noms ſur une affaire qui le regardoit, & enfin, tous convinrent de ne point laiſſer ſigner cette délibération le lendemain, comme n'etant point le ſentiment des ordres. la Nobleſſe en advertit Mr d'Ancenys en luy faiſant mille reproches du peu d'egards qu'il avoit pour elle, après luy avoir donné tant de marques de Confiance.

L'Eveque de Nantes ne vouloit point ſe rendre, & menaçoit de ſe plaindre à la Cour; mais ayant remarqué que ſon ordre meſme, qu'il menoit ordinairement comme il vouloit, ſe Joignoit cette fois-cy aux deux autres, MMrs Les Commiſſaires luy ayant dit qu'on ſe prendroit à lui de l'agitation qu'il alloit mettre dans Les eſprits dans un temps où on avait tant beſoin de Les menager pour les faire accepter l'abonnement du pied fourché, Il fut forcé de ſ'executer & de faire effacer cette deliberation de deſſus Les regiſtres & de ſouffrir qu'on deliberât de nouveau. Mr d'Ancenys ne fut pas arrivé ſur le théâtre qu'il ſ'aperçut qu'il avait pris le bon party. la Nobleſſe ſ'y etait rendu plus tôt qu'à L'ordinaire & n'avait point eſté chez luy. Sitôt qu'il eut pris ſa place, elle le pria de vouloir bien faire oſter le gradin qui eftoit vis-à-vis de luy fur lequel M^r Le Marechal prenoit fa place quand il entroit aux Eftats, parce qu'il n'eftoit occupé ordinairement que de perfonnes qui vouloient decider de tout aux Eftats fans confulter le corps de la Nobleffe, que M^r d'Ancenys ne prenait que leurs amis parce qu'il eftoit fuggeré; qu'elle ne le fouffriroit plus; que tous allaient f'affeoir fur Les bancs, & qu'on le prioit de fe donner la peine d'aller aux opinions le long de ces bancs, de compter les voix, & de ne f'en plus rapporter à dix ou douze Clabaudeurs qu'eftoient toujours autour de luy. on luy dit toutes Ces chofes d'un ton fi ferme & fi ferieux qu'il vit bien qu'il n'y avoit point à balancer à faire Ce que l'on defiroit, le gradin fut ofté, & L'Evefque de Nantes fut très furpris de ne trouver plus la Confufion qui regnoit ordinairement fur le theâtre & de voir tous MM^rs de la Nobleffe affis fur leurs bancs dans une grande attention fur Ce qui f'alloit paffer. Ce bon ordre fut gardé 5 ou 6 tenues, pendant lequel temps Les affaires furent traitées avec quelque forte de dignité. La foupe aux choux en fut terriblement deconcertée.

Le 31 — Mr de Treguier fit fon rapport de la reponfe de MM^rs Les Commiffaires au fujet de l'abonnement des infpecteurs aux boucheries & aux boiffons, fur lequel les 3 ordres furent d'avis de renvoyer la commiffion M^r le Prefident à fa tefte pour faire des reiteratives prières à MM^rs Les Commiffaires.

Pendant la tenue, Le mariage du Comte de Lariviere & de Mlle de Becdelievre fut arrefté & confommé.

Les 5, 6, & 7, on ne fit autre chofe aux Eftats qu'entendre le rapport de la Commiffion des conditions des baux, & en changer quelques articles & en adjouter d'autres. Le principal fut à l'egard des arrets que les fermiers obtiennent du Parlement en explication du bail des devoirs; Il en avoit efté donné par fous La Cheminée qui avoient fort deplu. d'un autre Cofté, Les Eftats ne voulant point deplaire au parlement, Ce qui fit qu'on fe contenta d'ordonner que les fermiers ne pourroient à l'avenir préfenter de requefte qu'elle ne fut approuvée & fignée d'un des procureurs generaux Syndics. on adoucit l'article qui regardoit les Marchands de vin. mais il demeura toujours bien embrouillé —.

Les Deputés pour l'affaire de la chambre des Comptes demandèrent à voir leurs Archives pour etre inſtruits & du nombre de leurs nobles & de ce qu'ils prenoient autrefois pour les aveux avant de faire Leurs offres. Les deputés de la chambre des Comptes les refuſerent diſant qu'ils ne donneroient que des armes pour les battre.

MMrs du tiers allerent en corps prier Mr L'intendant d'obtenir de la cour une plus groſſe ſomme ſur les Communautés qu'a l'ordinaire pour leur aſſiſtance aux Eſtats, fondé ſur la depenſe qu'ils etoient obligés de faire pour aller & revenir de Nantes, ſur la cherté des logemens qui eſtoient exorbitans & des vivres. Cet ordre avoit eſté trop ſoumis à l'intendant pour ne luy pas répondre favorablement, & il faut Convenir que Jamais Arabes ne le furent tant que les Nantoïs.

Mr d'Ancenys reveilla un peu L'attention des nouveaux nobles pour luy, en menaçant qu'il feroit dans 3 ou 4 jours le rapport des titres qui luy avoient eſté communiqués. mais il ſe donna bien de garde d'en rien faire. il eut perdu la meilleure plume de ſon aile.

Le 8e fut entiérement conſacré à faire des liberalités. Le Procur' général Sindic Coëtlogon repreſenta que c'eſtoit la coutume de gratifier d'une ſomme de 15 000# La femme du Preſident de la Nobleſſe La 1ere fois qu'elle venoit aux Eſtats, qu'il croyoit que dans cette occaſion on ſ'y porteroit avec plus de vivacité que dans aucune autre ; que l'attachement & Le zele qu'avoient Mr & Mme La Marechale pour toute la province exigeoient qu'on accordât une meſme ſomme à Mme La Maréchale quoi que jamais on n'eut fait Ces ſortes de préſents qu'une fois, & qu'elle l'eut eu à Ancenys. Mais l'argent ne couſtoit rien à donner, & l'on n'entendoit dire autre Choſe ſinon qu'il valoit autant depenſer la ſubſtance des peuples en gratification que de ſe voir forcé de la donner à la Cour —. auſſy L'Egliſe & la Nobleſſe furent-elles d'avis de donner ces deux ſommes par acclamation. Le tiers demanda les Chambres, ce qui facha fort Mr d'Ancenys. mais il avoit ſes vues. L'on n'avoit point parlé de faire auſſy un preſent à l'épouſe du Préſident du Tiers, & il avoit formé ſa brigue pour avoir part aux profuſions de Cette tenue d'Eſtats. Queravéon en ouvrit L'avis, qui fut fortement ſoutenu par l'Eveque de Nantes. tout le monde ſ'ecria qu'il n'y avoit rien de ſi juſte, & alors le tiers ne ſouhaita plus d'aller aux chambres pour aucuns des dons, pourveu qu'on accorda 2 000 écus à Mme La Sénéchale. Mais

La Nobleſſe, ou pour mieux dire Mr d'Ancenys, qui eſtoit piqué qu'on les eut demandé pour ſon epouſe, voulut qu'on y allât. Les deux tiers de la Nobleſſe n'eſtoient pas d'avis que de donner Les 2 000 ecus que l'on avoit demandés; mais dix ou douze Clabaudeus ayant ſoutenu que ce n'eſtoit point aſſez, & qu'il falloit 10 000#, Mr d'Ancenys au lieu de prendre les avis en particulier, ayant dit que ceux qui ne vouloient pas donner Cette ſomme paſſaſſent d'un côté du théâtre, & que les autres demeuraſſent dans leur place, Le reſpect humain l'emporta, & la plus grande partie n'oſa faire connaitre ſon ſentiment. ainſy il paſſa a 10 000#. Mais L'Egliſe ſ'oppoſa que ce fut à Madame, & envoya dire qu'elle refuſeroit Si les deux autres ordres ne revenoient de leur avis, qui eſtoit de donner Cette meſme ſomme au Pt du tiers & non point à la perſonne. Il fallut bien revenir à Cet avis. Mme La Marechale & Mme d'Ancenys obtinrent ſans difficulté ce qu'ils demandaient —. on nomma deux commiſſions pour les aller prier, ces deux dames, de recevoir les ſommes. L'Eveque de St Malo à la teſte pour Mme La Maréchale & l'eveque de Rennes pour Mme d'Ancenys. Ils firent l'un & l'autre d'aſſez mauvais Complimens. Mr d'Ancenys n'avoit pu preſider au ſujet du don de Mme ſon epouſe; Mr de Piré fut eleu pour tenir ſa place, ce qui luy donna une grande ſatiſfaction, & luy fit dire aux Eſtats après cet honneur : *nunc dimittis ſervum tuum domini.* Le bruit courut que Mr Le Marechal ne vouloit pas que Mme ſon épouſe reçut le don, comme ne luy eſtant point du. apparemment que l'éloquent diſcours du Prelat de St Malo Les rendirent plus dociles & plus complaiſants.

Le 9eme Le torrent des Liberalités ne ſ'arreta pas aux perſonnes que nous venons de nommer. chacun en voulut avoir ſa part, & ce fut toujours le complaiſant ſindic Coetlogon qui les propoſa. il demanda très prudemment aux Eſtats, avant qu'on eut fait le rapport de la reponſe de MMrs les Commiſſaires aux conditions des baux, où le 1er Preſident fut entiérement contre tous Les ſages changements que l'aſſemblée avoit cru y devoir apporter, parce que ſon beau frere avoit epouſé la fille d'un des directeurs, une penſion de 6000# ſans expliquer ſi c'eſtoit par an ou par tenue d'Eſtats. l'humeur Liberale où l'on etoit fit decider que c'eſtoit par an, & Maigré pluſieurs de MMrs de la Nobleſſe qui demandoient le ſcrutin, Le marquis d'Ancenys enonça l'avis de donner 6 000# par an qui n'estoit point assurement Celuy de son ordre. Personne n'osa encore s'y opposer ouvertement & se faire deux ennemis à la fois. c'est ainsi que la plupart des injustices se font aux Estats. Si le Jeune St Aubin n'avoit pas veillé Si longtemps au bal, & qu'il fut venu plus matin aux Estats, il eut pu emouvoir L'assemblée. Il se plaignit hautement de plusieurs iniques arrets qu'avoit rendus sous la Cheminée Mr Le p : President, & ne laissa pas d'en avoir Lorsqu'il n'en estoit plus temps, puisqu'il avoit esté de l'avis des 3 ordres d'accorder au 1er president pour les services qu'il avoit rendus depuis 20 ans à la province une somme de 6 000# par an tant qu'il seroit 1er President, sans tirer à consequence pour ses successeurs ; mais cela y tire toujours.

On fit ensuite le rapport de la réponse de MMrs Les Commissaires au sujet de quelques articles qu'on vouloit changer dans le bail des devoirs.

Entre autres d'oster la liberté aux Commis de faire la visite Chez tous les particuliers. — les Commissaires refusérent d'approuver ces articles & quelques autres. — les Estats renvoyerent la meme deputation leur dire qu'ils persistoient dans leur avis, & qu'ils croyoient qu'il sembloit qu'ils devoient estre les maitres des conditions aux quelles ils affermoient leurs biens.

Cette seconde deputation fut très mal receue. Le Marechal faché le prit sur le haut ton & dit qu'il n'y avoit que deux partys à prendre ou d'accorder cet article ou de laisser retablir les inspecteurs aux boissons, qu'on venoit de rachepter pour la 3e fois, pour dedomager les fermiers, de telles reponses se pouvoient elles faire & estre souffertes par une assemblée qui devoit continuer au moins L'ombre de liberté — ! elle empescha que les fermes ne fussent publiées ce jour là —

MMrs de Guichen & de Queravéon firent le rapport de sept comptes tant du sieur de Lezonet que de Montaran tresorier, dont Ils avoient esté chargés de l'examen.

On nomma une Commission pour examiner Cette affaire, & pour aviser aux moyens de leur faire rapporter les sommes de 350 000# dont Ces messieurs les Jugeoient redevables. On verra qu'à la fin des Estats la présence du Sieur de Montaran rendit vaines toutes ces belles esperances.

Il y eut le ſoir un grand bal au Chaſteau. tous ces derniers jours il arriva une nobleſſe infinie. les affaires n'en allèrent pas mieux. les aſſemblées en eſtoient plus brillantes & cela ſuffiſoit.

Le 10 fut fait le rapport des diſgracieuſes reponſes de MM^rs Les Commiſſaires. au ſujet du changement que les Eſtats vouloient faire dans trois articles de leur bail, & deliberé aux chambres: il fut Conſenty qu'il demeureroit Comme par le paſſé, adjoutant ſeulement que les fermiers ne pourroient faire aucune innovation au ſujet des dits articles, Comme ils avaient fait, & qu'en cas qu'ils y contrevinſſent, les procureurs généraux ſyndics feraient obligés de prendre fait & cauſe pour les particuliers qui ſ'en plaindroient. — les Commiſſaires eurent la bonté d'accepter cet inutile petite modification —

Il y eut Ce jour des requeſtes preſentées de pluſieurs paroiſſes qui ſe plaignoient d'etre trop impoſées aux fouages —. on y eut aucune attention.

On lut auſſy l'arreſt du parlement qui ordonnoit que Les Celliers & magaſins, & maiſons qu'occupoient les fermiers actuels ne pourroient leur eſtre oſtés par les propriétaires que dans ſix mois.

— 11 Janvier — M^r l'Eveque de Léon fit ſon rapport des conditions que la Commiſſion avait cru devoir eſtre augmentées ou retranchées au bail des eſtapes dont la plus eſſentielle etait que les maires ſeroient tenus d'envoyer a 3 commiſſaires nommés dans chaque diocéſe, un certificat des troupes qui avoient paſſé chaque mois pour eviter ſi cela etait poſſible, les manigances qui n'avoient eſté Juſqu'ola que très ordinaires entre les ſuſdits maires & *les Etapiers*.

M^r L'Eveque de Treguier fit auſſy ſon rapport à la Commiſſion des fonds par leſtime. on l'avoit toujours regardée Comme celle qui meritoit le plus l'attention des Eſtats —. mais à ceux-cy aucuns des articles de depenſe ne fut examiné quoiqu'il en eut grande quantité d'inutiles, & qui n'avoient aucun fondement. — on ſe Contenta de les lire tous; & on en crut l'Eveque de Nantes qui dit qu'il falloit les renvoyer à l'état des fonds, ce qui eſtoit les accepter, puiſqu'on employe dans Cet Eſtat du fonds que ce qui a paſſé dans la Commiſſion des fonds par eſtime. on n'ecouta ſeulement pas la propoſition de M^r L'Eveque de Treguier de diminuer

200 000# ſur les fouages & autant ſur la capitation, pour que les peuples ſe ſentiſſent au moins quelque peu des ſommes conſiderables dont la recepte excedoit la depenſe; puiſqu'il reſtoit encore Les 800 000# Compris pour l'abonnement du pied fourché 460 000#. Il n'y eut que quelque petite difficulté au ſujet du fond, que l'on fait pour les bourſes qui furent bientôt levées par MM[rs] Les Preſidents, qui y avoient le principal intereſt, puiſque ce ſont les bourſes qui leur attirent tant de Créatures.

Lorſque l'on ne devrait être occupé que des affaires les plus importantes des Eſtats, quelques Gentilſhommes les ayant oubliées pour faire plaiſir à Mr de Coetlogon ſyndic, propoſerent aux Eſtats de lui donner une penſion de 6 000# par an, pour les grands ſervices qu'il avait rendus à la province, les deux dernieres années de ſon ſyndicat ils ſe reduiſoient tous à ſ'eſtre donné la peine d'ecrire quelques lettre — cependant la recompenſe n'etoit pas mediocre. Ce fut un beau chant pour l'eveque de Nantes de rendre au Syndic toutes les louanges qu'il luy avoit prodigués. ayant eſté aux Chambres, pluſieurs de MM[rs] de la Nobleſſe demanderent le Scrutin. M[r] d'Ancenys avec la Nobleſſe equivoque trouva le moyen de l'eluder —. il ne put Cependant obtenir une penſion de 6 000 livres, mais ſeulement une gratification de 12 000# pour les ſervices qu'il avoit rendus ſans tirer à conſequence. — cela etoit ce me ſemble bien raiſonnable. les deux autres ordres furent du même advis.

La plus ſaine partie de MM[rs] de la Nobleſſe voyant qu'on epuiſoit tous les fonds de la province par des dons exceſſifs ſans regle ny meſure, crurent en empeſcher l'effet à l'advenir en demandant, les 3 ordres reunis ſur le theatre, qu'il fut fait un reglement par lequel nul don ne pourroit eſtre accordé ſans aller au ſcrutin —. on ſe réunit même en cette occaſion à la ſoupe aux Choux, a la tete de laquelle etait Queravéon qui ſe chargea d'en ouvrir l'advis.

MM[rs] les Preſidens dont le Scrutin diminuoit beaucoup l'autorité, parce qu'ordinairement Ils enonçaient l'advis qu'il leur plaiſait ne pouvant pas ſcavoir dans la confuſion & la multitude duquel on avait eſté, ſ'emportérent fort à Cette propoſition, M[r] d'Ancenys fit eclater ſa colére en diſant à Queravéon, que puiſqu'il voulait ſaper tous les droits de la preſidence, qu'il irait preſider luy-même; & ne ſcachant Comment ſe tirer de Ce mauvais pas Ils exigerent, en vertu du reglement qui dit qu'on ne delibercra que le lendemain qu'une affaire de Confequence aura eté propofée, que Celle là y fut remife.

MMrs de la Nobleffe y confentirent pourveu qu'on fit mention par les regiftres de leur propofition, afin qu'elle ne put etre eludée —. Mr d'Ancenys f'y oppofa, fur ce qu'il n'avoit rien enoncé; & pendant que l'on conteftoit & qu'on le prioit de le faire, L'evêque de Nantes de fon propre mouvement remit les Eftats au lendemain, & f'en alla.

Ce procédé irrita horriblement la Nobleffe Contre Mr d'Ancenis. aucun d'eux n'alla chez luy, ny ne lui fit honnefteté au concert qu'il y eut ce jour là au chateau. au contraire on fe refolut à tenir ferme fur le fcrutin —

— Le 12, il y eut un tapage épouvantable à ce fujet. MMrs de la Nobleffe continuant à demander qu'il fut fait un reglement par lequel on ne pourroit faire aucun don, gratification, ni nomination, d'officier, fans aller au fcrutin, quand même il n'y auroit qu'un ordre à Le defirer —.

L'eveque de Nantes qui f'etait préparé foutint qu'on ne pouvait Changer l'ancien reglement de 1682, ny en faire de nouveaux fans le Confentement des Commiffaires, qu'il f'y oppofoit luy feul en fon nom —

Le fieur Dulac Luy dit que Cela eftant, il fallait qu'il quittât la prefidence, parce qu'il ne pouvoit être juge dans fa propre caufe —. Il eft impoffible de repréfenter la fureur où il entra à Cette propofition. il menaça, fe plaignit de l'ingratitude qu'on avait pour luy, après tous les fervices qu'il avoit rendus à la province. & tout d'un coup reprenant fes efprits qui f'eftoient terriblement evaporés, « eh! bien, dit-il, ce n'eft pas moy qui m'oppofe à ce réglement, c'eft le corps de l'Eglife. » —

M. Dulac Luy repondit qu'il n'avait pas pris fon advis. il fe hazarda de le faire, & Cet ordre rampant n'ofa le contredire. mais cela ne fervit de rien; la nobleffe foutenant qu'elle ne vouloit point un nouveau reglement, mais une explication ou interpretation de l'ancien, qu'elle foutenait ordonner le fcrutin dans toutes les occafions; de forte qu'il fallut aller aux chambres pour deliberer.

On joignit à cette grande affaire les demandes de la Marechauffée de la fomme de 11800 Livres, par an, & fuppliant qu'on leur eut payé cette somme depuis 1720, parce que le roy s'etait emparé des fonds que la province faisait pour leur assistance aux Estats, qui est de 19500.

Celle de Mr l'Eveque de Rennes, qui éprouva dans cette occasion Combien ces airs fiers & imperieux sont peu propres à se faire des amys. il demandait 20000# pour la reparation de son eglise & 8000# pour reparer ce que l'incendie de Rennes avait endommagé dans le palais episcopal —

Celle de Duclos-Bossard, subst[t]; qui demandoit une pension de 2000#, tel qu'avoit Mr son pere —

On Commença dans l'ordre de la Noblesse à deliberer sur le Scrutin, quelqu'indignation que parut en avoir Mr d'Ancenys; & l'on convint qu'elle y iroit toutes les fois qu'il s'agiroit de gratifications ou election de charges; — & l'on Commença a y proceder dans les demandes dont Il s'agissoit. — Le *tiers* fut du même avis — ce qui excita une nouvelle dispute, quand les ordres furent revenus sur le théâtre, l'eveque de Nantes disant qu'il etait necessaire qu'ils encourussent pour autoriser un reglement, & que le sien n'etant point de Cet avis, Il ne devoit point passer. —

La Noblesse & le tiers tinrent bon, malgré les exhortations tantôt touchantes, tantôt menaçantes. après avoir bien tonné, il se radoucit; il dit qu'il allait énoncer la deliberation, en specifiant qu'elle ne passoit que de l'avis de deux ordres & contre Celuy de l'Eglise. on s'y opposa fortement —. Il fallut enfin se rendre & énoncer l'avis du terrible scrutin qui ostoit bien du pouvoir à la presidence.

A l'egard des dons, on accorda à la Marechaussée 6000#, pour son Assistance aux Estats —. La Noblesse, malgré le scrutin, estoit d'avis de 12000#.

L'Eglise & la Noblesse furent d'avis de donner 2000# de gratification à Duclos-Bossard — le tiers le refusa.

Et pour Mr de Rennes, qui s'etait tres fort fait hair de la Noblesse par le mépris qu'il avait pour elle, elle fut d'avis de refuser, & de ne rien accorder à son église. il pensa passer à dire que quand il auroit fait un an de residence dans son Evesché, que l'on pourroit avoir quelque attention à ses demandes. cet avis de la noblesse porté de la sorte ne laissa pas d'emouvoir Cet esprit qui d'ailleurs s'estoit toujours

Cru ſi fort au deſſus des autres. — il ſe plaignit en termes aſſez convenables de la façon dont la Nobleſſe l'avait traité. il en parut touché, & aſſura que la Connaiſſance quoique trés faible qu'il eut des dettes de la province & de la ſituation, l'auroient empeſche de rien luy demander, ſ'il n'avait veu tout le monde le faire ſans aucune raiſon légitime, qu'il avait cru qu'il valait autant qu'il eut arraché quelque choſe du pillage que de le voir tout emporté par les autres, mais qu'il avait été aſſez malheureux pour tomber le premier ſous le Coup du fatal Scrutin.

Il n'y eut dans l'ordre de la Nobleſſe que Mr de Piré & le Chevalier de Cicy à ne vouloir pas qu'il y en eut. le 1er ne fut pas même opiniatre; mais le Chevalier de Cicy ſe fit mocquer de tout le monde par ſon ſentiment particulier ſoutenu juſqu'à la derniere goutte de ſon encre —.

Le 13, MMrs du tiers furent tellement ſollicités pour accorder la gratification de 2 000# à Clos-Boſſard, faute d'une penſion, que contre le reglement qui defend de repreſenter une requeſte de quelque nature qu'elle ſoit quand elle a eſté une fois rejetée; L'eveque de Nantes & Mr d'Ancenys importunérent ſi fort l'aſſemblée, en diſant que le Tiers n'avoit opiné que ſur la penſion & non ſur la gratification, que malgré pluſieurs de MMrs de la Nobleſſe, ils obtinrent qu'on retourneroit une ſeconde fois aux Chambres ſur cette demande qui fut accordée de l'avis des 3 ordres —.

C'eſt ainſy qu'on ſe bigara, ce qui ſeul eſtoit capable d'avilir l'aſſemblée. & quel ſujet de donner cette ſomme, on n'en ſcavait point d'autre que d'avoir fait dedier par ſon fils une theſe à Mr Le Comte de Toulouſe. Son pere avait eſté comblé de biens par les Eſtats ſans les avoir beaucoup mérités. Il falloit continuer ſur le même pied avec celuy-ci qui ne leur avait jamais rendu de ſervice — Il faut avouer que l'argent d'autruy ne coute guère à donner, & qu'on le deſpenſe d'une eſtrange façon —

Deux procureurs du parlement de Rennes, deputés de leur Communauté, preſenterent leur requeſte aux eſtats pour leur demander de vouloir bien ſ'employer pour faire revoquer les nouveaux droits attribués au ſieur Gerbier commis de grande Chambre. Sur l'avis de Mr le 1er preſident qui etait fort à charge à tous les particuliers obligés de plaider, Il fut ordonné au procureur général ſyndic d'intervenir pour en demander la revocation —

Le Courrier extraordinaire que MMrs les Commiſſaires avaient envoyé à la Cour à la prière des Eſtats, pour que l'arret du Conſeil qui recevait Cholet oppoſant à celuy qu'avait obtenu l'Eveque de Nantes n'eut point de lieu, & pour qu'au contraire on receut les eſtats oppoſans aux lettres patentes de Mr de la Tremouille au ſujet de la reformation de Vitré & de Montfort, arriva avec l'expedition favorable de ces deux requeſtes, quoiqu'il fut onze heures du ſoir, Mme la Marechalle fit part de cette nouvelle par un petit eſcrit ſur une carte à tous les Eveques à MMrs de *la ſouppe aux choux*, qui après avoir bien ſait boire le porteur aux ſanté du roy, de Mr le Regent, du Cardinal Dubois, de Mr & Mme la Marechale, allerent enſemble luy faire de très humbles remercimens, & engagerent les Eſtats le lendemain à leur faire une ſolenelle deputation pour en faire autant, pluſieurs gentilſhommes, quel ſujet il y avait de tant faire de remercîmens, ne voulerent pas ſ'y oppoſer —

Mr d'Ancenys eut encore des paroles très aigres avec Mr de Queraveon ſur ce que ce dernier voulut qu'on inſerât ſur le regiſtre que la gratification de Du Clos-Boſſard n'avait eſté accordée *qu'après avoir eſté au ſcrutin.* Mr d'Ancenys repreſenta à la Nobleſſe que l'excluſion que le reglement de Dinan donnait à ceux qui ne ſe rendaient pas les trois premiers jours des Eſtats, d'etre d'aucune commiſſion, en excluoit une infinité de Gentilſhommes capables qui eſtoient aux Eſtats; qu'ainſy il croyoit qu'il eſtoit à propos de nommer 4 de Mrs de la Nobleſſe pour y recevoir les excuſes de ceux qui n'avaient pu ſ'y rendre. tout ceci etait concerté pour rehabiliter Mr de Larman qui avait la petite deputation. la Nobleſſe y conſentit. & le preſident nomma 4 de ſes complaiſans à gage dont il ſe ſervoit dans les affaires de cette nature, qu'il vouloit traiter à ſa guiſe —

Il y eut le ſoir un grand bal maſqué au Chaſteau où l'on n'entroit que par billet. on en diſtribua 600 — Mr le procureur general & MMrs Blanc-pignon y brillerent beaucoup. il y eut encore plus de profuſion qu'à tous les autres. on y danſa jusqu'à 7 heures du matin —

Le 14 on alla aux chambres pour deliberer ſi on emprunteroit la ſomme neceſſaire pour eteindre le droit des 45 ſols par barrique d'eau de vie, ou ſi on l'adjugeroit à qui pour moins d'année à condition à l'adjudicataire de rembourſer Chalet.

Le tiers fut d'avis d'employer ce qui reſtoit de fonds à ce rembourſement & d'emprunter le ſurplus, ſ'il ne ſuffiſoit pas, ce qui eut coupé racine à bien des prodigalités; L'egliſe & la nobleſſe : d'en donner la Jouiſſance à qui pour moins d'année, ce qui fut enoncé —. on nomma une commiſſion pour rediger les conditions — celle du petit compte du treſorier fut auſſy nommée. C'eſt une de celles où il y a des bourſes de jetons attachées, & où l'on fourroit ? les creatures des Preſidens.

Toutes les excuſes de MM^rs^ Les Gentilſhommes pour ne ſ'eſtre pas trouvés les 3 premiers jours des Eſtats furent receus. Mr de Bedée procureur général ſyndic voyant l'aſſemblée de bonne humeur ſ'excuſa par un beau diſcours de demy heure de l'accuſation que l'on avoit portée contre luy pour avoir donné ſon conſentement à l'obtention de pluſieurs arrets du Parlement que les fermiers avoient obtenus, & qui eſtoient trés prejudiciables aux particuliers de la province, & contraires aux articles du bail. pluſieurs crurent qu'il eut mieux fait de n'en point parler parce que le fait fut trés bien expoſé & les deffenſes aſſez faibles.

Il y eut encore des paroles vives entre M^r^ d'Ancenys & Mr de Queravéon au ſujet du ſcrutin. le 1er ne ſe poſſedoit plus, dés qu'on en parloit. l'on deputa à M^r^ d'Autichaut lieutenant du roy du Chateau d'Angers, pour le prier de venir prendre place aux Eſtats —

Le 15 janvier, M^r^ l'abbé de La Vieuville, Eveque de St Brieuc qui avoit promis à l'eveque de Nantes de luy ceder la grande deputation qui de droit appartient au dernier nomme à la prelature, ſ'il agiſſoit pour luy afin de luy obtenir cet Eveſché, luy tint parole, & ſe chargea en ſa place de la Commiſſion des Contraventions qui eſt attachée de droit aux deputés de la cour, l'eveque de Nantes ne le pouvant faire puiſqu'il preſidoit il en fit ſon rapport & cette commiſſion eclatante qui autrefois durait toute la tenue des Eſtats, ne fut preſque pas eſcoutée. l'on ſ'habitue à la dependance, ainſy qu'à la domination. les eſtats furent de ſon avis ſur tout les articles — cependant MM^rs^ Les Commiſſaires & M^r^ Le Seneſchal furent obligés de ſortir du chateau pour la recevoir. elle ſe fait toujours avec grande pompe & avec un grand dehors de liberté. d'ailleurs elle eſt tout a fait inutile par le peu d'attention que les Eſtats ont de ſoutenir leurs droits, & les commiſſaires d'y avoir egard.

Mr l'Eveque de Nantes s'estant trop eschauffé à parler aux Estats se trouva fort incommodé. Mr l'Eveque de Treguier presida en sa place. il estoit le doyen des Evesques. on ne les choisit pas dans l'ordre de l'Eglise comme dans celuy de la Noblesse.

Le sieur Gerbier presenta une requeste afin d'etre payé de restants qu'il disoit lui estre dus pour reparation de grands chemins par ordonnance de Mr Ferran? sa requeste fut rejetee aussy bien que celle de la Communauté de la Guerche, qui demandoit que les Estats contribuassent à la reparation de ses pavés.

Le 16 Janvier Mr L'eveque de Treguier fit le rapport de la commission des francs-fiefs. on travailla aux chambres à prendre des arrangemens qui empechassent les vexations des traitans, si les Estats ne pourroient obtenir la surogation dans ce droit, on chargea les Procurs génerx syndics de poursuivre un arrest du conseil par lequel il seroit ordonné de faire des Livres sommiers? pour estre deposés dans toutes les Juridictions royales, qui comprendroient toutes les terres imposées aux francs-fiefs, duquel livre on feroit un depouillement, afin d'en envoyer 3 copies dans chaque paroisse pour que chascun sceut ce qu'il doit payer.

On proposa de remettre les Contrats que les hopitaux & les communautés religieuses avaient sur La province au denier 30. L'Eglise & la Noblesse en furent d'avis. le tiers le refusa. Mr de Treguier qui presidoit voulut enoncer la deliberation, la noblesse & l'Eglise en estant d'avis; mais le tiers s'y opposa si fortement, en disant que c'estoit une gratification, qu'il fallut en passer par là.

MMrs Les commissaires entrèrent pour recevoir les 1eres enchères des fermes des devoirs. le bruit courut que les 4 compagnies s'estoient conciliées entre elles, ce qui n'estoit point vray. Bouret avoit seulement escrit à Mr Le marechal & à Mr d'Ancenys qu'il ne scavoit pas par où il s'estoit attiré Leur haine, qu'ils l'avoient rendu odieux à la province pour soutenir des gens qui le meritoient plus que luy, mais que puisqu'il avoit eu ce malheur, il escriroit à ses associés qu'il ne vouloit plus avoir de part dans la ferme, ny que son nom y fut employé.

Le 17 Mr l'Eveque de Quimper fit le rapport de la Commission des procès. on ordonna sur plusieurs articles de continuer de poursuivre &

on renvoya à deliberer le lendemain ſur la pretendue Créance de Mr Du-pleſſix Belier? & ſur la conteſtation de L'alloué de Quimper & du Sénéſchal d'Hennebont au ſujet de la preſéance & preſidence des Eſtats. Le Sénéſchal d'Hennebont plaida fort bien ſa cauſe. L'alloué ne dit mot; mais le Séneſchal parla en faveur des preſidiaux.

Mr de la Villethebaut Gentilhomme ſe plaignit qu'on l'avoit nommé tréſorier dans ſa paroiſſe qui eſtoit à la Campagne. les Eſtats jugèrent qu'on ne pouvoit aſſujetir un noble à ces ſortes d'employs.

On accorda 10000 # pour la reparation des digues de Dol.

Sur la propoſition des Procurs du roy de rembourſer les nouvelles charges de P. avocats du roy dans les juridictions royales, les Eſtats ordonnerent que les 1ers feroient leurs ſoumiſſions pour offrir ledit rembourſement.

Le 17, Mr L'Eveque de St Brieuc fit le rapport des conferences que luy & ſes co-deputés avoient eues avec MMs de la Chambre des Comptes. on lut le projet de tarif donné par MMs les deputés & un autre par MMrs de la Chambre des Comptes bien differens l'un de l'autre. il fut ordonné que la même Commiſſion ſe raſſembleroit encore pour tacher de ſe rapprocher aux MMrs de la Chambre des Comptes, & ſ'ils ne le pouvoient faire dreſſer un procés verbal pour remettre entre les mains de MMs les Commiſſaires. —

M. l'Abbé de la Bretonniere a fait rapport de ſa députation de la Chambre des Comptes, ce qui ſe pratique ordinairement au commencement des Eſtats —. l'indigne querelle qu'il avoit eu la veille avec le ſieur Ponfily au ſujet de l'argent qu'ils avoient touché pour la reparation des grands chemins, & qu'ils ſ'accuſérent tous deux d'avoir detourné à leur profit ſe renouvela à la honte des deux partis.

Le Syndic Coetlogon demanda pour ſon confrere Bedée une gratification de 6000 # qui luy fut accordée dans l'Egliſe & la Nobleſſe, mais le tiers dont il n'eſtoit pas amy du Preſident le refuſa.

Il y eut encore un grand bal maſqué chez Mme la Marechale.

Le 18, le treſorier Bouéxiere fit préſenter un memoire des frais & avances qu'il avoit eſté obligé de faire, tant pour ſatiſfaire au payement des Eſtapes dont les fonds de la tenue d'Ancenis n'eſtoient pas ſuffiſans, que pour quelques erreurs de calcul qui s'estoient trouvés dans ledit Estat, & pour sa depense à Paris, & fit voir que sur le pied que l'on payoit les interets au dernier tresorier, qui etoit le denier 10 ou 14, il luy estoit du 63 000#, mais qu'il n'avoit garde de rien exiger des Estats, & qu'il les laissoit maitres de lui donner telle somme qu'il jugeroit à propos. Il avoit dit, en sollicitant, que si l'assemblée se portoit à luy accorder 20 000# pour le passé & à rehausser les gages de 10 000# par an à l'avenir, qu'il seroit entierement satisfait. — la suite prouva quelle honteuse Conduite on tint à cet egard. pour lors on se contenta de nommer une Commission pour examiner son memoire —.

Le tresorier a lu un memoire par lequel, en faisant Cadrer les paiemens que l'on doit faire au tresor royal avec la recepte, les Estats ne seront plus obliges de paier d'interests, Ce qui, dit-il, n'avait pas esté observé dans l'Estat du fonds d'Ancenys.

On tira chez Mr d'Ancenys une loterie que ses gens avoient faite dont les billets estoient de 5 francs. il y avait 20 lots de 6 livres de tabac chacune, dont la livre sur le pied qu'on le donne aux Soldats ne coustoit que 22 sols —. cependant il y avait 2 000 billets — c'est ainsy que par la fraude, chacun attrapait Ce qu'il pouvait à ces estats —. on n'entrait jamais Chez aucune des grandeurs qu'on ne fut assailli par des dames pour mettre à des loteries ou pour donner pour quelque pauvre Communauté dont on ne disoit pas le nom — Mr l'Eveque de Rennes que le tresorier avait fait choisir à la teste de la Commission pour examiner son memoire en fit le rapport, & Conclut à luy accorder 50 000# pour l'interest de ses avances.

Mr L'Eveque de Léon fit le rapport de la Commission des Estappes & des hors fonds. & s'estendit bien fort sur l'injustice de MMrs du Bureau general de Rennes, de ce qu'ils avaient dispose de l'argent destiné aux Evesches de Léon & de Tréguier pour raccommoder les grands Chemins de Rennes & de Nantes — Mr de Piré qui estoit de Ce bureau en voulut faire Connaitre les raisons, qui estoient assurement sans replique, puisqu'ils Convenoient eux memes n'avoir point envoye leur procès verbaux comme il etait ordonné aux Estats d'Ancenys, ce qui avoit fait Croire à ce bureau qu'ils n'en avoient pas besoing, & que sur ce pied là il avoit donné des ordonnances, ſans toucher à l'argent pour les preſenter... des autres dioceſes, comme de refaire des ponts, ſans leſquels on ne pouvait plus voyager dans l'Eveſché de Quimper —. Mais tous les bas-bretons ſe mirent à Crier comme des diables, & auſſy fort que ſi le bureau avait detourné cet argent à ſon profit, de Maniere que Mr de Piré ne ſe pouvant faire entendre, le Bureau de Rennes demeura atteint & convaincu de tout ce qu'il plut à Mr L'Eveque de Léon & aux bas-bretons luy impoſer.

C'eſt ainſy à peu prés que ſe traitérent toutes les affaires a cette tenue des Eſtats —

On alla aux Chambres pour deliberer ſur les fonds que l'on feroit pour la reparation des grands chemins... on fut d'avis d'accorder 80 000# pour eſtre partagées dans tous les dioceſes, au prorata de ce qu'ils etoient impoſés dans les fouages; ſans que le bureau général put diſpoſer des ſommes deſtinées à chaque Eveſché —. L'Egliſe & la Nobleſſe furent de plus d'avis de faire fonds de 120 000# pour la reparation entiere d'un grand chemin qui traverſat toute la province —. mais ſur la diſpute entre eux de ſcavoir quel Chemin ce feroit, l'Egliſe voulant que ce fut depuis Ingrande Juſqu'à Breſt, & la Nobleſſe depuis Nantes juſqu'à St Malo par Rennes, la Nobleſſe revint à l'avis du Tiers qui eſtoit d'attendre a decider ſur cet article que les fermes des devoirs euſſent eté adjugées. —

Le 20, on nomma tous les Commiſſaires pour la reparation des grands chemins, 3 de chaque ordre par dioceſe, & on ordonna d'imprimer tous leurs noms auſſy bien que le nouveau bail de la ferme des devoirs.

Mr L'eveque de Rennes acheva ſon rapport des ſommes que MMrs les Co-deputés & luy avaient Jugé devoir etre remis au treſorier, & dit enſuite qu'il ne pouvoit ſ'empeſcher de faire Connaître à l'aſſemblée la fidélité & le deſintereſſement avec leſquels il avoit ſervy, la bonne chére qu'il avoit faite a tous les Bretons à Paris en ayant toujours quelqu'un à ſa table.

Ce même jour aprés midy, les fermes des grands & petits devoirs furent adjugés aux ſieur Querdrain & Senan avec un battement de mains & un applaudiſſement general des Eſtats. Ces MMrs avoient pris les meſures les plus juſtes, pour empeſcher que ces fermes ne ſortiſſent de leurs mains.

Le 21, La Compagnie de Ternaux jointe à Celle de Bouret fit ſignifier à Querdrain & Senan un tiercement de la derniere enchere qu'il avoit ſeul de la ferme des devoirs. l'ayant notifié au greffe des Eſtats & le greffier en ayant donné connaiſſance, on remit au lendemain à deliberer, afin de chercher les moyens pour en empeſcher l'effet —. il y eut pluſieurs pourparlers entre MM^rs Les Commiſſaires & les Preſidents, pour ſcavoir Comme on ſ'y prendroit. l'affaire ſouffroit de grandes difficultés, les deux compagnies eſtant protegées du miniſtre, & M^r l'intendant avait peine à ſe rendre, & regardoit avec raiſon Comme une grande injuſtice de ne pas recevoir le tiercement, tous Les regiſtres furent feuilletés pour voir ſi on n'en trouverait pas quelqu'exemple. Voicy de quoy on Convint —

Que le 22 le preſident de tiers, le plus zelé partiſan de Senan, repreſenteroit au nom de ſon ordre les inconveniens qui arriveroient ſi l'on recevoit le tiercement; que premierement Il n'etait point en uſage en Bretagne, & qu'il n'eſtoit autoriſé que par un edit à l'egard des aides, lequel n'avoit jamais eſté enregiſtré au parlement ny receu aux Eſtats; ſecondement qu'il ne pouvoit eſtre que nuiſible, puiſqu'il n'y avoit que deux motifs qui engageaſſent le fermier a tiercer un bail qui eſtoit dejà au deſſus de ſa juſte valeur, ſcavoir l'attente d'une indemnité, ou des vexations exorbitantes ſur les peuples, pour ſe redimer du haut prix auquel ils avoient pouſſé les fermes, pretexte frivole & mal fondé, puiſqu'il n'eſtoit point vray que les fermes fuſſent pouſſees au dela de leur valeur; —

Troiſiemement que ſi l'on admettoit un tiercement, il faudrait auſſy recevoir un redoublement du tiercement, lequel demandoit au moins huit jour de delay, avant lequel temps les Eſtats etant ſeparés, les fermiers ſe pourvoiroient au Conſeil pour l'adjudication des fermes, ce qui eſtoit d'une dangereuſe Conſequence. autre mauvais pretexte puiſque Ce redoublement ne ſe pouvoit faire que pendant l'aſſemblée des Eſtats & ſous les 24 heures de l'adjudication.

Mais on ne cherchait que des raiſons bonnes ou mauvaiſes, elles ne prevalaient certainement pas à celles qu'en ne recevant point le tiercement, on rendoit MM^rs Les Commiſſaires maitres d'adjuger les fermes à qui bon leur ſembloit. au lieu qu'en le recevant c'eſtoit toujours une porte pour revenir d'une adjudication precipitée & faite à perſonne deſagreable aux Eſtats, que C'eſtoit auſſy empeſcher toutes les Compagnies pour qui les Commiſſaires n'avoient pas de predilection de venir faire valoir les fermes, puiſque ce ſeroit pour eux un voyage & de la depenſe inutile, ce qui rendroit dans la ſuite la Compagnie en place maitreſſe d'en donner le prix qu'elles voudroient n'ayant pas de competiteurs. malgré la brigue, Ces motifs ne laiſſerent pas d'eſtre repréſentés par quelques membres de l'ordre de l'Egliſe & de la Nobleſſe. le plus grand nombre n'y eut pas d'egard; & il fut ordonné que Mrs les Preſidents des ordres iraient ſans deputation vers Mr Le Marechal le ſupplier de la part des eſtats de ne pas recevoir le tiercement. quoique tout cecy eut eſté projeté dés la veille, Mr Le Marechal repondit qu'il fallait qu'il en Communiquât avec MMrs Les autres Commiſſaires avant de rendre une reponſe poſitive. —

Nous voicy encore revenu aux prodigalités. — Le Syndic Coetlogon porteur de toutes les demandes dit qu'il eſtoit d'uſage de faire un preſent de 15000# à Mr Le Marechal, & un de 2000# à ſon ſecrétaire. ces ſommes furent accordées ſur le théâtre ſans aller aux Chambres.

Il n'en fut pas ainſi de la demande que le meſme fit de 6000# par an pour les bons & agréables ſervices qu'avoit rendus Mr le Marquis de Couetquen à la province, qui ſe reduiſoient tous à avoir fait promener toutes les troupes par des routes Juſqu'alors inconnues; car pour aller de Pontivy à St Brieuc, ou il n'y a que 12 lieues, il leur en faiſoit faire 40, ce qui ruinoit tout le pays par où les troupes paſſaient, & couſta aux Eſtats pour l'eſtappe plus de 120000#, pour avoir traité la Nobleſſe avec une hauteur epouvantable, bien different en Cela de ſes Ancetres, pour avoir eſcrit en faveur d'officiers qui avoient indignement traités des Gentilſhommes de St Brieuc, & ſi indignement que la Cour meſme leur ordonna de tenir priſon au fort L'Eveque.

Par le même ſcrutin on delibera ſi l'on feroit un fonds pour les haras, ou ſi la liberté ſeroit laiſſée a chacun d'avoir des etalons. il paſſa au dernier.

Il fut ordonné à l'égard de la dette, que Mr du Pleſſix Belier pretendoit avoir ſur les Eſtats, qu'en Cas qu'il ne fit point de pourſuite, le procureur general Syndic examineroit ſur les livres de Comptes des treſoriers, ſi ſa demande eſtoit bien fondée pour en rendre compte aux Eſtats, ſans prejudicier à la preſcription.

Mr le Marechal entra ſans MMrs les Commiſſaires & ſans ſuite, pour recommander aux eſtats les deputés à la cour & à la chambre nommés par Mr Le Comte de Toulouſe. c'eſtoit dans cette occaſion qu'il falloit aller au ſcrutin & ne pas ſouffrir le Mis d'Ancenys ſe moquer de l'avis de la Nobleſſe, comme il fit à la fin des Eſtats comme au Commencement.

Le Marquis d'Acigné ſ'eſtoit deſhonoré aux eſtats de Dinan, & contre les privileges de la province ſigné l'odieuſe requeſte contre le parlement, par laquelle il demandoit que ces cauſes fuſſent evoqués au grand Conſeil, ſous pretexte qu'on ne rendoit point juſtice en Bretagne. il y avoit reellement plaidé, & quoiqu'il eut perdu ſon procès, ſon procedé n'en eſtoit pas moins infâme.

Les deux tiers de la Nobleſſe vouloient lui faire ſentir leur indignation & en meme temps faire voir que leurs nominations eſtaient libres en l'excluant luy ſeul de tous ceux qui eſtoient pour luy; & de l'autre ceux qui eſtoient contre, quoiqu'il en eut plus d'un tiers plus de celuy-ci il declara hardiment que le nombre de l'autre l'emportoit.

On lut le Contrat qui ſe devoit paſſer entre MMrs Les commiſſaires au nom du roy & les Eſtats, le cahier des remontrances & le cahier des affaires dont on chargeoit MMrs les procur. gen.x ſyndics. MMrs les deputés des contraventions porterent ledit Contrat à ſigner à MMrs Les commiſſaires qui le refuſerent, parce que les eſtats aiant fait mettre ainſy que portoit leur deliberation, qu'ils avoient accordé le don gratuit à condition qu'il ſeroit payé à ſur & à meſure que les fonds rentreroient dans la Caiſſe de leur treſorier, quoiqu'ils euſſent accepté la dite deliberation, ce qui prouve que ces derniers n'agiſſaient preſque Jamais de bonne foi. cette difficulté levée par la docilité de l'Aſſemblée, quand on leur reporta le Contrat, Ils en formerent d'autres ſur des pieds de mouche. il ſ'agiſſoit de quelques termes qui donnoient atteinte, diſoient-ils, au droit que le roy pretendoit avoir de retablir le pied fourché dans deux ans. il fallut de rechef les faire changer par les eſtats — & enfin il fut ſigné —.

Mr le Procureur général auroit eu fort a cœur que le parlement fut devenu ordinaire, & fit ce qu'il put pour engager les Eſtats à le demander. il le fit propoſer par Villechaun ? ſon couſin. mais les Eſtats ne jugerent pas à propos de ſe meſler de cette affaire ſans ſcavoir ſi elle ſeroit agreable au corps du Parlement. Ils prierent ſeulement Mr l'Eveque de Nantes d'agir en leur nom en cas que le corps du Parlement le desiroit, fans que Cela fut inferé dans les regiftres.

Pendant que l'on eftoit occupé d'affaires ferieufes ou ennuié de la longueur des eftats qui duroient jufqu'à 4 heures, parce que les grandeurs ennuyés de tenir table & d'eftre les victimes de l'avance des Nantois regardoient comme une chofe de confequence pour eux que les Eftats finiffent un jour plus tôt, & bruloient toutes les affaires; MM^rs Les Prefidens nommerent fort vivement la commiffion pour arrefter l'eftat des fonds, dans la crainte que comme c'eftoit une commiffion a Jetons par confequent tres mal remply les eftats n'euffent demandé d'aller au fcrutin —.

Le treforier avoit, dit-on, mis cette commiffion fi bien en ordre que MM^rs les commiffaires n'y travaillèrent que deux heures, qu'elle fut rapportée le lendemain, approuvée par les Eftats, & envoyée à MM^rs les commiffaires à approuver, qui refuferent encore le fur & a mefure des payemens.

Les Eftats, Je croy auffy empreffés de quitter une affemblée qui en fe perpetuant ne faifoit que fe defhonorer, confentirent à tout. ainfy MM^rs les commiffaires chicanerent Jufqu'à la fin, & ne trouverent prefque pas d'oppofition à tout ce qu'ils voulurent, tant ils f'eftoient rendu maitres de cette affemblée.

L'état du fonds leur fut renvoyé avec tous les changements qu'ils avoient defiré, & la Commiffion eut ordre, après que MM^rs les Commiffaires l'auroient fignée, de les prier de venir Congedier les Eftats.

Ces MM^rs repondirent qu'ils y viendroient aprés midy. M^r L'Eveque de Nantes & M^r d'Ancenys qui craignaient, après avoir fi bien joué leur rôle, leur envoyerent dire par des perfonnes qui leur eftoient à tous affidés, qu'il eftoit dangereux de ne pas venir fur le Champ, & qu'ils les en prioient inftamment.

Le Marechal fut ferme, dit qu'il n'y avoit rien à craindre, qu'il ne fepareroit l'affemblée qu'aprés midy, & aprés que MM^rs les deputes pour la chambre des Comptes auroient figné l'accomodement qui f'eftoit enfin terminé, lorfque l'on le croyoit le plus éloigné.

MM^rs de Nantes & d'Ancenys f'emporterent fort contre le Marechal, dirent publiquement qu'on les traitoit comme des valets de carreau. mais il leur fallut remestre les Estats, & se rendre chez Mr Le Marechal pour l'affaire de la Chambre des Comptes.

Leurs deputés & Ceux des Estats s'estant rapprochés convinrent d'un abonnement en vertu duquel tous les sujets relevant du roy ne paieraient plus rien pour rendre leur aveu & foy & hommage. on accorda 6 000 # par an à la chambre, 1 000 # à Mr le 1er president pour son droit de sceaux, 1 000 # pour le parquet; & il fut arresté que les procureurs ne pourroient exiger plus de 3 #, 10 sols pour la presentation & l'expédition de chaque requeste. mais comme MMrs Les Commissaires & l'Eveque de Nantes s'estoient expliqué que la Cour ne vouloit point d'abonnement mais un tarif, parceque Cet abonnement rendoit la Chambre paresseuse, à faire rendre au roy ce qui luy estoit deu, quoi qu'il n'en fut rien dit dans l'arrest du Conseil, Les Commissaires ne voulurent accepter l'accomodement des Estats que sous le bon plaisir de S: M:, & a tout evenement qu'il ne voulut pas accepter, Ils dresserent chez eux un procés verbal des dires & raisons de chaque partie, afin de mettre le Conseil en etat de Juger si l'on ne recevoit pas l'abonnement. Ce procés bon fut long & fort difficile à faire & sujet à de grandes discussions de part & d'autre, ce qui éloigna d'un jour les Estats —.

Les Commissaires refusérent aussy d'approuver que sous le bon plaisir de S: M: les fonds que l'on avoit fait de 120 000 # pour raccommoder particuliérement le chemin d'Ingrande à St Malo, les 4 000 # accordés à Guittart pour le procés-verbal de l'incendie, les 10 000 # accordés à Mr le Seneschal de Nantes & quelques autres articles, disant qu'ils n'estoient point autorisés par leurs instructions à passer Ces sommes, & par là firent connoitre de plus en plus que les Estats ne s'assemblent que pour exécuter les ordres de la Cour & qu'il n'y a nulle liberté —

Le 25, MMrs Les Commissaires entrerent à 6 heures du soir. avant qu'ils arrivassent, Les Estats accordérent à Bertelot commis une gratification de 500 livres.

Mr Le Marechal fit un discours trés gracieux à l'Assemblée. il avoit lieu d'en être content. Le syndic Coetlogon, y repondit assez bien, & aprés s'estre donné de part & d'autre beaucoup de marques de contentement, l'on se separa, Mr d'Ancenis partit dès le lendemain. Mr & Mme La Marechal & L'eveque de Nantes demeurerent encore 4 jours dans cette ville.

Voila, mon fils, dans la sincère verité, ce qui se passa à ces Estats qui sont les plus honteux pour la province ou j'ai jamais esté. rien ne s'y fit que par brigue. tous les Gentilshommes se dechirent les uns les autres. l'on ne s'unit que pour faire les dons excessifs, & que pour imposer de nouvelles charges aux Estats. On n'y observa nulle regle. la Justice & la vertu en furent bannies, pour faire place à la sujetion, l'interet & la dependance —. Tachez de vous corriger sur les vices que Je deplore dans tout leur jour & de ne pas tomber dans les mêmes defauts. mais oubliez les noms de tous les particuliers que Je nomme, qui s'y sont peut-etre laissés aller plus par faiblesse que par une intention premeditée de faire le mal; & ne vous faites pas des ennemys en rendant publique une chose que Je n'aurois jamais entreprise si J'avais cru que vous en eussiez abusé.

Vous ne trouverez pas une belle diction dans ces memoires; car outre que Je ne suis point historien, c'est que Je ne les ai point travaillé, n'ayant point eu dessein qu'ils vissent le jour —. Je ne me suis attaché qu'aux faits —. l'ecriture mesme en est si mauvaise qu'il n'y aura que vous qui la puissiez lire. Je n'en ai fait aucun brouillon, & J'ai ecrit tout de suite dans ce livre sur quelques notes faites à la hate aux Estats — si cela vous fait plaisir, & que vous en ayez le talent, vous vous amuserez utilement à mettre ces memoires au net & d'une ecriture lisible.

ESTATS DE St BRIEUC

(1724)

Je ne m'attendois pas, mon fils, à Jamais decrire aucune tenue des Eſtats plus prejudiciable aux droits & aux privileges de la province que celles de Dinan & de Nantes. mais elles n'ont eté l'une & l'autre que les preliminaires d'une liberté mourante. on y gardait encore quelqu' eſpece de meſure. Vous allez voir dans Celle des Eſtats de St Brieuc 1724 y porter des coups mortels, dont Je ne Juge pas que la province ſe releve Jamais.

Ce n'eſt plus à l'egard du don gratuit que l'on exige une ſoumiſſion aveugle. l'on met pour fondement que les Eſtats ne ſcauroient agir ordonner ny prendre aucun arrangement meſme en ce qui touche l'interieur de Leurs affaires que du conſentement de MMrs Les commiſſaires de S. M., qui en même temps pretendent diſpoſer ſouverainement de tous les fonds, en faire la deſtination ſans que les Eſtats ſ'y puiſſent oppoſer ny par leurs ordonnances ny par leurs remontrances; & pour le prouver invinciblement ils ſe ſervent de l'authorité abſolue & arbitraire pour entrer dans l'aſſemblée; Ils y font enregiſtrer un arret du conſeil qui Caſſe une deliberation qui ne regardoit que le bon ordre qui ſe devait garder & conſerver dans Les Eſtats, & de leur propre mouvement. Se ſentant ſoutenus, de ce même pouvoir arbitraire, ſans y etre en aucune ſorte autoriſés par S: M:, Ils biffent, en preſence d'un corps pour lequel ils devaient avoir un peu plus d'egards & d'attention, une de leurs ordonnances, La plus Judicieuſe & la plus ſage, ordonnance qui ne regardoit & ne touchoit en rien Les interets du roy, & en ſubſtituent une autre en ſa place, violence dont il n'y avait encor Jamais eu d'exemple, qui ſappe par le fondement Juſqu'à l'ombre de la liberté, & qui rend inutile & meſme à charge l'aſſemblée des Eſtats.

Car ſ'il eſt ſans replique ny ſans diſcuſſion que ce qui eſt exprimé dans les inſtructions que le roy donne à ſes commiſſaires ſoit executé de point en point, ſoit pour l'impoſition, ſoit pour la façon d'impoſer, ſoit pour la diſtribution des fonds, ſoit pour l'employ qui doit en etre fait, Je demande à tout homme ſenſé ce que c'eſt que l'aſſemblée des Eſtats, qui ne laiſſent pas de Couſter beaucoup à la province. Nous exemptent-ils de quelque Levée extraordinaire, la capitation, les controles, le tabac, Les franc-fiefs, le papier timbré, le cinquantieſme, le pied fourché, la ceinture de la Reyne, le Joyeux avenement, la magiſtrature, Les arts & metiers, tout n'eſt-il pas taxé & levé dans cette province avec mille fois plus de dureté & d'exaction qu'ailleurs? n'y a-t-il pas un Intendant qui y tranche du Souverain, & qui n'eſt point longtemps ſans ſe corrompre, quelque reputation qu'il ait eue partout ailleurs, par la licence qu'on lui donne de ne rendre nul compte ny à la Cour ny à la Province, de ſon adminiſtration au ſujet de la finance, dont il ordonne la perception tout ſeul, ecueil dangereux où ſe briſe le plus ſouvent la vertu La plus auſtère.

A quoy ſervent donc Les Eſtats, Je le repete encore? à regorger de biens dix ou douze perſonnes unies les unes avec les autres pour la deſtruction du pays, à ſatiſfaire la cupidité, l'avarice & l'orgueil de gens ambitieux qui ſ'imaginent faire leur Cour, en foulant au pied l'honneur & la probité, en ſacrifiant de pauvres peuples à leurs avancements & à leur fortune.

C'eſt de la ſorte que ſe ſont Comportés MM^rs^ Les Commiſſaires & ceux qui maniaient les affaires aux derniers Eſtats de St Brieuc, & l'on doit à l'imbecillité du chef & à l'intereſt & à la dureté des autres Les malheurs que Je vais decrire.

Mr Le duc d'Orléans qui raſſembloit en ſa perſonne le plus de talent & de perfection avec le plus de defauts & de faibleſſe, etoit mort ſubitement à Verſailles, ainſy qu'il l'avoit deſiré. Son fils qui eſtoit à l'Opera à Paris, ne put etre adverty aſſez à temps pour obtenir la place de 1er miniſtre qu'on avait cru Juſqu'alors indigne d'un prince du ſang. Mr le Duc ſe trouvant à Verſailles au moment de cette mort, profita de l'occaſion favorable, & l'alla ſur le champ demander au roy, qui la luy accorda, ſans heſiter pour avoir l'approbation facile de l'ancien eveque de Frejus ſon precepteur, & dans le même moment on preſta le ſerment de fidelité entre Les mains de ſa majeſté.

C'eſtoit donc Mr Le duc (de Bourbon) qui tenoit Les reſnes de L'Eſtat ſous un jeune roy qui n'aimoit que ſon plaiſir & la chaſſe, & qui ne vouloit entendre parler d'aucune affaire.

Je ne ſcay par quel malheur pour la province, S: A: & Mr Le Marechal d'Eſtrées ne prirent pas bien enſemble. il y a apparence que Mr Dodun, qui du plus bas etage ſ'etoit elevé Juſqu'à la charge de Controleur général, & qui ſceut ſ'attirer, pret à tomber, la bienveillance de ce prince, n'y contribua pas peu.

Le Marechal, aux Eſtats de Nantes, n'avait point voulu recevoir par ſon canal aucun ordre de la cour; Il l'avait traité publiquement avec un mépris qu'un homme de peu ſouffre avec plus d'impatience qu'un autre; Il avait attaqué ſa probité & aſſeuré que c'etoit un homme ſans foy ny loy qui auroit immolé Dieu & l'Eſtat pour ſe maintenir dans ſa charge, & acquerir des richeſſes. Dodun avait eté adverty & inſtruit de tout. il eſt aiſé de Juger de la haine qu'il portoit à Ce Marechal. Cependant ce fut luy que Mr Le Duc choiſit pour negocier avec le Marechal d'Eſtrées, & pour ſcavoir ſ'il n'etoit pas dans le deſſein d'aller tenir Les Eſtats de Bretagne. Il ſcavoit que perſonne n'eſtoit plus propre à faire executer Les volontés du roy ſans commettre ſon autorité, qu'il avoit trouvé le moyen de parvenir à tout ce qu'il deſiroit en faiſant toujours croire aux Eſtats qu'il ne vouloit que ce qui eſtoit de leur utilité & de leur bien. L'on n'avoit encor point veu en Bretagne de Commandant ſi honorable ny ſi honneſte & ſy poly ſans rien perdre de la majeſté & de la grandeur, Mme La Marechale Le ſurpaſſoit encore en ce point, & l'on peut dire qu'ils eſtoient tous deux devenus l'idole des Bretons.

Mr Le Duc ſouhaitoit donc que le Marechal eut encor tenu à St Brieuc Les Eſtats. Mais Il Jugeoit que cette place meritoit bien la peine de luy eſtre demandée, & qu'il eut regarde ſon choix comme une grace. au contraire Le Marechal ſe croyant avec raiſon néceſſaire, & ayant Juré qu'il ne viendroit point en Bretagne ſi le Prince ne luy en parloit & l'aſſuroit qu'il y eſtoit utile pour le ſervice du Roy, on noircit auprès du prince cette demarche hautaine, qui luy envoya Dodun pour ſcavoir ſa derniere reſolution, qui fut qu'il iroit ſous 3 jours à Verſailles, qu'il ſe preſenteroit devant Son a: S:, que ſi elle luy commandait quelque choſe du roy, il obeiroit, ſinon qu'il demeureroit à Paris. il y alla ſe preſenter 3 fois devant luy; Il ne luy parla de rien. Le Marechal ſ'en revint à Paris, reſolu de n'en pas faire d'avantage.

S: A: Inſinua dans le monde qu'il n'avait pu convenir avec luy de prix, ce qui terniroit bien toutes les autres grandes qualités, ſi cela eſtoit vray.

Sous le regne de Louis 14 où tous les fonds de l'Eſtat ſe diſſipoient avec tant de profuſion, Jamais Commandant ne ſ'eſtoit aviſé d'exiger de l'argent pour venir remplir la place du roy. l'on eſtoit aſſez content de l'honneur qu'il y avoit d'eſtre choiſy pour commander à une des plus grandes & des plus belles provinces du royaume, & d'en toucher Les Juſtes appointements. ce ne fut que pendant la regence du duc d'Orléans, qui donnoit a toutes mains, que ce deteſtable abus ſ'introduiſit, abus d'autant plus pernicieux que celuy qu'on nomme à Cette honorable place ne la regarde plus que comme un employ mercenaire par lequel il luy eſt permis de prendre *per fas & nefas* & de ſ'enrichir ou reſtablir ſes affaires au depens de tout ce qui en peut arriver.

Effectivement; à la façon dont depuis pluſieurs années on traite Cette province, qui ne diroit qu'elle vient d'eſtre ſubjuguée ſur les ennemys du roy, tant elle eſt abandonnée à l'avidité de ceux qui la gouvernent, & qu'elle ne faſſe plus une des meilleures portions de l'Eſtat !

Le Marechal D'Eſtrées repandit dans le monde de ſon coſté que ſ'il avoit refuſé de venir tenir les Eſtats, c'eſt qu'on ne luy avait pas voulu donner carte blanche Comme aux precedentes tenues, où il y avoit mille fois plus de difficultés à furmonter qu'à Ceux-ci, & qu'il n'eftoit point fait pour executer Les volontés violentes de Dodun, ny pour ne pouvoir agir ny prendre aucun party fans fes ordres; que c'eftoit Cependant à quoy on avoit voulu l'affujetir. comme toute cette negociation ne fe paffait qu'entre le Controleur general & luy, ne f'en eftant jamais expliqué avec Mr Le Duc, Le 1er fit entendre que Ces tons de hauteur bleffoient l'autorité fuprême dont il eftoit revétu, & engagea S : A : à nommer pour aller tenir les Eftats Le Marechal D'Alegre dont Il eftoit fur de difpofer à fa guife. on luy affigna 200 000# pour fa depenfe. Ce Marechal etait fans contredit d'une des meilleures maifons de France. il avoit fervy le roy dans fes armées avec diftinction. Il n'avoit point obtenu le baton de Marechal par la brigue ny par la faveur, mais fe l'eftoit acquis par fes fervices. c'eftoit d'ailleurs un bon Gentilhomme, honnefte & Civil, qui auroit efte ravy de faire plaifir f'il f'en eftoit refervé le pouvoir, mais fi peu capable de l'employ où on le deftinoit par la mediocrité de fon genie & par le peu d'experience qu'il avoit de la façon dont on doit traiter Les affaires, qu'il convenoit luymefme qu'il fallait bien qu'il f'en rapportât a ceux qui les avoient Cy devant maniées, & qu'il n'avoit regardé Cette place que comme une recompenfe. & un fecours pour reftablir fes affaires delabrées ; que fur ce pied là Il f'etoit engagé à faire exécuter tout ce qui eftoit Contenu dans fes inftructions de point en point, mais qu'il ny ferait pas repris, & que la 2me fois Il demanderait permiffion de pouvoir negocier avec Les Eftats fur certains articles qui luy paraiffoient auffy bien qu'à eux fort injuftes; mais que pour cette tenue Il falloit obeir fans difcuffion.

Cet aveu parut fi naturel & fi fincere & fi fort de la portée de fon genie qu'on ne fe prit point à luy ny qu'on ne lui imputa point toutes les demarches extraordinaires qu'il fit dans Cette affemblée, & que les imputations tomberent toutes, Comme elles le devoient, fur ceux qui fcachant qu'il n'eftoit capable de rien, l'avoient choify pour fe rendre maitres des affaires. Ce fut alors que les yeux f'ouvrirent & que l'on vit que la haine que l'on avoit conceue Contre le Marechal de Montefquiou, qui ne pouffa Jamais Les chofes à l'excès de celui-cy, ne devoit pas feule retomber fur luy.

Le Bonhomme D'Alegre venoit d'efpoufer en feconde noce à l'age de 72 ans une Jeune demoifelle qui avoit paffé toute. fa vie au Couvent, & qui feurement en avoit bien Confervé les manieres. elle n'avoit ny efprit, ny beauté, ny aucune forte de grace. ce qui la rendoit plus fouffrable c'eft qu'elle ne difoit pas un mot, & qu'elle avoit toujours de grands yeux ouverts & une gueule béante pour eftre attentive à tout ce que l'on difoit auquel elle ne Comprenoit rien. Elle a paffé 3 mois en Bretagne, fans avoir pu retenir Le nom d'aucun homme & d'aucune femme. tout Ce qu'on luy entendit jamais prononcer Ce fut : « bonjour Mr & Mme. donnez moy vifte un ecu pour une Communauté à laquelle Je m'intéreffe; elle eft pauvre comme Job fur le fumier, & Dieu vous en recompenfera ». Ce qu'il y a de pis c'eft que Cette chanfon qu'elle avoit efté 15 Jours à Eftudier & à apprendre, dura pendant tous Les Eftats, & qu'elle fe fafchoit quand on f'ennuyoit de lui donner. Si Jamais Le Bonhomme & elle font des enfans fpirituels, Il faudra Convenir que le fens commun f'altere & fe repare, fans qu'on tienne de Ceux qui nous ont donné la vie.

Cette mediocrité d'efprit & cette figure difgracieufe deploifoient fort à nos petits maitres de Cour, qui cent fois plus imbecilles f'imaginent que tout Le merite confifte dans 5 ou 6 mauvais dictons qui repetés cent fois le Jour deviennent le folide fondement de leurs converfations. avec ce bel etalage, Ils regardaient ceux qui compofaient les provinces comme des fauvages que la moindre fumée eblouit comme eux, ce qui les fit Juger finement que, Mme La Marechale d'Eftrees ayant reuffy par fes manieres gracieufes & polie à f'attirer l'eftime & l'amitié de la Nobleffe à un point qu'elle les difpofoit a fuivre prefque toujours Les fentimens qu'il eftoit feur que les femmes avoient dans le pays barbare mille fois plus de Credit fur les efprits que les hommes, qu'il eftoit par confequent d'une neceffité abfolue d'en chercher une qui la Copiaft. Ils Jeterent Les yeux fur la fille du Marechal, Mme de Rupermonde; qu'elle avait l'honneur d'etre amie de Mme de Prie maitreffe de S. A. le Duc, & pouvoit par là les fervir dans leurs befoins. Elle eftoit très riche, & Jouoit un Jeu epouvantable, ce qui ne laiffe pas d'ameuter; quoiqu'elle fut âgée, elle avoit encor de fes anciens agremens qu'elle favait mettre à profit en temps

& lieu, que ſon grand fils Le plus debauché des Jeunes gens de Paris ſuivy d'un agreable & complaiſant cortege des deux ſexes, les autres filles ſuivantes & bienfaiſantes, amuſeroient la Jeuneſſe qui eſt toujours le plus à Craindre aux Eſtats & leur donneroient des occupations plus ſerieuſes que Celles d'aller donner leur voix dans le Senat.

C'eſt ainſy que raiſonnoient le marquis d'herbaut (Dodun) & Celuy (L'intendant) qui ſous luy devait jouer le plus grand role aux Eſtats. mais Ils ſe tromperent l'un & l'autre dans leurs conjectures. Ces provinciaux de Bretons qui à leur avis eſtoient ſots Comme des dindons, terme alors à la mode & à repetition, trouverent que la copie ne reſſembloit pas à L'original, qu'elle n'avoit ny ce fonds d'eſprit ny cette politeſſe melée de grandeur qu'en même temps faiſaient aimer & reſpecter Mme La Marechale d'Eſtrées, que ſes honnetetés eſtoient fades, ſans goût ny ſans exception des perſonnes, Ce qui ſeul les rend ſenſibles & flatteuſes; d'ailleurs preſque uniquement occupée du Jeu qui eſt ſa paſſion dominante, fort intereſſée ce qui bien loin de l'engager d'adoucir Le Marechal quand les deux autres Commiſſaires l'avaient mis en fureur, & de luy faire connaitre qu'il ſe deſhonoroit en applaudiſſant ainſy à des paſſions eſtrangeres, elle l'animoit encor dans la crainte, Sy les eſtats eſtoient libres, de ne pas obtenir dix mille livres qu'elle prétendait leur extorquer ſi ſon pere en devenait le tyran, au lieu de ſ'inſinuer dans les eſprits par des manieres gracieuſes, elle menaçoit de la Colere de ſon pere, que je vous conſeille diſoit-elle, de flechir, terme trop hautain qui ne convenoit point à la plupart de Ceux à qui elle tenoit Ce diſcours, & qui tout au plus ne pouvoit avoir d'effet qu'auprès de 3 ou 4 Jeunes gens qui diſaient-ils, en avoient fait la Conqueſte plus par vanité que par gout.

Un ſeul nommé M^r^ Le C: de la Riviere en eſtoit veritablement amoureux, mais comme Il avait auſſy l'ame belle & bien placée Il ſe partageoit & eſtoit auſſy bon Citoyen dans L'Aſſemblée que tendre Lorſqu'il embraſſoit Les genoux de ſa belle Surannée.

Il eut eté heureux que Cette paſſion & celle de l'interet euſſent laiſſé auſſy libre Mr de Brilhac 1er Commiſſaire après Le Marechal & Mr de Bron commiſſaire du Conſeil; tous les deux ayant eſté convaincus que le Marechal eſtoit un homme incapable d'agir par luy-meſme ny de prendre aucun party, & qu'ils n'avoient point efté trompés dans le Choix qu'ils en avoient fait de Concert avec Dodun, f'unirent pour la 2me fois de leur vie, pour le gouverner à leur mode, en fe cedant mutuellement ce qu'ils avoient le plus à cœur de faire reuffir, en forte que Ce pauvre Marechal ne fut que l'executeur de Leurs odieufes entreprifes.

Ils ne luy donnerent pas meme la permiffion d'enoncer leurs volontés fuprêmes.

J'ai deja dit que le 1er Prefident eftoit un homme entreprenant, partial & intereffé toujours remply d'idées vaftes dans lesquelles il echouoit le plus fouvent, mais qui ne fe rebutant point par la honte qui en jailliffoit fur luy, eftoit pret le lendemain de former un autre projet auffy Chimérique qu'il pouffoit avec la même ardeur, quelque peu d'apparence qu'il y eut de reuffir. C'eftoit affez d'etre dans les affaires pour avoir chez luy un libre aller, & le libre aller ne fe donnait pas pour rien. il etait uni par le fang à un des fermiers géneraux de la province, & par une amitié achetée avec toutes les autres, Les fermiers avoient gagné dans les precedents baux des fommes immenfes, & avoient fait valoir un argent imaginaire à Mme la 2me prefidente. Ils en eftoient regorgés mais non pas rafafiés; auffy il fallait pour que les fermiers fuffent Continués, etre maitre de l'adjudication, en eloignant toutes les autres compagnies qui fe formoient en grand nombre & ne laiffer ny pouvoir ny autorité aux Eftats. C'eft de quoy il convint avec l'intendant.

Celuy-ci, fans avoir un grand genie, avait fceu tromper depuis 8 années une des meilleures parties des perfonnes de la province, & comme Je l'ay dit f'eftoit foutenu dans la reputation d'un homme de probité & fans tache, a l'abri de la haine que l'on avoit conceue pour le Mal de Montefquiou, & du bon gouvernement du Mal D'Eftrées où Il ne luy avait donné aucune part. Il fe developpa tout entier à ces Eftats, dés qu'il fe vit en eftat de tailler en plein drap, par l'ignorance & le pouvoir que luy en donna Le Marechal d'Alegre. Ce ne fut plus Cet homme qui aprés avoir ménagé Les Interets du roy ne f'occupoit, difoit-on, que du foin de foulager les peuples. Ce n'etoit plus Cet homme qui efcoutoit fans prevention & avec patience le pauvre egalement que le riche, & qui leur rendoit une exacte Juftice. Ce n'etait plus l'ennemi des gens d'affaires qui reprimait ſeverement leur licence & leurs exactions, qui vouloit tout voir par luy-meſme, & ne ſ'en jamais fier à des Secretaires infideles & intereſſés; ce n'etait plus Cet homme facile à aborder, prompt à expedier. & d'un travail infatigable; ſa femme etoit morte; ſa famille qui eſtoit nombreuſe n'avoit plus de raiſon de publier partout ſes louanges & ſes vertus & de mettre un voile ſur les defauts qui eſtoient tels que Je ne puis Comprendre comme on a pu eſtre ſi longtemps ſa dupe. perſonne ne porta ſi loin l'orgueil & la dureté du cœur & de l'eſprit. Sitot qu'il domine, il faut que tout flechiſſe ſous luy; une Juſte reſiſtance à ſes volontés l'irite & le met en fureur; Il rebute ceux qui veulent luy parler raiſon avec un mepris qui perce juſqu'au fond de l'ame. Le Crime ne luy couſte rien; Il ne ſe donne pas la peine de le Colorer. Il n'y a qui que ce ſoit ni plus mou ny plus effeminé ny plus adonné à ſes plaiſirs, & à ces ſortes de plaiſirs honteux qu'on ne pardonne pas aux plus jeunes gens. le travail luy eſt dur & inſupportable. auſſy ſes Secretaires diſpoſent de toutes les affaires & pillent de tous coſtés, car on aſſeure qu'il ne prend point perſonnellement. toute Converſation charmante ou ſpirituelle l'embarraſſe & L'ennuye. Il hait à la mort tout Ce qui ſ'appelle honnete homme & homme fait, & n'a pour amys que 4 ou 5 Jeunes gens corrompus à qui ſeul il ſacrifie, & qui du matin Juſqu'au ſoir Le Louent & l'applaudiſſent, parce qu'ils ſcavent qu'il avale la louange, comme les oranges des barbades; Il n'y a preſque de repas chez luy, de partie de Campagne que pour eux & pour les maîtreſſes de ce voluptueux intendant. ç'eſt là qu'on pouſſe toute ſorte de débauche à ſon dernier période, que la religion & l'honneur ſont foulés au pied, & ou le ſeul Epicurianiſme eſt venere; car Ils ſe vantent tous d'etre philoſophes du 1er rang qui ſuivent ce que leur inſpire la nature, & qui ſe mettent au deſſus de tout le reſte. c'eſt de la ſorte que ſe gouverna Ce grand homme pendant la tenue des Eſtats, ſans que ſouvent on put ſe l'imaginer ny le Croire, tant les yeux avoient eſté longtemps fermé ſur ſon Chapitre. ce qui acheva de les faire ouvrir à tout le monde, ce fut l'amour violent & peu ménagé qu'il eut pour la femme Michaux ſeneſchal de Rennes, qui ſceut dans un age avancé luy inſpirer des ſentiments ſi vifs & ſi emportés qu'il ne les pouvoit Contenir un moment. ce fut dans Cette boutique que l'on connoit aſſez pour avoir fourny tous les moyens propres a ruiner Cette malheureuſe province, qu'il conclut le deſſein de l'accabler entiérement, & qu'il fut enhardy à (?)

Il eſt vray que preſque tous concoururent à ſa perte; Les preſidents des ordres, Les procureurs géneraux ſcindics, Le treſorier, le corps de l'Egliſe, grande partie de la nobleſſe, Le tiers & les officiers ſervant le roy, ne donnerent pas moins d'atteinte aux droits & aux priviléges de la province que les Commiſſaires de S: M:

Il n'y eut donc que vingt ou trente anciens gentilhommes, quelquefois ſoutenus de la Jeuneſſe, qui n'eſtoit point corrompue par la crainte ou par les promeſſes, qui, pendant tous Ces Eſtats, ſoutinrent avec une fermeté inviolable les reſtes d'une liberté agoniſante, & qui pour Cela eſſuyerent méme de leur Corps tous les degouts que l'on puiſſe imaginer, & qui n'en remporterentque la douleur de voir tous Leurs efforts inutiles pour le ſoulagement des peuples, le plus grand nombre eſtant ſeduit ou par des intereſts particuliers ou intimidés par les menaces des Commiſſaires qui oſoient dire publiquement que M[r] Le Duc eſtoit un homme entier & violent, qui ne vouloit entendre parler d'aucun privilege dés qu'ils ne ſ'accordoient pas aux volontés du roy, & qu'ils leur avoient déclaré poſitivement qúe ſi quelqu'un eſtoit aſſez oſé pour y reſiſter ſur quelque article que Ce fut, qu'il ne ſ'agiſſoit plus d'exils, mais de priſons, de cachots & de roues. on ne put ſ'empecher de repondre à Ses Meſſieurs qu'on ne Croyoit pas que S: A: S: applaudit au portrait qu'ils en faiſaient; que la france eſtoit un pays trop policé pour y pouvoir exercer un ſi Cruel traitement, & dans le fond de ſon Cœur l'on penſa que Ceux qui le depeignoient de la ſorte meritoient mieux Les Cachots que Ceux qu'ils en menaçoient.

Cependant, tout conſideré, Les menaces firent plus d'effet que les Charmes de Mme de Rupermonde. Chacun ſe diſoit : pourquoy nous Commettre & nous roidir mal à propos & ſans eſperance de reuſſir Contre des violences que nous ne ſommes point en eſtat d'empecher; nos priviléges ſont Certains, il eſt vray; toute la Juſtice eſt de notre Coſté; mais tout le pouvoir eſt de l'autre; & pour qui nous commettons nous? pour des ingrats qui ne nous ſavent aucun gré de notre ſacrifice, &

qui ont moins d'égards pour Ceux qui l'ont fait. quelle marque de reconnaiſſance a-t-on donnée à Ceux qui ont eſté exilés pour le meſme ſujet? on Les a hués auſſy ſouvent que les autres qui ont ſacrifié la Province à leur fortune. on ſ'en eſt mocqué, & accuſé de vouloir par là ſ'élever au-deſſus des autres. voila comme Chacun raiſonnoit; Ce qui eſtant apprecié & exageré par les emiſſaires de M^s Les Commiſſaires fut un des principaux motifs de la molleſſe avec laquelle le corps de la Nobleſſe agit dans toute Cette tenue d'Eſtats.

Outre Cela, que pouvait-on attendre de Guillaume, Eveſque de St Brieuc, preſident de l'Egliſe; il avoit obtenu Cet Eveſché par la fraude, & tous ſes autres bénéfices par ſimonie, & pour les Services honteux qu'il avoit rendus à L'Eveſque de Nantes Treſſan, qui par reconnoiſſance luy fit tomber Cet Eveſché qui eſtoit donné à ſon neveu, à ce qu'il m'a dit Luy-méme, en ſubſtituant ſon nom de Baptéme en la place de Celuy de ce malheureux neveu.

Pendant qu'il avoit eſté aux Eſtats en qualité d'abbé, il avait toujours eſté l'ennemy & l'Eſpion, & rien n'eſtoit ſi extraordinaire que de voir Preſider à cette Aſſemblée un homme qu'on ne vouloit pas aux Eſtats de St Brieuc 1715, ſouffrir porter l'avis de ſa chambre aux autres chambres, tant on eſtoit aſſeuré qu'il eſtoit mauvais, des qu'il en eſtoit Chargé. Les honneurs ne changerent point ſes mœurs. il n'en devint que plus inſolent & plus hardi, & ne ſe dementit point de la mauvaiſe opinion que L'on avoit conceue de luy.

Le Marquis d'Ancenys, qui eſtoit devenu duc de Bethune, preſidoit encore la nobleſſe, quoiqu'il eut cent fois juré & promis aux Eſtats de Nantes de ne Jamais occuper cette place, qui lui eſtoit trop honorable pour en parler de la ſorte. 100000# qui luy furent Comptés luy firent oublier ſes fermens. il eut ſi grand peur, pendant toute la tenue, de les diſſiper en entier, qu'il ne put ſouffrir qu'on diſcutât les affaires les plus de Conſequence & les plus eſſentielles. il les vouloit toutes bruler & toujours ſelon ſon avis qui aſſurément n'etoit pas le meilleur; & ſitot qu'on ſ'y vouloit oppoſer, Il ſortoit de ſes gonds, accabloit d'injures atroces ceux qui avaient droit de le faire, énoncoit hardiment Contre l'avis de ſon ordre, ou y tronquoit & y changeoit Ce qui ne luy eſtoit pas agréable; &

ſi l'on ſ'en plaignoit, il entroit dans des emportemens ſi bas & ſi indignes qu'il fit perdre bientôt le reſte de l'eſtime & de l'amour que l'on avoit Conceu pour luy aux Eſtats d'Ancenys. Il bruſquoit ſouvent les perſonnes avant qu'elles euſſent parlé ou Lorſqu'elles commençoient à le faire; par les preventions qu'il ſe forgeoit qu'ils n'eſtoient pas de ſon ſentiment, il diſait hautement que les Eſtats reſſembloient aux halles de Paris, terme injurieux qu'on ne lui pardonnera jamais; — qu'il eſtoit bien fou, luy qui occupoit une des plus belles places du royaume, qui pouvoit ſe vanter d'avoir la faveur de ſon roy & tous Les plus grands & les plus agréables etabliſſements, de les quitter pour venir preſider à une multitude de brouillons qui pour l'ordinaire ne ſcavoient pas ce qu'ils diſoient ny ce qu'ils vouloient; mais auſſy qu'on luy pourroit Couper le cou ſur le throne du Commandant, ſi jamais il y revenoit. on peut juger ſi des diſcours auſſi peu convenables luy attirerent l'amitié & la Confiance de la Nobleſſe, & combien une telle deſunion du Chef avec Les membres fut prejudiciable à la Province —

L'ordre de l'Egliſe ſuivit ſa route ordinaire, ſoutenu de l'exemple de ſes preſidents. Il regarda Les plus ſolides interets de l'aſſemblée comme Choſe Eſtrangere & indifferente; ou n'ayant aucune part, Ils pouvoient avoir toute la Complaiſance qu'exigent d'eux MM^rs Les Commiſſaires. Cette voie pouvoit leur procurer quelqu'avantage ou du moins beaucoup d'agremens; & l'autre (voie) de faire Le bien ne leur paroiſſoit d'aucune utilité. de plus la Nobleſſe voulut ſ'ingerer de marcher de pair & d'avoir meſme ſéance qu'eux, c'eſt-à-dire Les Eveſques, audace temeraire qui les outra & qui les fit jurer qu'ils ne ſeroient jamais de leurs amys pendant toute la tenue, motif humble & genereux pour abandonner ce qu'ils devoient à leurs troupeaux. Sacrifier tout un peuple eſt bien digne des miniſtres des autels.

L'ordre de la Nobleſſe, quoique plus nombreux & plus epuré renfermoit encore dans ſon ſein une infinité de membres verreux & gangrenés, & pour le malheur de la Province la plupart de ceux qui compoſoient ce corps ſi agité de differentes paſſions où il ſ'eſtoit laiſſé entrainer par la quantité de brigues que les officiers des Eſtats avaient formées, qu'il ne compoſa qu'un chaos de mille idées extraordinaires &

Confufes qu'il fut impoffible de réunir. L'un eftoit venu à la tefte de 20 de fes amis pour foutenir Le Prefident de Bedée dans fa charge, dont mal à propos on le vouloit deftituer & ne connoiffoit point d'autre affaire que Celle-la — l'autre au Contraire f'eftoit rendu à St Brieuc à la tefte de 20 autres pour le faire deftituer comme traitre à fa patrie, après avoir fans le Confentement des Eftats & du Parlement pourfuivy la réunion des deux femeftre (?) du Parlement. Ceux-la chantaient les louanges du treforier Bouexiere, la delicateffe de fa table, fa liberalité, fa propreté, fes agremens, fa maniere particuliere de f'ajufter & la preference qu'on luy devoit fur un genre de gentilhomme tel que le fieur St Luc, qui n'avait jamais eté que Commis. ceux-ci publioient hautement qu'il falloit que les eftats fuffent fous pour laiffer un pareil petit maitre, & un auffy grand diffipateur difpofer à fon gré de tous les fonds de la Province, fans aucune Caution, fans folvabilité, ny fans avoir executé aucune des Conditions qu'on lui avoit impofées, en lui donnant fa charge, & qu'il ne falloit point douter qu'il ne fit infailliblement le fecond tome de Mr d'harrouis & comme Ils n'avoient Les uns & les autres d'autre point de vue que ce qui les avoient engagées à fortir de Chez eux; f'il f'agiffoit de donner leur avis fur quelque affaire ferieufe, qui ne regardoit que les peuples, vous entendiez une infinité de voix confufes f'elever & crier : Je fuis d'avis de continuer Le beau Bouexiere treforier; non difoient les autres, nous voulons Mr de St Luc. c'eft un traitre repondoient d'autres fauffets; il n'y a digne de l'etre que le chevalier de Cicé, ou Bourneuf. en vain f'egofilloit-on pour leur faire entendre qu'il n'eftoit point queftion de Ces MMrs, mais des fouages, & qu'on les prioit de dire leur avis : c'eft de continuer Mr de La Bouexiere difait l'un, & moy d'elire Le Cheve de Cicé difoit l'autre. il etoit impoffible d'en tirer d'avantage. Je penfe que les uns ny les autres n'en eftoient les maitres. Les officiers en charge avoient bien pris Leurs mefures du Cofté de la cour; mais Les Commiffaires f'apercevant que toutes Ces inutiles brigues mettroient furement la diffenfion parmy la nobleffe. & qui avoient pour point fixe de l'affaiblir, & de les accabler & affujetir Les uns par les autres, n'epargnerent rien pour les entretenir dans leurs idées.

Ceux qui f'aperçurent de Ces mouvemens irreguliers, & qui n'eftoient qu'en petit nombre, firent de vains efforts pour faire entendre aux uns & aux autres, que toutes Ces predilections mal reglées alloient porter le coup mortel à la Province, & que si on ne se reunissoit pour faire le bien sans acceptation, l'on allait tomber dans le precipice d'où l'on ne sortiroit jamais. Si quelqu'un se sentit emeu de Ce discours sensé, il trouvoit forcément auprès de luy quelque Complaisant ou espion des Commissaires ou du President qui lui disoit : ne voyez vous pas que ceux qui leur ont parlé de la sorte sont des gens qui sous pretexte du bien public voudroient se rendre recommandables & nous dominer tous; Ils croient, quand ils parlent, que Ce sont des oracles & qu'il ny a de bon sens que dans leur teste; si l'on n'est pas de leur avis, on est des traitres & des perfides. ils poussent tous à l'extremité & veulent qu'on les suive aveuglement. Cela pourroit etre bon si nous avions une armée de 200 000# hommes sur nos frontières; mais à present, Monsieur, Croyez moy, il faut obeir purement & simplement sans raisonner. Les Loix, les privilèges, les Contrats passés avec S : M :, Les droits les plus authentiques ne sont regardés à La Cour que comme des Chimères dont elle laisse Les peuples & mesme les nobles se repaitre, à condition de decider souverainement de tout, sans y avoir nul egard, n'estant que des termes dont on se servoit autrefois, dont elle veult bien encor user, quoiqu'ils ne soient plus à la mode. tous Ces messieurs qui sont les Zelés & qui voudroient brouiller la Carte ne cherchent qu'à se faire Craindre pour attraper quelque chose; s'ils avoient la moindre authorité, nous serions Cent fois plus malheureux que nous ne sommes. ne voyons nous pas dejà comme Du Gloesquer fait l'important avec son habit de peau de Lapin. ne s'imagine-t-il pas etre le plus bel esprit du monde parce qu'il parle haut & toujours sans scavoir ce qu'il dit? Croyez moy, monsieur, tenons nous toujours au tronc de l'arbre; c'est de là d'où coulent les graces & les recompenses; les peuples ne meritent pas qu'on fasse rien pour eux; ce sont des ingrats incapables de reconnaissance; c'est à La Cour qu'il faut s'attacher, à Neron, à heliogabale, s'ils pouvoient redevenir nos maitres. renoncez à Cette Vertu farouche qu'on admire si vous voulez dans les espaces imaginaires, mais que peu de gens veulent suivre parce qu'il fault trop prendre sur ses passions & sur son penchant naturel.

Ce difcours n'eft point inventé. Je l'ay entendu repeter fouvent mot pour mot & toujours produire fon effet, car il y avoit cette difference entre Ces Eftats icy & ceux de St Brieuc 1715, que c'eftoit affez de vouloir foutenir avec force les droits de la Province pour eftre hué de tous les coftés. on avait changé de mœurs & de maximes. il faut auffy etre fincere & Convenir qu'il y avoit bon nombre de Gentilhommes qui vouloient primer & faire Les importans, & qui par jaloufie fe dechiroient les uns les autres du matin au foir. d'autres vouloient qu'on les crut bien auprès des puiffances, & pour le faire prefumer Leur foifoient mille baffeffes. Ceux qui en rioient vouloient faire tourner fur eux l'encens & le parfum. Les Gentilfhommes equivoques n'epargnaient point ny flatterie ny prefent ny mefme leur honneur auprés du Prefident pour l'engager à les nommer de toutes Les Commiffions, croyant avec raifon que Cela les honoreroit dans les fiecles à venir. ceux qui les frondoient crevoient de depit dans le fond de leurs cœurs de la preference qu'on leur donnoit. enfin Je n'avois point vu, à aucune tenue, tant de difcordance dans le Corps de la Nobleffe ny fe rendre fy peu de Juftice.

Les officiers de S: M: qui à Ces Eftats vinrent en plus grand nombre parce qu'il n'y avoit point de guerre, & parce que la plupart avoient reçu des lettres de convocation du roy, contre la regle & l'ordre ordinaire, ne donnant pas mefme leur voix fous le règne de Louis 14, & Cet abus ne f'eftant gliffé que pendant la Regence du duc D'orléans. Mais ce qui les y attiroit le plus C'eft que les fonds excedant de beaucoup les depenfes, Ils efperoient tous fe faire donner de groffes gratifications; pour cela Ils avoient befoin du Confentement des Commiffaires, fur le principe qu'ils ont eftably que les Eftats ne peuvent difpofer de rien fans leur approbation authorifée d'arret du Confeil, ce qui les leur rendit fi devoués & fi foumis qu'ils oublièrent ce qu'ils devoient à leur Patrie, en Contrebalançant toujours l'avis de la Nobleffe, Lorfqu'ils ne pouvaient les féduire. Ils allerent jufqu'à la menacer qu'ils viendroient aux prochains Eftats en fi grand nombre qu'elle ne pourroit plus leur faire la Loi; & Lorfqu'on leur reprochoit Cette manière d'agir, Ils repondoient que dès qu'ils eftoient au fervice, Ils n'etoient plus d'aucun pays, qu'ils eftoient au roy & tenus d'executer & de faire executer fes ordres jufqu'au point d'aller bruler les maifons de leurs peres, de leurs freres, & de leurs amys, fi on le leur commandait; qu'ils ne devoient avoir en vue que leur fortune & leur avancement; qu'ils perdroient l'un & l'autre en ne Confentant pas aveuglement à Ce que MM^rs Les Commiffaires demandaient à la Province; que l'ambition etoit leur partage; que les Eftats n'eftoient point en eftat de les recompenfer des peines & des travaux qu'ils avoient à fouffrir dans le metier de la guerre.

Aprés Ce recit f'étonnera-ton encor de tout ce qui f'eft fait dans Cette affemblée? — fe vit-il jamais une telle defunion?

A l'egard du tiers, L'Intendant pretendit en eftre le Souverain, & que, parce qu'il prefide aux Communautés & qu'ils ne peuvent difpofer de leurs fonds qu'en vertu de fes ordonnances, que c'eft devant ces Commiffaires que fe tiennent leurs comptes, — que ceux que Les Communautés deputent aux eftats luy doivent auffy eftre foumis. Il ne dit pas que tous Ces droits qu'il f'arroge, font des retractions aux anciennes lois etablies, & qu'ils detruifent & anéantiffent entièrement L'ordre du tiers, qui eftoit Celuy qui autrefois prenoit les plus fages & les plus fermes deliberations, & qui pour ainfy dire fervoit de bouffole à toute l'Affemblée. cependant l'Intendant pour affermir fon authorité fur Ce Corps, fit venir un arret du Confeil qui Caffoit une deliberation des Eftats qui donnoit la préféance au Senechal de Nantes fur le deputé de fa Communauté. Cette deliberation etoit fondée fur ce que Le Sen^al de Nantes, en cas d'abfence du prefident ou de parenté, prefidoit de droit au Tiers, & ne regardoit que l'interieur des Eftats. Il fit entrer le Marechal pour Donner l'enregiftrement de Cet arret. il y exerça bien d'autres Violences, comme on le verra dans la fuite. de plus Michaux, Senechal, etoit à la tête de Cet ordre. Michaux pretendoit f'eftre acquis le droit de nommer aux Commiffions, motif puiffant d'etre de fon avis qui ne tendoit Jamais qu'à la deftruction des privilèges. pour la plupart de Ceux que l'on depute à prefent, quoique pour en dire la verité, il y eut à Ces eftats dans Ce Corps des gens de diftinction & de merite, qui fouvent prifent de trés falutaires parties; Mais que menacés dans les termes Les plus durs par l'Intendant, & voyant qu'on n'agiffoit que par violence & par la force, y cederent & ne voulurent pas fe perdre —

Les deux procureurs generaux fcindics, Le treforier & tous les autres officiers des Eftats, loin d'en foutenir les interets comme il etoit du devoir de leur charge, ne travaillaient qu'à les reduire dans la dependance. Ils eftoient les plus fidèles miniftres des Commiffaires, & Ils y eftoient engagés par plufieurs motifs de Crainte & d'interet.

Par les Conditions, aux quelles Ils avoient eté eflus aux Eftats d'ancenys & aux quelles ils f'eftoient foumis, ils eftoient depoffedés de droit à ceux-cy & ne pouvoient plus exercer que par une nouvelle election. il etoit trés problematique, quelque brigue qu'ils euffent fait, qu'ils euffent eté Continués; furtout Le Procureur de Bedée, & le treforier, parce qu'il y en avait deux fortes contre eux, fi les eftats euffent efté les maitres de Ces elections. il avoit donc fallu pour demeurer dans Ces poftes Lucratifs, f'adreffer à la Cour, & par là fe devouer entièrement aux Commiffaires.

Le P: De Bedée avait deplu & aux Eftats & au Parlement, en follicitant, fans en avoir Conferé ny aux uns ny aux autres, Le Parlement ordinaire de femeftre qu'il etoit. il avoit réuffy. & le changement deploifoit fort à tous Les ordres. Les feuls P: à mortier & le procureur général qui avoient agi de concert avec Le P: de Bedée avoient lieu d'etre Contens. Le 1er Prefident qui n'avoit point eté confulté dans cette affaire en eftoit outré, & comme il etoit L'ennemy juré de Bedée pour ce fujet & pour bien d'autres, Il fit rejaillir fur luy toute la peine que chacun reffentoit de Cette mutation. Il avait outre Cela eu des tracafferies & des difcuffions avec L'Eveque de Nantes Treffan, qui les avoit fait mettre tous deux dans le regiment de la Calotte, regiment etably à La Cour en faveur des mauvaifes teftes, & Le Sujet fut que lorfqu'ils allerent prefenter au roy Les Cahiers de Remontrance, Ceremonie affez grave pour y faire quelque attention, & que le roy leur dit de remettre leurs cahiers entre Les mains du Secretaire d'Eftat, Il ne le trouverent point. L'Eveque de Nantes en attribuoit la faute à Bedée, difant qu'il etoit de fon devoir & de fa charge de les porter; l'autre affuroit qu'il n'en avoit jamais efté chargé, & qu'il n'eftoit pas Caufe que l'Eveque de Nantes les eut oublié fur fa table. Cette difpute fit beaucoup rire le roy & toute la Cour, & MMs Les deputés & Syndics des Eftats furent le fujet de toutes les plaifanteries du jour.

Tout ce que Je viens de dire n'etoit que Le pretexte de la haine que l'on avoit pour Bedée. Son air imperieux & decisif en était la veritable Cause. Personne ne le pouvoit endurer patiemment. mais ce qu'il avoit plus à craindre & dont il ne se defioit point, c'etoit les coups fourés de son Confrère CoëtLogon, homme insatiable & avide d'honneur; Il scavoit que le caractère peu souple de Bedée n'avoit pas esté agreable à la Cour; Il voyoit une brigue formée Contre luy dans La province. Il crut qu'il avoit trouvé Le Moment de devenir seul Scindic & Il travailla par sous main plus que personne à Le deposseder. Mais il ignoroit que le President estoit sur des Commissaires auxquelles il n'eut point esté si obéissant, si toutes Ces raisons ne l'y avaient Contraint, puisqu'avec beaucoup d'esprit, de memoire & d'eloquence, on peut dire qu'il a un fond de droiture qui n'est pas dans le sang des Coetlogon, qui regorge de biens, & d'honneurs qu'ils ont recues de la province, se sont toujours unis avec tous ceux qui ont esté ses plus mortels ennemys & qui ont le plus travaillé à sa destruction. on dit que Méjusseaume de cette maison est Celuy qui le premier enhardit le ministre à n'avoir aucun egard à nos Lois & à nos privileges, & qu'à l'abry de Cet avertissement, Il pilla & tira des sommes exhorbitantes des Estats.

Une autre raison aussy pressante & aussi interessante rendoit le P: de Bedée Complice de toutes Ces indignes manœuvres des Commissaires. Il avoit veu Les Estats de Nantes combler, sans scavoir pourquoy, son Collègue de Biens, & Les Commissaires approuver Les dons excessifs, qui eussent, sans Cela, ete inutiles, & luy avoit eu la douleur d'estre refusé d'une bien moindre somme, parce qu'il n'avoit point esté assez rampant; car c'est de Caractere que tous Les bienfaits dependent dans Cette Vie, & parmy Les hommes avec les quels nous Vivons. comment reparer Cette breche? ce ne peut-être qu'au depens de la Liberté de la province, & en se servant du mesme pretexte que Coetlogon, qu'il avoit beaucoup depensé dans son voyage de Paris, & auquel on avoit donné 12000# de gratification, quoiqu'il n'ait que 7500# de gage. Il falloit aussy les obtenir puisqu'il passe en Coutume que lorsque vous avez une fois fait une gratification aux Estats, elle devient Comme une dette que vous êtes obligés de payer à chaque tenue. Ce seroit deshonorer, dit-on, Le P: de

Bedée que de ne luy pas donner la mefme fomme qu'on a accordée à Son Collegue, — abus que devroit bien Corriger de faire des dons exceffifs, fouvent fans autre Sujet ny raifon, ce qui eft bien à notre honte, que ceux d'un bon ou mauvais diner, qui oblige cependant Ces Meffieurs d'avoir une table qui leur Coufte, qu'ils ne tiendront pas à leur depens, & qu'il eft jufte que les Eftats payent, puifqu'ils l'exigent. a quoy fert Cette table (?) à Corrompre, à diftraire Les officiers de leurs devoirs & de leurs affaires. & de quelle reffource peut-elle eftre, f'il eft vray qu'à peine Chaque particulier y peut manger une fois? C'eft par là que nous nous forgeons des Liens, & que nous donnons fans régle ny mefure des fommes qui pour eftre approuvées des Commiffaires engagent Ceux qui devraient foutenir Les Loix & les privileges, à les abandonner & à Les enfreindre.

Le treforier avoit auffy des inquietudes qui n'eftoient pas mal fondées. Il avoit pris, à la follicitation de la Nobleffe Le St Luc, gentilhomme très bien aparenté d'auprès de St Brieuc pour 1er Commis, ne f'en trouvant pas Content ou en voulant mettre un autre à fa place, il l'avoit Congedié, ce qui avoit fi fort piqué St Luc qu'il refolut auffy de le fupplanter. Ce n'eftoit pas une mediocre entreprife. il avoit à faire à un petit maitre du 1er rang, qui ne fachant que faire, comme il l'a avoué lui-mefme, des fommes immenfes qu'on luy avoit données aux Eftats de Nantes, fans qu'il les eut demandées n'y ofé efperer, Les Difcipoit avec la mefme facilité qu'il avoit eu à les obtenir. Il faifait la Chère la plus delicate de Paris & avec ce qu'il avoit de plus à la mode & de plus grand à la Cour. Il en etoit mefme aux parties fines & fecretes avec les Miniftres & les maitreffes de nos dieux. de là il eft aifé de Juger que le pauvre St Luc avec un long memoire très vray mais qui trahiffoit le fecret d'un homme qui l'avoit employé, à quoy Je ne puis applaudir, fut bien receu a Fontainebleau où il l'alla. . . . . »

APPENDICE

ICI s'arrête le texte du Journal manuscrit de M. de Jacquelot. — Les pages suivantes étaient déjà arrachées et perdues, au moment où le précieux document est passé dans nos mains.

On n'attend pas de nous que nous prenions le gros Registre des procès-verbaux officiels de cette tenue de Saint-Brieuc (1724) rédigé par les Commissaires, et que nous rapportions, séance par séance, les diverses délibérations qui y sont mentionnées. Ce n'est plus qu'un sec canevas sans grand intérêt pour le sujet qui nous occupe : Cérémonie d'ouverture avec discours d'apparat; nomination aux Commissions; lecture de rapports; mise en adjudication des fermes; exposé d'un certain nombre de requêtes; octroi de libéralités et gratifications, et l'éternelle kyrielle des remontrances. Nous avions vu tout cela, aux séances des précédents États, se dérouler dans les mêmes formes et avec les mêmes dénouements. — Ici nous n'avons plus les Confidences de notre Député, qui nous faisait pénétrer, avec lui, jour par jour, au sein de l'Assemblée provinciale, où nous assistions aux débats —. plus de détails sur les incidents des séances, sur les intrigues de coulisse, sur les mouvements et les tempêtes parlementaires. Cependant, à cette tenue de Saint-Brieuc, il y eut plus d'une séance orageuse que nous aurions aimé voir raconter et juger par notre chroniqueur. Trois incidents eurent le privilége de soulever l'assemblée : l'un relatif à M. de la Gascherie, Sénéchal de Nantes; le deuxième, l'incident de M. de Tressan; et le troisième concernant les fouages. — Les Commissaires eurent recours à des actes d'intimidation, dont nous trouvons la trace, en lisant entre les lignes des Registres officiels et dans les correspondances secrètes adressées au Contrôleur Général de Paris, conservées au dépôt des Archives nationales. —

1° *Incident La Gascherie.* — L'incident de la Gascherie se produisit à la séance du 7 novembre. On avait fait l'appel des députés du Tiers. M. Charette de la Gascherie, Sénéchal du Présidial de Nantes, demanda la parole. « Il a remarqué que, dans la procuration de la Communauté de Nantes, Il n'eſt deſigné que Comme ſecond député après Monſieur de la Blanche Cotineau. Il en eſt ſurpris, parce que les anciens reglements & l'uſage ordinaire ont toujours décidé que les Sénéchaux des Préſidiaux doivent avoir le pas, non ſeulement ſur les députés des Communautés, mais même ſur les juges royaux de la Province. »

La protestation du Sénéchal de Nantes fut suivie d'une délibération de l'assemblée. Déjà aux États d'Ancenis, 1720, et à ceux de Nantes, 1722, les États avaient statué, sur cette question de préséance, en faveur des Sénéchaux. A Saint-Brieuc, Le Sénéchal de Nantes eut également gain de cause.

M. de la Gascherie qui, aux États précédents, avait eu ses heures de franc parler, s'était attiré la haine des Commissaires, qui saisissaient toutes les occasions de lui être désagréables. A Nantes, on avait écarté assez malhonnêtement la proposition d'accorder une gratification à Mme de la Gascherie, et celle qui lui avait été accordée à lui-même avait été biffée par les Commissaires.

2° *Incident de Tressan.* — M. de Tressan, évêque de Nantes, avait reçu de la Cour la récompense qui lui était due pour tous les servives occultes qu'il avait rendus. Il venait d'être nommé à l'Archevêché de Rouen.

Il n'assistait pas aux États de Saint-Brieuc. Par suite de cette absence, il lui était interdit, par le Réglement, de solliciter et d'obtenir les honneurs de la grande députation, à laquelle étaient attachés des prérogatives considérables et des émoluments. Malgré cela, la Cour lui avait promis la grande députation et entendait que la nomination fût sanctionnée par les États. On donna lecture d'une lettre de M. de la Vrillière qui, tout en fournissant des excuses, appuyait chaudement sa candidature.

A la séance du 21 novembre, des murmures et des protestations s'élevèrent à ce sujet, sur les bancs de la Noblesse et du Tiers. Le prélat était à la fois détesté et méprisé. On invoquait le réglement qui était formel. Toutefois, le Tiers ayant fléchi, l'évêque de Saint-Brieuc, qui présidait, s'empressa d'énoncer l'avis « que les excufes de Monfr de Treffan etaient acceptées ».

On juge de l'émoi, surtout parmi les membres de la Noblesse. Le lendemain, au moment où le greffier donnait lecture du procés-verbal, l'ordre de la Noblesse se leva en masse, et, couvrant la voix, s'opposa à ce qu'on continuât la lecture. — Puis d'énergiques protestations, portées sur le Théâtre, furent déposées au Greffe. — Les deux ordres de l'Église et du Tiers donnent acte à la Noblesse de ses protestations mais persistent dans leur premier avis et décident que la délibération aura son plein effet et sera signée.

L'ordre de la Noblesse s'y refuse. Les députés sortirent de la salle. — Dés le lendemain, au début de la séance, les Commissaires, le Marechal d'Allégre en tête, entrent dans l'assemblée avec leur escorte.

« Nous avons appris, dit le Maréchal, avec etonnement. que vous aviez paffé la journée d'hier à difputer fur la fignature d'une deliberation — & que c'etait l'ordre de la Nobleffe qui f'y oppofait, fondée fur une pretendue deliberation, prife aux Etats de Nantes. Je Contefte le droit de refufer à Monfr de Treffan Les honneurs & émoluments attribués à fon emploi.......

« Comme une pareille pretention ferait Contraire au refpect qui eft du au roi, qui ne peut etre affujeti à des deliberations... Nous venons vous ordonner, de la part du Roi, que, fans avoir égard aux proteftations de la Nobleffe, MMs Les Préfidents des ordres aient à figner, en notre préfence, la délibération. »

Devant cette injonction, prononcée sur un ton de menace, le Président de la Noblesse prit la plume et signa.

Le Maréchal reprit : « *J'ai encore à vous faire ſavoir, Meſſieurs, que ſa Majeſté ayant eu Connaiſſance* de la déliberation, priſe, le 8 de Ce mois, à l'occaſion d'un different ſurvenu entre le ſieur de La Blanche Cotineau, député de Nantes et le ſieur de La Gaſcherie, Sénéchal du Préſidial, ſur le rang & la préſéance, Caſſe Cette deliberation, par l'arrêt que Je vous apporte »

3° *Incident des Fouages.* — Le Maréchal ajouta : « Nous avons vu auſſi que vous avez ordonné qu'il ne ferait pas levé, pour les années 1725 & 1726, ſur les Fouages, que la ſomme de 53 580#. Nous ne pouvons nous diſpenſer de Caſſer cette deliberation ». Et le Maréchal termine sa harangue par cette phrase dédaigneuse et insolente qui témoigne de son mépris pour l'Assemblée : « toutes Ces deliberations vous ont occupés pluſieurs jours, que vous euſſiez du employer ſur les affaires qui vous ont eté propoſées de la part de ſa Majeſté » —

Sur ce, les Commissaires se retirérent, laissant l'Assemblée en proie à la stupéfaction la plus douloureuse. — A la séance du lendemain 29, les États décident qu'il sera fait une députation vers les Commissaires pour leur témoigner, de la part de l'Assemblée, combien elle est sensible et penétrée de douleur des ordres qu'ils donnérent le jour d'hier.

La démarche n'obtint pas le succés qu'on en attendait, car on lit, dans le procés-verbal officiel de la séance du 25 novembre, que l'évêque de Saint-Brieuc rendit compte « *des reponſes peu ſavorables* » —

M. de Jacquelot a assisté à ces déplorables séances. A Saint-Brieuc, il avoue qu'on a porté à la liberté des atteintes telles qu'il juge que la Province ne s'en relèvera jamais.

Ces paroles sont-elles exagérées ? Nous ne le pensons plus, aujourd'hui que nous avons feuilleté le dossier entier des trois États d'Ancenis 1720, de Nantes 1722, et de Saint-Brieuc 1724 (aux Archives Nationales), et que nous avons lu et copié en partie les instructions secrètes et les correspondances qui s'échangeaient entre le ministre et les principaux dignitaires de l'Assemblée. C'est là qu'il est curieux de suivre les menées souterraines des commissaires du Roi et des présidents de l'Église, dont la mission est d'étouffer, par tous les moyens, par la ruse et par la violence, les velléités patriotiques de l'Assemblée bretonne. Les rôles sont tracés d'avance, tous les cas sont prévus : après chaque séance, un courrier part pour la Cour, emportant les lettres cachetées de l'Intendant et du président de l'Église, qui rivalisent de zèle et de servilité. Que pouvaient ces pauvres députés aux États contre ce pouvoir monarchique fortement organisé, qui suit le plan gouvernemental tracé par Louis XIV? Les groupes isolés s'agitent : des protestations éclatent, des orages troublent quelques-unes des séances. Sitôt que la poussière du champ de bataille qui cache les combattants retombe à terre, c'est pour consacrer un nouveau triomphe du pouvoir contre l'esprit d'opposition nationale. La Bretagne est à la merci de la Royauté.

Nous avons parcouru, après M. de Carné, les correspondances de ces hauts dignitaires, serviteurs intéressés de la Régence, et, comme lui, nous sommes sorti attristé de cette lecture.

Les lettres secrètes les plus significatives sont celles qu'adresse Monseigneur de Tressan, évêque de Nantes, qui présida les États d'Ancenis, en 1720, et de Nantes, 1722, et dont la Cour venait de payer les services par une nomination à l'Archevêché de Rouen.

Le 1er octobre 1720, il écrit : « Depuis la lettre que J'ai eu l'honneur de vous écrire, nous n'avons pas laiſſé d'eſſuyer pendant 24 heures quelques tribulations (il s'agit des Étapes) — un maudit pedant du corps de la Nobleſſe ſ'aviſa de dire que les abonnements etaient dangereux, & qu'à l'égard de la Cour on pouvait dire, puiſque le Marché etait ſi bon pour le preſent : *timeo danaos & dona ferentes*; & ſur Ce beau dictum, l'abonnement a eté rejeté » —

Si nous nous reportons au journal de M. de Jacquelot, nous voyons qu'ici l'évêque de Nantes vise M. de Piré.

Le 4 octobre 1720, on voulait éloigner le plus possible la levée des Fouages : « Je parai le Coup, écrit Monſeigneur de Treſſan, mais Ce ne fut qu'au dépens de ma poitrine..... vous pouvez compter Monſieur, que nous voila Maitres des Etats »

Le 12 du même mois, nouvelle lettre au Contrôleur général : « Vous voyez que vous n'etes pas débarraſſé de moi & que nous aurons des Combats à livrer. J'ai tout à fait lieu de me louer de la Confiance que la Nobleſſe me marque. Ils ſont convaincus de mon zéle & de mon attachement pour Mon Maitre (Le Regent) mais Ils croient que je ſuis incapable de les tromper »

Aux États de Nantes (1722) Monseigneur de Tressan présida encore — et continue son rôle d'espionnage et de dénonciation.

Le 26 décembre, il informe le contrôleur général de ce qui s'est passé à la séance des États, où la question des faux nobles a été mise sur le tapis. Il en profite pour demander une récompense : « Puis-je eſperer, M[r], que vous voudrez m'accorder la permiſſion de prendre, à la compagnie des Indes, quelques porcelaines dont J'aurais beſoin »

— Lettre du 4 Janvier 1723. — Il s'agit de la séance où on a discuté sur l'impôt d'inspecteur des boissons : « Je ſuis ſur de Cinq des Evêques & des Abbés; mais Il y a un Eveque, dont je ne ſuis pas sur & peut-etre formerait-il une Cabale parmi les Bas-Bretons, qui nous feront échouer..... Je n'ai d'autre moyen pour les barrer que de... »

Vient ensuite une dénonciation contre M. de la Gascherie président du Tiers, qui se permet de lui tenir tête et fait preuve d'indépendance toutes les fois que les intérêts du pays sont en jeu. « Il eſt ebloui de la place qu'il occupe & croit pouvoir rompre en viſiere... ce petit detail n'eſt que pour vous....... au milieu de tout cela Ils (la Nobleſſe) ſont perſuadés, & Ils ont raiſon de le Croire, que mon attachement pour S: A: R: prévaut ſur tout..... Je les trouve en garde Contre Moi; & Je ne les force a venir de Mon avis qu'en les Careſſant, qu'en leur faiſant des politeſſes, qu'en leur parlant ferme & les grondant quelquefois — »

Le 12 janvier 1723, Monseigneur de Tressan écrit qu'il a à lutter contre une foule de *petites tracasseries* : « J'ai Cedé, Comptant que vous la Caſſeriez (la deliberation) — & d'ailleurs J'ai un rhume épouvantable, qui m'empeche de parler »

Dans une lettre du lendemain 13, l'évêque entretient le Ministre des débats qui ont eu lieu à propos de la gratification à accorder à Madame et à M. de la Gascherie, président du Tiers : « pour eviter le dégoût à

Mme la Marechale & à Mme d'Ancenys, de fe voir de niveau dans une même Nomination avec la femme du Prefid^t du Tiers, Je fis former l'avis, dans mon ordre qu'on donneroit à M. Le Sénechal & Je forçai les deux autres ordres à revenir de notre avis »

En terminant, M. de Tressan se vante de son habileté et conseille au Ministre de tenir bonne note de ces détails « & d'ecrire au Sénéchal qu'on ne ratifiera fa gratification, que fi fa conduite eft bonne, c'eft-a-dire f'il obeit aux ordres de la Cour dans fes votes ».

16 Janvier 1723 « Le grand point cependant eft que nous leur otions les Moyens de tracaffer, qui eft Ce qu'ils cherchent à chaque inftant. Mais, quoiqu'ils faffent, les Etats feront finis le 24......... J'ai eté obligé de M'abfenter hier & aujourd'hui, à caufe d'un trés gros Rhume fur la poitrine & d'une extinction totale de voix. elle eft un peu diminuée. Mais comme je n'ai pas lieu d'etre Content de la Maniere dont vont les affaires, quand Je ne m'y trouve point, Je prendrai fur moi d'y aller..... »

Inutile de multiplier les citations. Les correspondances de l'Intendant de Brou, du Premier President de Brilhac, des Procureurs Syndics, de Monseigneur de la Vieuville, évêque de Saint-Brieuc, semblent se copier les unes les autres. — Arrêtons-nous à celles de l'Intendant de Brou, dont nous venons de voir le portrait esquissé, dans le Journal de Mr de Jacquelot, avec une vigueur de pinceau, qui fait souvenir de ceux de Saint-Simon, son contemporain.

Nous ne résistons pas à la tentation de citer, en partie au moins, quelques-unes des lettres de M. de Brou. Elles prouvent que le vieux Maréchal d'Allègre n'a été, entre les mains de l'Intendant, qu'un instrument docile. A différentes reprises, c'est une plainte au contrôleur général Dodun contre la mollesse du Maréchal, qui hésite à sévir. Il faut y aller sans ménagement. Dans une lettre, de Brou exprime son mécontentement au sujet de Mme de Rupermonde, la fille de d'Allègre. Elle se permet d'apaiser son pére, lorsqu'on est parvenu à le monter. Si, cédant aux suggestions de l'Intendant, il se décide enfin à employer la violence; s'il entre brutalement aux États, pour biffer des délibérations de l'Assemblée, M. de Brou expédie à la Cour une longue lettre : « Il m'a paru que cette demarche (du Marechal) avait produit un bon effet. les eſprits les plus remuants ont eté contenus & ont reconnu qu'on n'etait pas dans la diſpoſition de mollir........ Ceux qui faiſaient le plus de bruit n'entrerent, hier, aux Etats que vers midi, eux qui avaient coutume d'y entrer à huit heures du matin. »

(25 novembre 1724 — H 242, Cartons de Bretagne — Arch. Nat.)

Le surlendemain du jour où le Maréchal était entré dans la salle des séances, en imposant sa volonté, l'intendant de Brou envoie à la Cour une nouvelle lettre (28 novembre 1724) à laquelle il joint des notes, véritables fiches policières sur chacun des députés influents de l'assemblée. La plupart de ces députés, appartenant au corps de la Noblesse, nous sont connus ; ils formaient le noyau d'une opposition courageuse, quoique souvent mal disciplinée. Les fiches de leur casier, rédigées par l'Intendant, sont naturellement peu bienveillantes ; presque toutes sont perfides, puisqu'elles appellent des menaces et des châtiments. L'auteur de notre journal est précisément gratifié de sa fiche.

En post-scriptum, L'Intendant a écrit de sa main : « J'eſpere, Monſeigneur, que vous voudrez bien que Cette lettre & ce mémoire ſoient gardés ſecrets, parce que, ſi l'on pouvait ſ'imaginer que je vous les euſſe adreſſés, Je deviendrais ſi ſuſpect que Je ſerai inutile au bien du ſervice. »

(H 242)

Envoi du mémoire sur : « Ceux qui ont paru le plus ouvertement Cherché à faire des tracaſſeries. Il me parait que, dans Ce nombre, MM[s] de Broſſay, Queravéon, de Gloeſquer, Chambellay, ſont Ceux qui ſe ſont ſignalés d'avantage. »

M[r] DE TIERSANT CHARRETTE

« 35 ans environ — eſt frère du Sénéchal de Nantes. Ils ne manquent pas d'eſprit ni l'un ni l'autre.

Le Sénéchal a intention de ne point paraitre oppoſé, dans les affaires qui Concernent directement la Cour. mais Il n'en eſt pas pour cela d'un eſprit moins dangereux, etant en grande relation avec les plus opiniatres.

Celui-cy (Tierſaul) ne Croit pas avoir tant de ménagements à garder. — S'eſt diſtingué, dans Ces Etats, en prenant tous les mauvais partis, en les ſoutenant & engageant, autant qu'il a pu, les autres à les ſuivre —. on croit que l'un & l'autre euſſent aſſez deſiré qu'il ſe fut Conçu encore plus de diviſions, dans la vue qu'avait le Sénéchal de chercher des ſuffrages pour obtenir des Etats la place de Procureur general Syndic, qu'a Mr de Bedée, avec lequel Il eſt ouvertement brouillé. peu ſ'en eſt fallu que le Sénéchal n'ait été impliqué dans l'affaire de la Chambre royale; &, ſi on avait bien épluché ſa Conduite, Il aurait Couru riſque d'etre convaincu d'avoir au moins Connaiſſance de ce qui ſe paſſait.

« Le Sénéchal eſt dangereux en ce qu'il ne ſe manifeſte pas ouvertement, mais Il Cabale en particulier &, Comme Il a une infinité de frères & de Couſins, à Nantes, Il a beaucoup de Credit parmi les Gentilſhommes, parce qu'ils ſe ſoutiennent les uns les autres. »

Hercules de Lescouet.

« 35 ans environ — eſt un eſprit dérangé & de travers; très opiniatre; ayant toujours quelque propoſition nouvelle à faire. — Il n'a pas eu depuis ce temps là (l'affaire de la Chambre royale) une Conduite plus ſage & plus moderée. »

Mr Du Loc.

« Trente ans environ — eſt un homme de très peu d'eſprit, mais auſſy enteté qu'il y ait, brutal, & Croyant ſ'attirer la Conſideration parmi les Confrères en ſoutenant les theſes les plus déraiſonnables......... Il ſ'eſt toujours Comporté aſſez mal dans Cette tenue... Il cherche a exciter des Cabales pour faire paſſer les avis qu'on lui inſpire de propoſer. »

Le Coustelier de Penhoët.

« Eſt un mauvais Caractère, prenant toujours avec opiniatrété les partis les plus vifs & les plus inſenſés.

« Il ſ'eſt toujours tres mal Comporté, ſurtout en 1718. on ne croit point qu'il

ait été puni; mais il l'eut bien mérité; & Il y a apparence qu'on ne l'a pas regardé comme un homme d'assez grande Conséquence...... « Il Continue & agit Comme en 1718, prenant Volontiers les plus mauvais avis. »

DE JACQUELOT.

« *45 ans — est un braillard qui, quand Il croit que les tracasseries qui se présentent ne tireront pas à conséquence pour une punition, s'y porte & Crie plus haut que les autres, mais qui tremblera, si on lui fait envisager quelque poursuite....... Il n'a point d'affaires marquées, mais dans toutes les tenues d'Etats, a toujours pris volontiers le parti des personnes les plus opiniatres. Il n'a jamais été puni & s'est toujours Comporté assez mal.* »

MARQUIS DE COETLOGON.

« *25 à 28 ans — homme d'esprit, mais de travers en bien des occasions, opiniatre, voulant se donner l'air de gouverner les etats, d'etre Consulté par les confrères, de former des avis, & de vouloir decider despotiquement sur tout. difficile à faire revenir, quand il s'est mis quelque chose en tête.*

... *A l'égard de sa Conduite depuis ce temps (1717), elle a eté tantôt bonne, tantôt mauvaise; ce n'est pas un Caractere d'esprit que l'on puisse gouverner aisément. C'est un homme au contraire qui persiste toujours dans ses sentimens.* »

DE CORLAY.

« *30 ans environ. homme enteté & se laissant prévenir aisément par Ceux qui sont de mauvais partis..... n'a pas un genie superieur, & peut-etre de luy meme ne penseroit pas à prendre de mauvais partis; mais il les suit avec opiniatreté, lorsqu'il s'y est fourré...*

Sa Conduite a toujours dependu de Ceux qu'il frequente. »

DE CHAMBELLAY.

« 55 ans, *homme tres opiniatre. Cy devant grand fraudeur d'eau de vie. peu reconnaissant.....*

A été un de ceux les plus aheurtés Contre Monseigneur l'Archeveque de Rouen (de Tressan). *Il n'auroit peut-etre pas le droit d'entrer aux etats; Monsieur son pere etoit, à ce qu'on Croit, Lieutenant général ou Marechal de Camp; mais son grand pere etoit, à ce qu'on dit, Cabaretier, il a neanmoins un arret de Noblesse, qu'il doit avoir fait voir a Mr de Bethune....... sa conduite a toujours été mauvaise aux etats.* »

DU GLOESQUER.

« 35 *à* 40 *ans, a de l'esprit. mais c'est un esprit romanesque & de travers. croit devoir tout entreprendre pour retablir les anciens privilèges de la province; parle toujours de ces privileges; a pour premier principe que la Province s'etant donnee à de Certaines Conditions, ils doivent tout entreprendre pour les maintenir; que S: M: n'a droit que de demander un don gratuit, mais que les Etats ont la liberté de refuser Conformément aux Contrats &......*

Aux Etats de 1717, *il etait un des principaux..... Il a eté exilé lors de la separation des etats en* 1717 *& condamné à avoir la tête tranchée, par Contumace, en* 1720..... *Depuis sa grâce, c'est Cette année, pour la première fois qu'il est venu aux états* 1724, *& c'est lui qui, à l'occasion de l'affaire de l'Archevêque de Rouen, a été Caballer avec quelques autres pour les engager à ne point consentir que la déliberation fut signée.* »

DE QUERAVÉON.

« 45 *ou* 50. *est un homme faux, cherchant à mettre du trouble partout, engageant les autres à faire des propositions extraordinaires, & tachant de ne pas paraitre. n'est pas sans esprit.*

« *Aux etats de* 1717, *c'est chez sa femme, qui etoit a Rennes, que se tenoient les Conseils les plus seditieux* » (*la note raconte que des Gentilshommes se relayaient tous les deux jours pour porter les Correſpondances de Dinan à Rennes. de crainte qu'elles ne fuſſent detournées à la poſte).*

« Sa Conduite depuis ce temps a toujours été auſſy mauvaiſe & auſſy dangereuſe que par le paſſé, excepté qu'il a cherché à Cacher ſon jeu; ne ſ'eſt pas tant expoſé, & a fait parler les autres au lieu de parler luy même. »

DE BROSSAY.

50 ans. homme taciturne, cherchant à en impoſer par ſa manière de parler; alleguant des faits faux, Comme ſ'ils etaient vrais; voulant paroître un homme de Conſequence & Capable dans les affaires qu'il n'entend néanmoins que mediocrement.

Il etoit autrefois abbé, & ſ'appeloit l'abbé Dumas. Il a épouſé Melle de Chenelaye, femme agée, qui luy a donné quelque bien.....

Il a toujours paru prendre les mauvais partis, vouloir decider, & ſ'eſt imaginé par là ſ'attirer une ſorte de reputation. »

(H 242. Arch. Nat.)

***

Envisagée dans son ensemble et jugée avec nos idées modernes, il n'est que trop évident que la Constitution provinciale de Bretagne, telle qu'elle fonctionnait sous la Régence, renfermait en elle des vices qui, tôt ou tard, devaient en amener la ruine. — Ces vices apparaissent encore davantage, lorsqu'on pénètre les dessous de ces assemblées, qui se tenaient, tous les deux ans, dans une de nos vieilles cités bretonnes, sous l'œil impérieux du commandant de la province. — L'ordre de l'Église, le moins nombreux, était représenté par les Évêques des neuf diocèses, les Abbés, et les députés des neuf cathédrales, désignés sous le nom de capitulants. Les prélats des neuf évêchés assistaient ordinairement au complet. Mais les dignitaires, pourvus d'Abbayes, la plupart étrangers à la Bretagne, ne s'y rencontraient que rarement et, cependant, il y avait, dans la province, une quarantaine d'Abbayes. Aux États de Dinan (1717-1718), trois Abbayes, étaient représentées : Lanvaux, Beaulieu et Maillezais : aux États d'Ancenis, 1720, les Abbés ne sont également que trois : à Nantes, je ne vois inscrits sur le registre officiel que les titulaires des Abbayes de Beaulieu et de Saint-Melaine. — A Saint-Brieuc, en 1724, trois Abbés seulement assistent aux États : ceux de Beaulieu, Montfort et Landevenec. Rien d'étonnant que ces Abbés brillassent habituellement par leur absence. Peu soucieux des intérêts de la Bretagne, qu'ils ne connaissaient guère, puisqu'ils n'y résidaient pas, ils se dispensaient de faire le voyage. Ceux qui se rendaient aux États, toujours en petit nombre, n'y venaient qu'avec l'agrément de la Cour, disposés qu'ils étaient à jouer le rôle de courtisans des Ministres, dont ils pouvaient attendre de nouvelles faveurs et des bénéfices avantageux. — Depuis longtemps déjà, la Monarchie tenait pour lettre morte l'article de la charte bretonne qui enjoignait au Roi de ne nommer aux Évêchés et aux Abbayes que des ecclésiastiques originaires de la Province. Sous la Régence, il suffit de jeter les yeux sur le nom des prélats et des Abbés des neuf diocèses, pour s'assurer que presque tous étaient étrangers à la Bretagne ; et il faut ajouter que le plus grand nombre ne résidaient pas ; exemple, Mgr de Tressan, évêque de Nantes, qui cumulait la place de premier aumônier de S. A. R. le Duc d'Orléans, et qui restait attaché à la Cour. Exemple encore, Mgr Turpin de Sansay, évêque de Rennes, et abbé de Quimperlé, auquel on manqua de refuser une indemnité, pour réparation de son église cathédrale, aux États de Nantes, sous ce prétexte qu'on attendrait qu'il eût fait preuve de résidence dans son Évêché. Dans un passage d'un manuscrit que nous possédons (Récit inédit des États de Dinan, 1717), Mgr de Caumartin, évêque de Vannes, est accusé de non-résidence dans des termes mordants : « eſprit delié & jouiſſant d'un corps vigoureux & ſenſuel,... Il trouvoit encore de tendres moments à donner à la femme de Montaran, dont Il eſtoit amoureux ». Il demeure à Rennes, sous le toit de M. l'Intendant, où il passe ses jours à composer des rapports contre la province et ses soirées en galanterie et au jeu. Les traits sont tellement envenimés que M. de Jacquelot a écrit, en marge, cette note : « tout le monde connait le merite & la profonde erudition de Monſeigr de Vannes. S'il n'eſt pas fort attaché à ſon diocèſe, Il ſuit en cela la manière de la plupart de ſes confrères. Il ne croit pas apparemment la réſidence d'inſtitution divine. Quand un Eveque a 60 mille livres de rente, Il faut bien qu'il les mange à Paris. Les grands biens ſont-ils donnés pour mener une vie voluptueuſe & ſe peut-elle trouver dans la Province? » —

L'Évêque de Caumartin ne resta du reste que fort peu de temps sur le siège de Vannes, où il fut remplacé, en 1720, par Fagon, le fils du médecin de Louis XIV. Ce qui arriva à Mgr de Tressan est significatif, aux États de Saint-Brieuc 1724. Il y fut injurié, lui absent, jusqu'à la dernière violence. A une des séances des États de Dinan, 1717, l'abbé de La Vieuville, futur évêque de Saint-Brieuc, avait été hué par l'Assemblée, traité de calomniateur, et forcé d'ôter son bonnet.

Donc, par leur mode de nomination même, par leur façon habituelle de gouverner de loin, ou de ne pas gouverner du tout leurs diocèses ou leurs abbayes, ces évêques et ces abbés, bien que fort capables et très instruits, étaient peu enclins à soutenir les intérêts de la province contre les empiétements de la Cour, dont ils partageaient les vues avec la vie fastueuse et mondaine. Ils ne représentaient nullement le Clergé Breton, dans le sens qu'on doit attacher à ce mot de représentation.

***

L'ordre de la Noblesse, infiniment plus nombreux que les deux autres ordres réunis, comprenait tous les gentilhommes originaires de la province, ayant atteint l'âge de 25 ans. Tout membre de la Noblesse ayant droit d'assistance aux États, on peut dire que cet ordre était seul à être réellement et directement représenté. Toutefois, lorsqu'on examine attentivement sur le registre officiel le tableau qui contient les noms des députés inscrits, on ne tarde pas à découvrir un défaut de composition qui donne à la députation un caractère de variation et de mobilité, dont se ressentaient nécessairement les délibérations des assemblées. Le personnel n'était plus le même, d'une tenue à l'autre. Les diocèses étaient imparfaitement et très inégalement représentés, suivant que les États s'assemblaient dans une ville ou dans l'autre. Aux États de Nantes, 1722, tandis que le diocèse nantais fournit 355 gentilshommes, celui de Rennes n'en a que 57, celui de Vannes 52, celui de Quimper 18 seulement, celui de Léon 7 et celui de Dol 8. Aux États de Saint-Brieuc (1724), sur 648 députés de la Noblesse, Nantes n'en a plus que 49, Vannes 46; et Saint-Brieuc, qui aux États précédents n'en comptait que 23, en compte maintenant 209, tandis que Dol n'en a que 26 et Léon 25, et Quimper 22.

Ces différences dans les chiffres s'expliquent suffisamment par l'éloignement relatif des localités, les difficultés du voyage, dans une mauvaise saison, et les frais toujours considérables et hors de proportion avec la bourse d'un grand nombre de gentilshommes.

Dans ce grand corps, l'homogénéité était absente. Il y avait des distinctions à signaler, correspondant à de véritables catégories, subdivisées elles-mêmes.

En première ligne, les hauts barons, qui avaient droit à des sièges à part, dans la salle, à gauche du dais du Gouverneur de la province. Neuf anciennes Baronnies avaient le privilège de la présidence : Léon, Vitré, Roche-Bernard, Ancenys, Fougéres, Chateaubriand, Quintin, Retz, Pontchâteau. Mais les possesseurs de ces baronnies étaient dans l'habitude de n'assister que rarement aux assemblées des États, et, comme la présidence de la Noblesse appartenait à l'un d'eux, on ne voyait guère, en séance, que celui qui en avait reçu commission de la Cour. Aux États de Dinan, c'est M. de la Tremoille, baron de Vitré; à Ancenys et à Nantes, c'est M. le baron d'Ancenis. A Saint-Brieuc, c'est encore ce dernier. Aucun des autres barons n'a signé sur le registre. En cas d'absence des barons, mais dans ce cas seulement, la Noblesse était appelée à nommer son président. On se rappelle qu'un jour le vote fit tomber la présidence à M. de Piré. Il ressentit de cet honneur une telle joie qu'il s'écria : *nunc dimittis servum tuum, Domine!!*

Au-dessous des barons, venait la masse compacte des gentilshommes des neuf diocèses, d'âge, de capacité et de fortune diverses. Nombreuse, bruyante, mal disciplinée, manquant en majorité d'expérience des affaires et, pour cette raison, subissant trop souvent l'influence des meneurs, jalouse à l'excès des deux autres ordres, qui jouissaient des droits égaux aux siens dans les délibérations et avaient la prépondérance, lorsqu'ils réunissaient leur vote.

En raison de sa mobilité même, cette foule bigarrée portait en elle des germes de division que les commissaires du roi savaient exploiter à propos. Les gentilshommes, nobles d'extraction, ne cachaient pas leur aversion pour ceux qu'ils appelaient dédaigneusement les nobles de la cloche et de la cire; et ces derniers affluaient aux États. Dans certaines villes, les fonctions de maire équivalaient à un titre de noblesse (de cloche). Les charges de conseillers à la Cour des Comptes étaient dans le même cas (noblesse de cire). De plus, il était arrivé souvent que les rois avaient vendu des titres à des particuliers qui les payaient grassement. Louis XIV avait signé par milliers des lettres patentes de cette nature, achetées à beaux deniers comptants, par des roturiers enrichis. Notre journaliste revient plusieurs fois sur le chapitre de cette noblesse de fraîche date et ne l'épargne guère.

On voyait encore se faufiler, aux États, un assez grand nombre de gens de maison équivoque, qui s'arrogeaient le droit de faire partie des assemblées, sans autre titre que leur audace et l'usurpation d'un nom. Ces faux nobles se retrouvent à toutes les sessions et c'est contre eux qu'est dirigée cette ordonnance de 1722, qui permet au président de la noblesse d'expulser de la salle tous ceux qui ne justifieraient pas de trois générations. Malheureusement les présidents ne se servaient de cette arme qu'à titre de menace. Ils rencontraient précisément dans ces députés de noblesse douteuse, des serviteurs dévoués, qui formaient un appoint sérieux, toutes les fois qu'il était besoin de conquérir une majorité. Lorsque les commissaires avaient à faire passer un impôt vexatoire, le président de la Noblesse répandait le bruit que, dans deux ou trois jours, il allait lire son rapport sur les faux nobles. Ceux-ci se le tenaient pour dit. Grâce à leur voix, le vote était enlevé. Le rapport rentrait dans les cartons.

Beaucoup de gentilshommes pauvres, de bonne maison, étaient conduits aux États par un sentiment patriotique qui leur faisait regarder leur présence comme un devoir; mais plusieurs aussi, dont la fortune était obérée, n'étaient pas fâchés de bénéficier des immunités inhérentes à la qualité de député aux États. Aucun ne pouvait être actionné pendant tout le temps que durait la session, ni quinze jours avant, ni quinze jours après. Enfin, la jeunesse trouvait, dans ces grandes réunions, des occasions de se divertir. Les dîners, les bals, les tables de jeu étaient de son goût, sans compter les aventures galantes.

A partir du règne de Louis XIV, on avait vu figurer aux assemblées des États une autre catégorie de gentilshommes. C'étaient les officiers des régiments du roi. Depuis la Régence, ces nouveaux venus, dont le nombre augmentait, avaient voix délibérative. — Originaires de la Province, la plupart cadets de bonnes familles, ils avaient quitté le pays depuis longtemps, n'emportant de l'héritage paternel qu'une rapière rouillée. Ils n'entendaient rien aux affaires de Bretagne. Ils avaient pour patrie leur régiment ou la Cour. Ils venaient aux États, parce que le Roi, leur maître, leur en envoyait l'ordre. En votant bien, en montrant du zèle, ils espéraient obtenir des honneurs et de l'avancement, quelques-uns étaient bien aises de toucher une part des gratifications que les États avaient coutume d'allouer aux membres nécessiteux de la noblesse ; — cette classe de gentilshommes apportait souvent du trouble dans l'assemblée et, quand on leur adressait des reproches, ils répondaient que, dès qu'ils étaient officiers du roi, ils n'étaient plus d'aucun pays ; qu'ils perdraient leur fortune et leur avancement, en ne consentant pas aveuglément à ce que MM. les Commissaires demandaient. C'est à M. de Jacquelot que nous devons tous ces détails. Il fait partie de la minorité des Gentilshommes, indépendants et honnêtes, qui, ayant tenté inutilement la lutte, refoulaient dans leur cœur des sentiments qui, exprimés, n'avaient plus d'écho. Quelques-uns, se sentant impuissants, confiaient à leur journal intime leurs souvenirs et leurs impressions, dans l'espoir que leurs fils en tireraient profit.

Spectacle digne des méditations de l'historien, cette petite noblesse bretonne qui, depuis Louis XIV, combat, presque seule, à chaque tenue d'États, pour la défense des intérêts et de la liberté de la province, dont la franchise altière et quelque peu farouche ne cesse de porter ombrage au pouvoir ; qui proteste, la main sur la garde de son épée, contre tout attentat nouveau ; qui paye sa fidélité à la constitution de son pays par la prison et l'exil sous le grand roi, par quatre têtes de gentilshommes décapités à Nantes, sous la Régence ; par des persécutions et des lettres de cachet, sous le gouvernement du duc d'Aiguillon, cette noblesse, dis-je, dont plus d'un voyait de loin le précipice où allait tomber la Royauté, s'arrête effrayée, à l'heure suprême et, mue par un sentiment chevaleresque, refuse de suivre le torrent qui emporte la nation, refuse d'obéir au roi qui lui enjoint de nommer des députés aux États généraux, et déclare qu'elle est prête à mourir pour une cause qu'elle considère désormais comme la sienne. Contradiction, dira-t-on; contradiction qui n'est qu'apparente. Au fond de cette résistance opiniâtre qu'elle a soutenue contre les envahissements du pouvoir absolu, au fond de ses revendications incessantes, il y a le souvenir de son indépendance, avant l'annexion à la couronne, et un désir ardent de retour vers le passé et non une aspiration vers l'avenir. Libérale dans la forme et à la surface, la classe nobiliaire, qui voit avec appréhension s'avancer l'ère nouvelle, reste rétrograde. Elle prévoit que la Révolution sera la négation de ses privilèges, au nom du principe supérieur de l'égalité; et ce n'est pas elle qui se résoudra au suicide. Le corps de la noblesse bretonne, surpris par l'agitation populaire, n'enverra pas de représentants aux États généraux. On se prépare à la lutte ou à l'émigration —.

***

L'ordre du Tiers, par le petit nombre de ses membres, par sa composition plus uniforme et sa tenue plus sévère et plus calme, contrastait avec l'ordre de la Noblesse. Sous la Régence, une quarantaine de villes seulement jouissaient du privilège d'envoyer des députés aux États. C'était peu, pour représenter la classe moyenne, qui renfermait dans son sein tant de professions laborieuses. La grande majorité des députés du Tiers étaient nommés directement ou par voie indirecte, par M. l'Intendant, et celui-ci ne les choisissait que parmi les fonctionnaires de l'ordre administratif ou judiciaire; maires des communautés urbaines, sénéchaux, procureurs fiscaux, alloués et magistrats de juridictions royales. Lorsqu'on veut bien se donner la peine de parcourir la liste des députés du Tiers, sur les registres manuscrits des Tenues d'États, on ne rencontre pas un nom étranger à cette catégorie de citoyens. Toutes les autres professions sont exclues, sinon de droit, du moins de fait. La Noblesse de robe seule siège sur les bancs. Certes, parmi les députés des villes, à peu près tous de l'ordre judiciaire, hommes de vie rangée et rompus aux affaires litigieuses, avocats habitués à la parole, il devait se trouver en majorité des esprits doués d'une certaine indépendance de caractère, bien disposés à ménager les finances de la Province, comme ils auraient voulu qu'on gérât les leurs propres. En plus d'une occasion, on avait vu le président du Tiers porter, au nom de son Ordre, des avis judicieux, contraires aux prétentions des commissaires. Mais ces cas devenaient de plus en plus rares. Sous la coupe de l'Intendant, d'une part, dont ils étaient les subdélégués, et d'autre part sous celle des seigneurs barons, dont ils étaient presque tous les magistrats et les hommes d'affaires, les députés du Tiers étaient amenés, par la force des choses, à subir l'action des supérieurs hiérarchiques et à exécuter leurs volontés. En s'alliant au pouvoir, qui s'efforçait continuellement de diminuer l'influence politique de la classe privilégiée, ils se sentaient s'élever eux-mêmes. Ils faisaient la sourde oreille aux supplications de l'ordre de la Noblesse qui ne pouvait rien sans la participation du Tiers. On se rappelle l'anecdote, contée par M. de Jacquelot, de ce brave député de Hédé, qui lui déclare ingénument qu'il ne manquera pas de prendre les intérêts de la province, et, pour cela, que chaque matin il ira chez les commissaires recevoir le mot d'ordre.

Il est de fait que l'ordre du Tiers, composé de bourgeois des villes, n'a jamais cessé d'avoir un rôle bien humble, à côté des deux autres ordres, l'Église et la Noblesse, qui ne manquaient aucune occasion de lui faire sentir son infériorité. A une des séances des États de Nantes, on proposait de voter une épingle de 15 000# à Mme la maréchale d'Estrées et à Mme la baronne d'Ancenis. Le Tiers hésitait. Ce que voyant, un malin de la Noblesse émit l'avis d'offrir également un présent à l'épouse du président du Tiers, Mme de la Gascherie, soit 10 000#. Rien de plus juste. Mais l'Église refusa net. Au lieu d'accorder la gratification à Mme de la Gascherie, on l'accorda à son mari. Mme la Maréchale avait manifesté son dégoût de se voir, elle baronne, dans un même vote, associée à la femme du sénéchal de Nantes. Et encore faut-il dire que la gratification allouée au sénéchal fut biffée par la Cour sur l'instigation de l'évêque de Nantes.

Ah ! notre gentilhomme breton, auteur du journal, a entendu, dans la bouche de certains de ses collègues, d'étranges propos, qui épouvantent, quand on songe qu'ils ont été proférés par des gentilshommes, il y a prés de deux cents ans : « Monſieur, Croyez-moi. Il faut obeir purement & ſimplement, ſans raiſonner. Les loix, Les privilèges, Les contrats paſſés avec ſa Majeſté, Les droits les plus authentiques ne ſont regardés à la Cour que comme des chimères, dont elle laiſſe les peuples & même les nobles ſe repaître, à condition de décider ſouverainement de tout, ſans y avoir nul égard, n'eſtant que des termes dont on ſe ſervait autrefois, dont elle veut bien encore uſer, quoi qu'ils ne ſoient plus à la mode.. .. croyez moi, Monſieur, tenons nous toujours au tronc de l'arbre ; c'eſt de là que Coulent les grâces & les récompenſes. Les peuples ne méritent pas qu'on faſſe rien pour eux. c'eſt à la Cour qu il faut ſ'attacher, à Neron, à heliogabale, ſ'ils pouvoient revenir nos Maitres. renoncez à cette vertu farouche, qu'on admire, ſi vous voulez, dans les eſpaces imaginaires, mais que peu de gens veulent ſuivre, parce qu'il faut trop prendre ſur ſes paſſions & ſur ſon penchant naturel — ».

On croit rêver vraiment, lorsqu'on lit cette page éloquente, écrite au sortir d'une séance des États de 1724, qui résume avec une vigueur et une sincérité sans pareille, la thèse brutale du despotisme, que les courtisans du pouvoir s'en allaient insinuer à de braves députés réunis pour traiter des affaires du pays et défendre les derniers lambeaux de leurs libertés politiques.

Dans cette longue lutte entre la Monarchie française et la Nationalité bretonne, il nous semble assister au spectacle de deux interlocuteurs condamnés à ne jamais s'entendre, parce qu'ils ne parlent pas la même langue. — La Bretagne, qui conserve le souvenir toujours vivace de son passé indépendant, tout en rendant hommage à la couronne, ne comprend pas qu'on jette au panier ses franchises, qui ont été consacrées par le pacte d'union et garanties par les serments solennels de Louis XII et de François Ier. — De son côté, le roi de France, souverain par la grâce de Dieu, maître absolu des biens et des personnes, habitué à croire que ses volontés sont des ordres qui doivent être exécutés sans discussion, par cette seule raison qu'on est sujet du roi et que le premier devoir d'un sujet est de s'incliner devant son bon plaisir; — autour de son Altesse royale, le duc d'Orléans, tout un fourmillement de personnages divers, qui composent la Cour : princes et princesses du sang, grands seigneurs et nobles de fraîche date, favorites, prélats aux mœurs accommodantes, ministres prévaricateurs qui entretiennent un roi mineur dans ces idées et lui font épeler, chaque jour, le catéchisme de l'absolutisme, tel que le concevait le grand roi.

La monarchie, qui a supprimé, de sa propre autorité, les assemblées provinciales, en Normandie, en Touraine, en Anjou, veut bien laisser vivre celles de Bretagne, mais à la condition qu'elles ne gêneront en rien le mouvement de la machine gouvernementale, et qu'elles en deviendront même un des rouages. Le contrat de 1532, les serments des ancêtres, les droits séculaires n'engagent jamais un roi qui, comme Louis XIV, a dit : L'État, c'est Moi.

Dans ces conditions, la Bretagne et la monarchie ne peuvent s'entendre. On sait de quel côté est la force. C'est la Bretagne qui sera vaincue. De temps à autre, des nuages passeront au ciel et les flots soulevés agiteront l'esquif parlementaire qui porte sur son pavillon les hermines accolées aux lys. Orage d'un jour; le vaisseau se balancera sur la mer redevenue calme, sans jamais atteindre le port, et nous le verrons disparaître avec la royauté, dans le grand naufrage des préjugés et des abus séculaires d'un régime qui a fait son temps et son œuvre.

Pendant les sessions des États de Bretagne, depuis le XVIIe siècle, on peut dire que les crises et les révoltes contenues ont toutes eu pour origine des questions relatives à l'impôt, parce que ce sont, pour les peuples, les questions vitales. Sous Louis XIV, le duc de Chaulnes étant gouverneur, c'est le papier timbré. Sous la Régence, c'est le don gratuit. Sous le gouvernement du maréchal d'Estrées, c'est le pied fourché; sous celui du duc d'Aiguillon, c'est l'impôt des deux vingtièmes, puis celui des trois vingtièmes, qui provoquent, aux séances, des scènes inouïes, les remontrances du Parlement et une fermentation universelle. Certes on ne devra pas chercher, dans ces débats, le programme qui se lira plus tard dans les cahiers de 89 et la déclaration des droits de l'homme : l'égalité des citoyens devant la loi, la souveraineté de la représentation nationale, l'abolition des privilèges personnels de la Noblesse et du Clergé, la suppression de la vénalité des fonctions judiciaires, l'admissibilité de tous les citoyens aux emplois publics, la liberté de conscience, etc., etc. Ce ne sont pas là les sujets dont on s'occupe, sous la Régence, aux États de Bretagne; la Noblesse, qui à peu près seule représente l'avant-garde de l'opposition au pouvoir, si elle se fait l'interprête des plaintes, elle ne le fait qu'en se plaçant sur le terrain du passé, c'est-à-dire du pacte de 1532, qui a lié les deux contractants. Sur un point cependant, les députés Bretons devancent les projets de réforme de 89. Ils veulent le libre consentement de l'impôt. Les séances des États ne sont remplies que de leurs revendications à ce sujet. Aux États de Dinan, d'Ancenis, de Nantes, de Saint-Brieuc, de Rennes, on réclame longuement et hautement la liberté de discussion; on demande qu'aucun impôt ne soit établi en Bretagne, sans le consentement des représentants; on demande le dégrévement des peuples, l'économie dans les finances, et l'extinction des abus, qui augmentent le déficit. Des voix indépendantes s'élèvent dans les assemblées, qui protestent contre les attentats d'un pouvoir sans frein et les concussions de ses agents. L'écho de chaleureuses paroles, dont la plupart sont perdues, répercuté de séance en séance, se prolonge et se retrouve dans les murmures de l'opinion publique et jusque dans la bouche des députés de la Constituante. La Province de Bretagne, qui seule a conservé l'apparence du régime parlementaire, entre, une des premières, dans le mouvement; et on ne s'étonne pas de voir que c'est un Breton, représentant du Tiers, l'avocat Le Chapelier, qui préside la mémorable séance de nuit du 4 août. La monarchie absolue, frappée à mort, allait être engloutie et avec elle l'antique constitution armoricaine.

Dr G. DE CLOSMADEUC.

FINIS

www.ingramcontent.com/pod-product-compliance
Ingram Content Group UK Ltd.
Pitfield, Milton Keynes, MK11 3LW, UK
UKHW021045220726
13924UKWH00005B/2020